JOSÉ EDUARDO COSTA

SEM LIMITES

DA PEQUENA LOJA DE SAPATOS
AO MAIOR E-COMMERCE ESPORTIVO DA AMÉRICA LATINA.
A HISTÓRIA DA NETSHOES

Gente editora

Diretora
Rosely Boschini

Gerente Editorial
Rosângela Barbosa

Assistente Editorial
Natália Mori Marques

Controle de Produção
Karina Groschitz

Coordenação de Projeto
Helton Tavares

Preparação
Luciana Baraldi

Capa
Paulo Lajus

Editoração da Capa, Projeto gráfico e Diagramação
Vanessa Lima

Revisão
Alyne Azuma

Impressão
Paym Gráfica

Rua Pedro Soares de Almeida, 114,
São Paulo, SP – CEP 05029-030
Telefone: (11) 3670-2500
Site: http://www.editoragente.com.br
E-mail: gente@editoragente.com.br

Dados Internacionais de Catálogo na Publicação (CIP)
Angélica Ilacqua CRB-8/7057

Costa, José Eduardo
Sem limites : do pequeno comércio de sapatos ao maior e-commerce esportivo da América Latina / José Eduardo Costa. – São Paulo : Editora Gente, 2017.
224 p.

ISBN 978-85-452-0162-5

1. Administração de empresas 2. Negócios 3. Calçados – Comércio 4. Empreendedorismo 5. Grupo Netshoes (Firma) – História 6. Comércio eletrônico 7. Empresas familiares I. Título

17-0453 CDD 658

Índices para catálogo sistemático:
1. Administração de empresas 658

À CAROLINA,
PELA ETERNA PARCERIA,
E ÀS QUERIDAS CLARA E JOANA,
POR SEREM QUEM SÃO

AGRADECIMENTOS

Ao longo da história da Netshoes não foram poucos os desafios que enfrentamos, mas tivemos o privilégio de contar com grandes aliados para tornar o sonho possível. Seria injusto de minha parte tentar nomear todos que estiveram ao nosso lado, porém, não poderia deixar de agradecer nominalmente à minha família, alicerce de tudo para todos os momentos.

Aos meus pais, Ovsanna e Zareh, meu profundo agradecimento por terem acreditado na nossa capacidade de empreender, sendo não só os nossos primeiros investidores, mas também aqueles que mais aportaram paixão e dedicação, e, principalmente, por terem me criado e educado com valores e princípios fortes, que me prepararam para encarar todos os desafios da vida, sempre com muita força.

À minha esposa Maití, minha eterna gratidão por toda compreensão e apoio de sempre, por ter preenchido e completado minha vida com sua alegria e as duas filhas que tanto amamos.

Ao Marcio, primo de nascimento, irmão por sentimento, que sempre acreditou que nosso sonho seria possível e não mediu esforços para realizá-lo, agradeço por cada segundo investido, e principalmente por tudo que vivenciamos juntos nesses anos.

Marcinho e Tchelo, meus irmãos por opção, muito obrigado por sempre terem acreditado e lutado muito para que nosso sonho sempre permanecesse vivo e se tornasse realidade.

A todos os personagens deste livro e tantos outros parceiros, colaboradores, clientes e amigos que também apostaram na nossa "loucura" de abrir a "lojinha" da Maria Antônia, e mais tarde desbravar o e-commerce brasileiro no início dos anos 2000, meu muito obrigado.

Vocês são parte fundamental desta história.

Hagop Chabab

Quando apostamos em vender tênis e vestuário pela internet no Brasil, muitos acreditaram e apoiaram os dois jovens empreendedores que investiram, persistiram e assim transformaram a experiência de compra digital das pessoas: familiares, amigos, parceiros, colaboradores e fornecedores, aos quais serei eternamente grato.

Agradeço em especial aos meus pais, Yepraxie e Paren (*in memoriam*), por terem sido minha inspiração, os responsáveis pela construção do meu caráter e obstinação, e às minhas irmãs, Andrea e Graciela, fundamentais na construção desta história, não só no negócio, mas também fora dele. Meus Tios Zareh e Ovsanna, essenciais em absolutamente tudo, com apoio diário e irrestrito desde o início, foram incríveis. Meu tio Khatchadour, querido Tio K (*in memoriam*), que me ensinou aos 12 anos, juntamente com meu avô Agop, o valor do trabalho, da responsabilidade e da recompensa. Assim como minha esposa, Sylmara, meu grande pilar de força e motivação, por estar ao meu lado em todas as decisões da vida, por mais difíceis que elas sejam, e pela extrema dedicação à linda família que construímos.

Não poderia deixar ainda de mencionar minha eterna admiração e profundo agradecimento ao Hagop, que foi muito mais que um primo ou sócio ao longo dos anos, foi um verdadeiro irmão que a vida me deu. Sem ele, essa história de sucesso não existiria.

Aqui também meu agradecimento aos mais de 18 milhões de clientes que depositaram sua confiança na Netshoes, e aos milhares de colaboradores que quebraram paradigmas para tornar tudo possível.

Vocês são o motivo de seguirmos acreditando que podemos ir cada vez mais longe.

Marcio Kumruian

SUMÁRIO

PREFÁCIO

Se um vendedor de tênis esportivos decidisse, no início dos anos 2000, trocar uma academia de ginástica por um ambiente on-line para atingir consumidores, certamente seria chamado de louco. Eu estava acostumado a ouvir esse tipo de coisa no início do Mercado Livre. O comércio eletrônico era um mistério cercado de inseguranças por todos os lados. Quem iria querer comprar um tênis pela internet sem provar?

Mas as empresas que investiram no comércio eletrônico e conseguiram crescer, superando esses medos e riscos, tinham uma estratégia baseada em inovação e melhoria contínua, com um plano de longo prazo. Somos insistentes quando acreditamos. Ainda bem.

A estratégia dos primos Marcio Kumruian e Hagop Chabab de investir no mundo on-line era mais do que acertada, e a Netshoes se sustentou em pilares que garantiriam o seu sucesso: começar a vender em um canal on-line de grande audiência (o Mercado Livre), criando uma demanda crescente de consumidores e grande visibilidade para as ofertas; ter uma marca forte e própria desde o início das vendas; oferecer produtos de excelente qualidade a um bom preço; e atender o cliente de forma cuidadosa e rápida. O comércio eletrônico seria a opção para todo este mix, a um custo muito menor do que o de alugar espaços em academias.

Não foi à toa que, com o crescimento nas vendas no Mercado Livre, a Netshoes decidiu ficar apenas no mundo on-line. Lembro bem quando a loja logo se tornou uma das principais no marketplace, recebendo o título de "Mercado Líder". A Netshoes era praticamente a única vendedora de uma categoria diferente, inovadora, em uma época em que a oferta majoritária era composta por produtos de mídia (CDs, DVDs e livros) e produtos eletrônicos.

Foi uma ótima oportunidade ter participado da fase inicial que provou o potencial do comércio eletrônico para a Netshoes. E acompanho de perto o crescimento constante da companhia, que não para. Sem dúvida a Netshoes é um case de sucesso, que representa muito bem o potencial do comércio eletrônico no Brasil e o compromisso desse setor em oferecer cada vez mais experiências inovadoras para os consumidores. Esse foco, tenho certeza, está claro desde o primeiro anúncio on-line do Marcio, e continua sendo o guia de crescimento da companhia.

Stelleo Tolda

Comanda as operações do Mercado Livre na América Latina e liderou o Mercado Livre no Brasil desde a sua fundação, em 1999

O RECOMEÇO

Quando pararam diante do portão que dava acesso a um enorme terreno, no número 143 da rua Maria Antônia, região central de São Paulo, Ovsanna e Zareh Chabab já tinham visitado dezenas de imóveis. Havia mais de dois anos que o casal procurava um local para montar um negócio. Eles não tinham um projeto definido na cabeça. Já tinham visto de tudo. Lotérica, cafeteria, lojas. A única certeza era que nenhum dos dois queria voltar a trabalhar com posto de gasolina. Estavam cansados de ser assaltados à mão armada. Por isso, decidiram vender o posto depois de vinte anos gerenciando bombas de combustível e funcionários nem sempre dispostos para o trabalho. Queriam aplicar o dinheiro em algo que lhes rendesse uma atividade remunerada. O corretor já os aguardava no local. O homem abriu o portão e foi andando com o casal pelo pátio. Contou que ali havia funcionado um estacionamento de automóveis, e o dono estava passando o ponto. Em uma lateral do terreno havia um escritório pequeno. A área do pátio era grande e poderia abrigar cerca de 70 carros, afirmou o corretor. De frente para a rua Maria Antônia havia uma construção com 21 metros de fachada, recortada por quatro enormes vitrines protegidas por pesadas portas de ferro.

Ovsanna e Zareh perguntaram ao corretor qual era o valor do ponto. Quiseram também saber se não havia entraves jurídicos nem tributários, e questionaram quem era o proprietário do terreno. Acharam razoável o preço, mas teriam de negociar o aluguel com a Santa Casa, a proprietária do terreno. Duas negociações, portanto. Nada que assustasse os Chabab, que há anos praticavam atividade comercial. Apertaram a mão do corretor, ficaram de ligar caso houvesse interesse e se despediram. Tão logo ele virou as costas, Zareh e Ovsanna começaram a especular sobre as possibilidades que o imóvel oferecia. Poderiam reabrir o estacionamento de automóveis. Bem na frente do espaço, do outro lado da rua, havia uma praça de alimentação que servia aos alunos da Universidade Presbiteriana Mackenzie, localizada naquele mesmo quarteirão. Os alunos, em grande parte de classe média e média alta, usavam carro próprio para se deslocar de casa até a faculdade. No entorno, lojinhas e edifícios de escritórios dividiam a rua com prédios residenciais, alguns deles sem garagem. Um estacionamento de automóveis serviria muito bem à região. Poderiam ainda fazer um dinheiro extra se reformassem a construção que ali havia, transformando-a em pequenas lojas que poderiam ser alugadas.

O casal foi para casa animado. Finalmente tinham encontrado um imóvel que agradava a ambos. Já em casa, esperaram o filho chegar da faculdade para compartilhar com ele a descoberta. Hagop, de 19 anos, o único herdeiro do casal, trabalhava de dia na Zapata, uma grande atacadista e varejista de calçados, e à noite cursava administração de empresas na Fundação Armando Alvares Penteado, a FAAP. Quando Hagop chegou em casa, tarde da noite, os pais o aguardavam. Depois de perguntar como tinha sido o dia do filho, Ovsanna e Zareh contaram sobre a propriedade que tinham visitado naquele dia. O filho ouviu os pais atentamente e fez uma série de perguntas, querendo entender o que tinha despertado o interesse deles. "Um dos aspectos de que eles mais gostaram no imóvel foi que o ponto tinha 21 metros de frente. A ideia era abrir um estacionamento e aproveitar as vitrines do imóvel maior para fazer lojinhas e sublocar", diz Hagop. Na manhã seguinte, Ovsanna ligou para o corretor. O negócio foi fechado, e no dia 1 de outubro de 1999 Zareh e Ovsanna abriram o estacionamento Zoha – as iniciais dos nomes de Zareh, Ovsanna e Hagop. Foram contratados dois manobristas. Um deles para o período da manhã, e o outro para o turno da tarde. Em poucos dias, estudantes, trabalhadores e demais pessoas que frequentavam a região descobriram a garagem de nome peculiar.

Os Chabab estavam felizes em iniciar um novo empreendimento. O casal abria os portões do estacionamento às sete da manhã. Ao mesmo tempo em que cuidavam do dinheiro no caixa, Ovsanna e Zareh se revezavam para manobrar os carros que se enfileiravam na porta do estacionamento. O entra e sai de automóveis aumentou, e o turno da noite logo ficou movimentado, principalmente no horário de saída dos estudantes, às dez e meia da noite. Zareh e Ovsanna perceberam que não iam aguentar aquele ritmo com dois manobristas. Já não tinham idade para aquilo. "No começo, meus pais passavam o dia manobrando carro. Minha mãe, com mestrado e doutorado em engenharia química pela Escola Politécnica da Universidade de São Paulo, também entrava na dança. Ela estacionava os carros, fazia o almoço e fechava o caixa com meu pai antes de ir embora, às 11 da noite", conta Hagop. Vendo o duro dia a dia dos pais, Hagop decidiu largar o emprego de três anos na Zapata e começou a trabalhar no estacionamento. "Aprendi muito na Zapata, mas naquele momento eu tinha de ajudar meus pais", diz.

As coisas iam se acertando no estacionamento, e os Chabab começaram a discutir o que fazer com a construção que havia no terreno. Reformar e alugar o espaço? Os três discutiam, mas não chegavam a um consenso. Até que um evento triste e não relacionado ao imbróglio iria mudar o rumo da discussão. Ovsanna tinha uma irmã mais velha chamada Yepraxie, que lutava contra um câncer que começou na mama e depois afetou os ossos. Yepraxie era a matriarca da família Kumruian e tinha três filhos: o primogênito Marcio, de 23 anos, Graciela, de 21, e a caçula Andrea, de 17. Com a piora da saúde de Yepraxie, Andrea passou a cuidar da mãe. O câncer, porém, resistia e ia minando a saúde física e emocional de Yepraxie, até que ela sucumbiu à doença. Algum tempo depois de os Chabab abrirem o estacionamento, Yepraxie morreu, aos 52 anos. Foi um episódio que mexeu com as famílias Kumruian e Chabab, além de agravar o sentimento de solidão dos irmãos Kumruian, que dois anos antes tinham perdido o pai em decorrência de um derrame.

Após o sepultamento de Yepraxie, Marcio, Graciela e Andrea dormiram na casa dos Chabab. Poucos dias depois, os irmãos Kumruian voltaram para o apartamento onde moravam, no bairro da Ponte Pequena, centro de São Paulo. Marcio se tornou o chefe da família Kumruian. Ele já tinha concluído o curso de economia no Mackenzie e ocupava uma posição de gerente na Clóvis Calçados, onde trabalhava desde os 17 anos. Graciela também tinha terminado a faculdade de Ciências da Computação na Universidade São Judas Tadeu e trabalhava em uma empresa de consultoria em TI. Andrea tinha ingressado no curso de Engenharia Química nas Faculdades Oswaldo Cruz. "Nem se cogitou a ideia de os três virem morar conosco. Eles não queriam. Já se consideravam crescidos", diz Ovsanna.

Os Kumruian eram muito próximos dos Chabab. Os primos cresceram juntos. A tia considerava as sobrinhas como filhas – uma relação que se mantém até hoje. Os meninos, Hagop e Marcio, se tratavam como irmãos e são muito próximos. A morte de Yepraxie uniu ainda mais as famílias, de forma que, naturalmente, muitos dos assuntos do dia a dia dos Chabab eram compartilhados com os Kumruian, e vice-versa. Foi numa conversa casual que a questão sobre o que fazer com a construção do estacionamento chegou até Marcio. Zareh e Ovsanna definiram que iriam construir uma loja. O casal só não estava convencido de que era uma boa ideia ter um locatário ali. "Se é para ter uma loja, que seja nossa", disse Ovsanna. Entre uma ideia e outra, ela propôs a Hagop: "Por que você e Marcio não montam uma loja de sapatos? Vocês dois têm experiência no ramo". Hagop gostou do que ouviu da mãe. "Se é para abrir uma loja, vamos batalhar e crescer juntos. Vou ligar para o primo".

Marcio mal se conteve quando ouviu a proposta de Hagop. "Você sabe que o papai alugou o estacionamento e quer construir uma loja ali. Estou ligando porque quero montar uma loja de calçados com você. Topa?". Marcio vinha amadurecendo a ideia de sair da Clóvis. Faltava uma oportunidade. Apesar de ter um cargo de gerente e um salário relativamente alto, a Clóvis era uma empresa familiar. Não era o tipo de negócio onde ele se tornaria um alto executivo. Quando surgiu a ideia de ter uma loja em sociedade com Hagop, Marcio consultou Graciela. "Gra, você banca a casa?". Marcio sabia que o projeto da loja podia dar errado. Ele precisava do apoio da irmã para pagar as contas. "Vá em frente", disse Graciela. A partir da decisão de abrir a loja, a ansiedade tomou conta dos primos. Marcio teria de negociar com José Sarkis Arakelian, seu patrão e dono da Clóvis, uma saída amigável. Ele precisava que Sarkis aceitasse demiti-lo para ter direito ao Fundo de Garantia do Tempo de Serviço, à multa pela rescisão do contrato de trabalho, fora as férias e o décimo terceiro salário. Eram quase dez anos de Clóvis. Para Marcio esse dinheiro representava uma pequena bolada e seria o seu capital para abrir o novo empreendimento.

Zareh ficou satisfeito ao ouvir do filho a novidade e disse que emprestaria a Hagop a outra metade do dinheiro necessário para colocar a loja de pé. Os primos sabiam que ser dono do próprio nariz cobrava um preço alto. Ambos foram criados por pequenos empreendedores que deram a vida para tocar seus negócios e trazer dinheiro para casa. Eles não teriam mais férias por um bom tempo, sacrificariam a própria remuneração em benefício da loja e assumiriam as responsabilidades de dono, algo bem diferente de ser funcionário. Zareh fez questão de deixar esses pontos bem claros para ambos. Os primos ouviram com atenção e se mantiveram firmes no propósito de montar o próprio negócio. Estavam dispostos a mergulhar de cabeça na loja. Marcio se acertou com Sarkis e foi demitido da Clóvis em dezembro de 1999. Ele conseguiu negociar sua saída para depois do Natal, o melhor período de vendas no varejo – o que lhe rendeu um dinheirinho a mais. "Eu peguei 25 mil reais emprestados do meu pai, e o Marcio colocou outros 25 mil reais", conta Hagop. O primeiro passo estava dado. Dali em diante era tocar a obra.

Zareh contratou um empreiteiro conhecido da família, o seu Agostinho, para dar início à reforma. "No dia 27 de dezembro de 1999, começamos a colocar os primeiros blocos para subir as paredes e fechar o espaço que dava para o estacionamento. A loja teria inicialmente 7 metros de frente e 7 metros de profundidade, divididos em uma área de exposição, balcão que delimitava o caixa e um pequeno banheiro, no fundo. Os sapatos seriam armazenados num outro banheiro, do estacionamento, que tinha cerca de 15 metros quadrados", conta Hagop. Enquanto isso, Ovsanna escrevia nomes que poderiam batizar a loja num pedaço de papel que guardava no bolso. Quando pensava num bom nome ou ouvia uma sugestão que lhe agradava, sacava o papel do bolso e anotava rapidamente. "Fechávamos o estacionamento às 11 da noite e íamos para casa. Quando chegávamos, antes de dormir, sentava-me à mesa e continuava jogando palavras no papel", diz Ovsanna. De todos os nomes aventados, dois ficaram na memória: *Goschik*, que é a palavra em armênio para sapato. E uma variante fonética dela, em inglês, Go Chic. "Mas não eram bons", lembra Zareh.

Em um almoço de família, enquanto os primos falavam animados sobre a obra e a futura loja, o assunto do nome voltou à mesa. Na virada do milênio, a internet se tornava cada vez mais acessível aos brasileiros. Era a grande novidade do momento. Ovsanna então disse: "Por que não juntar *net*, de internet, e *shoes*, de sapato em inglês? Algo como Netshoes". O nome pegou todos de surpresa. O que a internet tinha a ver com uma loja de sapatos? Netshoes, Netshoes, Netshoes... todos repetiam o nome como se quisessem se acostumar com ele. "Tem boa sonoridade", disse um dos primos. "É um nome fácil de lembrar", disse outro. Passado o estranhamento inicial, o nome foi se impondo sobre as outras sugestões. Era diferente, era novo. Diferente e novo. Duas palavras que combinavam com a proposta que os primos tinham para a loja. Eles queriam fazer uma loja diferente daquelas em que tinham trabalhado, com um conceito novo em relação aos concorrentes que estavam na rua Maria Antônia. Diferente e novo. Duas ideias que os primos levariam ao extremo nos anos seguintes. No final de dezembro de 1999, foi registrada na Junta Comercial de São Paulo a Netshoes Comércio Limitada, com o capital de 50 mil reais.

COMPRAR ON-LINE: UM NOVO HÁBITO

Em 20 de julho de 1998, um ano e meio antes do registro da Netshoes na Junta Comercial de São Paulo, a revista norte-americana *Time* publicou uma grande reportagem sobre o rápido avanço do comércio eletrônico nos Estados Unidos. A matéria teve repercussão mundial por dar dimensão econômica a uma mudança de hábito do consumidor, que comprava mais e mais pela internet em oposição ao tradicional hábito de ir até a loja para adquirir um bem. A reportagem carregava a tinta no que era considerado, na época, efeito colateral do avanço do comércio eletrônico: a redução de empregos no varejo, um dos setores que mais emprega pessoas em qualquer lugar do mundo. Essa informação gerou polêmica. No dia seguinte à publicação da reportagem, o professor e economista José Pastore escreveu um artigo para o jornal *O Estado de S. Paulo* com o título "O emprego no comércio eletrônico", no qual relatava que, no Brasil, os negócios realizados por meio de comércio on-line faziam girar 30 bilhões de dólares anuais.

Esse número não expressava apenas o montante movimentado por grandes varejistas on-line daquela época – como Americanas.com, pioneira do varejo on-line, fundada em março de 1996, e Submarino, outra pioneira no segmento, que iniciou suas atividades em junho de 1999. Nos 30 bilhões de dólares estavam contabilizadas, por exemplo, transações bancárias realizadas em caixas eletrônicos e compras diretas por meio de cartão magnético. O montante, no entanto, quantificava a movimentação de dinheiro no ambiente eletrônico e mostrava como o brasileiro rapidamente incorporava novos meios de pagamento e novos canais de consumo. Pastore concluiu seu artigo afirmando que a expansão do comércio eletrônico "tende a diminuir o número de lojas tradicionais [...], o que, em última instância, afeta o emprego dos comerciários. Mas ao reduzir os custos das operações, o comércio eletrônico fará aumentar a riqueza, gerando investimentos e novas oportunidades de trabalho". No artigo, Pastore citava o caso da Amazon, fundada em julho de 1994, que naquele dia – 21 de julho de 1998 – tinha 200 vagas abertas para profissionais de marketing, finanças, atendimento ao cliente, operações, estocagem e editorial.

Um ano depois da matéria da *Time*, em meados de 1999, o governo Fernando Henrique Cardoso (1995-1999) começou a testar em nível nacional a internet por fibra óptica, o que permitiu a transmissão de dados com velocidade pelo menos 300 vezes superior à internet de primeira geração, cuja velocidade era de 2 megabytes por segundo, utilizada pelos brasileiros a partir de 1995. Especialistas em telecomunicações e meios digitais acreditavam que o aumento de velocidade intensificaria, em proporções antes inimagináveis, o uso da rede para atividades como a telemedicina, a criação de bibliotecas virtuais, a educação a distância e, claro, o comércio eletrônico. Voltando aos Estados Unidos, em 27 de dezembro de 1999, Jeff Bezos, CEO da Amazon, estampou a capa da revista *Time*, que o elegeu como a personalidade do ano. Em 1999, a Amazon não havia parado um minuto sequer, anunciando ao mercado uma iniciativa de peso a cada seis semanas. Em fevereiro de 1999, tinha comprado 46% da farmácia on-line Drugstore.com. Em março, lançou leilões virtuais.

Em maio, adquiriu uma fatia de 35% do supermercado eletrônico HomeGrocer.com. Em junho, comprou 54% da Pets.com. Em julho, incorporou 49% da Gear.com. E assim foi até o fim do ano. Àquela altura, segundo a mídia especializada em tecnologia, comparar a Amazon ao Walmart, até então o maior varejista do mundo, já era coisa do passado.

Marcio acompanhava esses acontecimentos do computador de casa, onde usava a internet, com conexão via telefone fixo, para jogar até altas horas da madrugada e também para se informar sobre as novidades do mundo digital. Desde moleque era aficionado por tecnologia. No mesmo ano em que Bezos era coroado pela *Time*, nasceu um outro empreendimento digital que teria forte influência sobre Marcio nos anos seguintes. Embora, naquele momento, ele não tivesse ouvido falar na Zappos, loja on-line de calçados fundada em 1999 por Nick Swinmurn e Tony Hsieh, em Las Vegas, a varejista norte-americana viria a inspirar várias iniciativas da Netshoes e também seus modelos de gestão e de atendimento ao consumidor.

INAUGURAÇÃO:
4 DE FEVEREIRO

A Netshoes nasceu sem um plano de negócios. "O que fizemos foi estudar a região. A rua Maria Antônia era endereço de vários calçadistas. Observamos durante dias o movimento das lojas vizinhas, sentamos e colocamos no papel tudo o que vimos", diz Marcio. Os primos retrataram a concorrência da seguinte forma: "Havia muitas lojas populares, com visual antigo. O interior das lojas era escuro. Os acabamentos eram feitos de madeira fosca. As prateleiras e os mostruários de calçados também eram de madeira. Tudo muito pesado, tudo muito sóbrio. Os sapatos ficavam amontoados uns ao lado dos outros. Os clientes eram pessoas mais velhas, idosos na sua maioria. Concluímos que faríamos algo diferente dos lojistas locais". Marcio e Hagop queriam uma loja limpa, com um visual mais "clean". Para aproveitar as enormes vitrines, fariam os expositores em acrílico e a iluminação seria toda com spots. Tudo muito claro. Como uma loja de shopping, mas na rua. Da calçada, seria possível ver todo o seu interior e também os calçados em exposição. Os sapatos seriam muito bem posicionados e separados por cores. O público-alvo seriam estudantes do Mackenzie e jovens profissionais que trabalhavam no bairro. "Escolhemos montar uma loja de calçados femininos, pois acreditávamos que as mulheres gastavam mais em sapato. No início, tínhamos poucos calçados masculinos", diz Marcio.

As marcas para o público feminino seriam Schutz, Cravo e Canela, Orcade, entre outras. Para os homens, ofereceriam a marca Donadelli. A média de preço dos sapatos dos concorrentes era de 25 reais. "Os nossos custariam, em média, 45 reais", conta Marcio. A qualidade superior, afirmam os primos, era outro diferencial. Os concorrentes trabalhavam com couro sintético. Marcio e Hagop trabalhariam com sapatos de couro legítimo. A Netshoes estava lastreada no conhecimento que os primos tinham do mercado – pois ambos trabalharam no ramo calçadista –, nos contatos deles com os fornecedores e no apoio de Ovsanna e Zareh, que, além de ajudar com dinheiro, agiam como mentores dos jovens empreendedores. Desde o início, os pais de Hagop se recusaram a cobrar o aluguel do filho e do sobrinho. Os custos fixos da Netshoes eram, de largada, baixíssimos e se resumiam a água, luz e um funcionário (que ainda não tinha sido contratado). Dar certo dependia da capacidade de Marcio e Hagop fazerem o estoque girar. Era preciso comprar bem – o que significava negociar bons preços e acertar nas coleções, para reduzir o encalhe – e vender bem – o que exigia definir o preço certo para a margem de lucro pretendida e ter um regime de vendas a prazo que não deixasse o caixa vazio. Era preciso ter dinheiro para ir às compras o ano todo.

Em janeiro de 2000, Marcio e Hagop começaram sua peregrinação pelos fornecedores do interior paulista. Na primeira viagem a Jaú e Franca, eles foram batendo de porta em porta, nos fabricantes com quem tinham contato. Os calçadistas, em geral, planejam a compra com pelo menos três meses de antecedência (no segmento de tênis, o planejamento de compra é feito um ano antes). Não houve tempo para planejar: Marcio e Hagop tiveram de contar com o que os fabricantes tinham no showroom ou nas lojas de fábrica. A estratégia dos primos era escolher os produtos de boa qualidade e depois batalhar pelo menor preço. Trouxeram cerca de 700 pares femininos. Para o público masculino, Marcio e Hagop compraram sapatos da Donadelli, quatro modelos Nike (12 pares de cada um), dois modelos Adidas (12 pares cada um), e quatro modelos Diadora (também 12 pares cada um). Na época, Diadora era uma marca muito procurada em função do sucesso do Guga (o tenista Gustavo Kuerten). Como os primos eram empreendedores novatos, os representantes das marcas estrangeiras exigiram que pagassem à vista – diferentemente dos fabricantes de sapatos femininos, que ofereciam prazo de até 60 dias.

Enquanto os preparativos para abrir a loja aconteciam, a notícia de que Marcio tinha pedido demissão da Clóvis se tornou o assunto de seus amigos mais próximos. Naquele momento, ter um emprego que pagava bem era o sonho de muitos brasileiros. Empreender um negócio novo era considerado uma aventura arriscada. É preciso lembrar que nos quatro anos do primeiro governo de Fernando Henrique Cardoso a taxa de desemprego nacional cresceu 38%, tendo passado de 6,5% para 9% da população economicamente ativa. No final de 1999, às vésperas da abertura da Netshoes, os brasileiros sem ocupação somavam 6,6 milhões. Diante desse cenário, os amigos mais próximos de Marcio achavam que ele tinha perdido o juízo. Entretanto, houve um que viu nesse movimento de Marcio a oportunidade de conseguir um emprego. Os Chammas eram uma família muito próxima dos Kumruian. Quando a ideia da Netshoes começou a se tornar realidade, a notícia chegou aos ouvidos de Márcio Chammas, o Marcinho, primogênito de 17 anos, trazida pela irmã Vanessa, que era amiga de Andrea Kumruian.

Apesar de já ter quase dois metros de altura, Marcinho tinha esse apelido porque, para os meninos do bairro onde cresceu, a referência era o colega mais velho Marcio Kumruian. Quando soube dos planos do amigo, Marcinho ligou para o outro Marcio.

– Oi, Marcio, tudo bem? Soube que você vai abrir uma loja. Minha irmã disse que você tem uma vaga para vendedor. É verdade?

– Sim, vou abrir uma loja com meu primo. Você terminou o colegial?

– Ainda não, mas eu poderia trabalhar à tarde. Já trabalho com meu pai, atendo clientes na loja de máquinas de costura. Quero trabalhar com vendas.

– Você quer o emprego?

– Quero. Quando começo?

Marcinho foi o primeiro funcionário da Netshoes. "Comecei em janeiro de 2000, antes de a loja abrir. Eu ia para o estacionamento pela manhã e ficava recebendo mercadoria, atendendo ao telefone. Havia um escritório improvisado com uma mesa de plástico, no estacionamento", diz o funcionário número 1.

Luciano Santos, colega dos tempos de Clóvis, ajudou a criar a logomarca da Netshoes. Marcio e Hagop tinham rabiscado algumas ideias, mas a tarefa de chegar à versão final ficou com Marcio e Luciano. Ambos vararam madrugadas discutindo qual seria a fonte mais apropriada, se deveria haver um globo terrestre na logomarca ou apenas o formato "all-type", só com letras; se a marca deveria ser colorida ou preto e branco. Tudo isso era testado em um programa de design gráfico. Na primeira logo da Netshoes havia um globo terrestre sobrescrito pelo nome da loja, grafado em preto e branco, na fonte Futura, que é o tipo de letra que mais se aproxima da utilizada na logomarca da Nike. Embora naquele momento os tênis esportivos não fossem o foco dos primos, ambos julgaram que seria bom usar no nome da loja uma fonte com a qual a maioria das pessoas tem familiaridade. Marcio e Hagop não pagaram nada pelo serviço.

Como contrapartida às horas de trabalho de Luciano, Marcio ficou de ajudá-lo com seu computador. Marcio ganhava um dinheiro extra montando e consertando computadores, uma paixão desenvolvida nos primeiros anos de faculdade. Ele chegou a vender mais de 3 mil máquinas.

A Netshoes abriu suas portas pela primeira vez no número 143 da rua Maria Antônia, em uma sexta-feira à noite, dia 4 de fevereiro de 2000, quando aconteceu o coquetel de lançamento da loja para um pequeno grupo de amigos e parentes mais próximos. "Nessa noite, vendi o primeiro sapato, um tamanco com salto baixo de madeira e tira em jeans", diz Marcinho. Na manhã seguinte, houve a abertura para o público. A Netshoes começou com Marcio, Hagop e Marcinho. A loja abriu com cerca de 700 pares femininos, algo em torno de 40 modelos distintos, e aproximadamente 96 pares de tênis. A área de exposição interna tinha seis prateleiras de dois metros e meio de extensão. Faltava sapato para encher os mostradores. Os calçados eram expostos um longe do outro, de forma que ocupassem os expositores em acrílico. Nos primeiros dias, enquanto estava de férias da escola, Marcinho abria a loja com Marcio e Hagop. "Eu tinha de chegar até às oito e meia da manhã, quando os dois já me esperavam. Antes de levantar as portas de ferro, começávamos a varrer o chão para depois passar um pano. Subíamos então as portas de ferro, e eu ia arrumar a vitrine, enquanto Hagop ou Marcio ficava do lado de fora, olhando o alinhamento dos sapatos, a distância entre peças, o posicionamento dos preços. Tínhamos muito zelo. A exposição dos produtos tinha de ser impecável. Por último, um de nós varria a calçada", lembra Marcinho. Às nove horas, a Netshoes abria as portas.

A loja funcionava até as nove horas da noite, para aproveitar a entrada dos estudantes do período noturno. Os primos pagavam em média 20 reais por calçado, e o ticket médio da loja nessa fase era de 45, 50 reais. O dinheiro que entrava era pouco. "Se vendíamos mil reais no dia, era motivo de comemoração", diz Hagop. Quando a loja estava vazia, eles faziam uma simulação de venda. "Hagop ou Marcio pediam para ver um calçado, eu ia até o estoque, pegava o sapato, expunha para um dos dois e tentava fechar a venda. Às vezes, a tia Ovsanna e o tio Zareh se juntavam a nós nesse exercício. Era um treinamento e, ao mesmo tempo, dava a impressão de que a loja tinha movimento, para quem assistia à cena da rua. Funcionava também para atrair clientes", conta Marcinho. O faturamento do primeiro mês foi de aproximadamente 15 mil reais. Não era grande coisa, mas como o custo de operação era muito baixo, dava para tocar o negócio. O único salário era o de Marcinho. Hagop não tirava nada, e Marcio retirava o suficiente para cobrir suas despesas básicas, já que ele e Graciela sustentavam a casa dos Kumruian. Mesmo com todos os contratempos, os três se divertiam na loja.

"A gente (Marcio, Marcinho e Hagop) sempre encarou a vida de forma positiva. Não sei se pelo fato de sermos filhos ou netos de imigrantes que fugiram de guerras ou perseguições políticas e religiosas, que tiveram de abandonar o país para tentar uma vida melhor noutro lugar. Aprendemos com os nossos pais e avós a sermos gratos. O simples fato de estarmos com saúde e trabalhando já era muito bom. E tem mais, a gente sempre se deu muito bem. Éramos muito felizes", diz Hagop. Essa sensação de alegria convivia com o medo de dar errado. Mesmo tendo experiência no ramo de calçados, Marcio e Hagop tinham medo de comprar mais do que o necessário ou comprar caro, e não conseguir vender. Se não vendessem, não teriam dinheiro para pagar os fornecedores. "Se o estoque encalhasse, quebrávamos. Não tínhamos dinheiro sobrando para rodar a empresa com folga. Havia um descompasso entre a venda e a entrada de dinheiro. Grande que tinha voltado ao colégio, chegava na hora do almoço e fechava a loja com Marcio, já que Hagop saía no final da tarde para ir para a faculdade. Era preciso ter mais vendedores. Marcinho era o único que permanecia na Netshoes, apesar de repetidas tentativas malsucedidas de aumentar o time de vendas. Nem mesmo Andrea, irmã de Marcio, quis ficar como vendedora. Ela teve uma passagem relâmpago na loja até conseguir um estágio na Vittaflavor, indústria química de aromas e perfumes.

Marcinho descreve assim os primeiros meses de Netshoes: "Eram várias cobranças no dia a dia para que se vendesse mais. 'Se o cliente entrou na loja, por que você não vendeu?'; 'Se não tinha o que ele queria, por que não ofereceu outro calçado?'; 'Vendedor que é vendedor não volta de mãos vazias, depois de ouvir uma negativa do cliente'; 'Você trouxe outro produto?'; 'Não pode deixar o cliente sair sem vender nada!'; 'Não pode simplesmente virar para o consumidor e tranquilamente dizer que não tem o que ele quer'; 'Traga opções, traga variedade, traga o que ele não sabe que precisa'".

Marcinho tirava até 500 reais por mês, fruto das comissões que recebia sobre cada venda realizada. Em 2000, equivalia a pouco mais de três salários mínimos. Não era grande coisa, considerando a jornada de trabalho de até 40 horas, de segunda a sábado, a falta de registro em carteira de trabalho (pelo menos até aquele momento) e o custo de vida de São Paulo. Não à toa, não havia vendedor que parasse na Netshoes. Nessa fase, Marcio e Hagop faziam de tudo – compras, administrativo e financeiro –, e Marcinho se dedicava às vendas. Houve uma vez em que ele ensaiava para participar de uma peça de teatro da escola. No dia da apresentação, que aconteceu no Teatro da Universidade de São Paulo, a poucos metros da Netshoes, a professora deu pela falta de Marcinho momentos antes da apresentação e foi buscá-lo na loja, sabendo que ele trabalhava lá. Ao chegar, teve de ouvir de Hagop que Marcinho não seria liberado do trabalho. Inconformada e muito brava, retornou sem o pupilo. "Eu precisava ficar no caixa. Tinha cliente chegando. Não havia outra pessoa para atender o público. Eu não podia ficar sem o Marcinho", disse Hagop.

Essa situação persistiu até o meio do ano, quando Marcio trouxe uma estudante de Sistemas de Informação do Mackenzie chamada Mônica Piai, de 18 anos, para ser vendedora da Netshoes. "Ouvi falar da loja pelo meu cunhado, que tinha sido colega de turma do Marcio no curso de Economia no Mackenzie. Eu estava procurando emprego e me atraiu o fato de a Netshoes ser do lado da faculdade", diz Mônica, que rapidamente se adaptou ao esquema de trabalho. "Era um clima muito familiar e de muita proximidade. Não existia esse negócio de 'eu sou dono, e você é funcionária'. Era um grupo de pessoas que queria que a loja desse certo. Eu não sou da família, mas abracei o projeto. A cada cliente que entrava na loja, fazíamos de tudo para vender. Quando chegava o Dia dos Namorados, Dia dos Pais, final de ano, a gente apostava para ver quem vendia mais. O melhor vendedor ganhava cerveja no final do expediente, e todos comemorávamos", conta Mônica. Ela passou a abrir a loja com Hagop, e ambos eram substituídos no início da tarde por Marcio e Marcinho. Era o começo de uma relação com Marcio e Hagop que duraria anos.

SONHO GRANDE, TOMBO GIGANTE

De vez em quando, um amigo ou parente mais próximo visitava a loja, curioso para saber o que Marcio e Hagop estavam fazendo da vida. Entre os amigos, havia um judeu de origem romena chamado Sandi Cintra Fóz Adamiu, que cresceu com Hagop, no mesmo quarteirão em que moravam os Chabab, no bairro de Alto de Pinheiros. Sandi era o único filho de Sandra Cintra Fóz e Alexandre Adamiu, empresário do entretenimento que comandava as operações da distribuidora Paris Filmes. Sandi é dois anos mais novo que Hagop e conhecia Marcio da casa dos Chabab. Sandi era dono de salas de cinema no Shopping Ibirapuera, localizado no bairro de Moema, frequentado pela classe média e média alta paulistana.

Quando Marcio, Hagop e Sandi sentaram para falar da Netshoes, Sandi ficou impressionado de ver como os primos progrediam rapidamente. No mês em que abriu suas portas a Netshoes vendeu 15 mil reais. Em março, faturou 25 mil reais. E, no mês de abril, 30 mil reais. A loja dava sinais de que deslancharia. Em julho, num almoço no estacionamento dos Chabab, quando a família fazia uma pausa durante o expediente, os três se sentaram de novo para conversar enquanto comiam um dos pratos preferidos dos primos: a lasanha preparada pela tia Ovsanna. Foi aí que Sandi apresentou pela primeira vez a ideia de ampliar a Netshoes.

– Já pensaram em ter uma loja de shopping? Vocês poderiam abrir uma loja da Netshoes no Shopping Ibirapuera.

– Com que dinheiro?, – perguntou Hagop.

– Eu posso entrar como investidor. Tenho grana para abrir a loja.

– Não sei se é uma boa. Temos de pensar.

– Eu sou um dos principais acionistas do shopping, o que facilitaria a entrada da Netshoes. Pensem nisso.

Desde que Sandi plantou essa semente na cabeça de Marcio e Hagop, os primos não a tiraram da cabeça. Havia fila de espera de empresários querendo entrar no Shopping Ibirapuera. A oportunidade de contornar a fila caiu no colo de Marcio e Hagop graças a Sandi, que tinha prioridade na escolha de um ponto, caso houvesse uma loja vaga para aluguel. Cada vez que o assunto voltava à mesa, as conversas iam se tornando mais acaloradas. Hagop tinha medo de dar um passo maior que a perna e arruinar a loja da rua Maria Antônia. Marcio argumentava que a cada fim de semana que postergavam a decisão estavam perdendo dinheiro. Ele acreditava que a loja do Ibirapuera venderia, por fim de semana, de 25 a 30 mil reais. Hagop rebatia, argumentando que os primos "estavam saindo de um ambiente de baixa competição, com poucos concorrentes acomodados, onde ninguém vendia os produtos que a Netshoes vendia, e indo para um shopping, competir com lojistas experientes e financeiramente muito mais fortes". A indefinição dos primos durou até o momento em que Sandi trouxe uma nova informação. Havia uma loja no Shopping Ibirapuera disponível para locação com aluguel barato. Ela precisaria de uma pequena reforma, mas poderia estar pronta em dois meses. Era pegar ou largar. Sandi se propôs a bancar a reforma para deixá-la com a cara da Netshoes. Em contrapartida, os primos teriam de aceitar um novo sócio. Estavam criadas as condições para a nova loja da Netshoes no Shopping Ibirapuera.

Quando Marcio e Hagop contaram o plano para Ovsanna e Zareh, ambos foram enfaticamente contra a ideia de abrir uma segunda Netshoes. Ovsanna disse que essa opção significaria dividir a atenção e a energia num momento em que a loja da rua Maria Antônia dava seus primeiros passos. Zareh disse ao filho e ao sobrinho que ter um terceiro sócio na Netshoes era uma decisão precipitada e que as vendas no Shopping Ibirapuera seriam mais difíceis, por causa da concorrência, que seria maior. No entanto, não houve racionalidade que demovesse os primos da ideia. Mesmo Hagop que, em um primeiro momento, tinha se posicionado contrário ao empreendimento, agora batia o pé, alegando que a oportunidade era única. Para cada argumento contrário à abertura da segunda loja, Marcio e Hagop davam uma justificativa que fazia crer que ambos tinham planejado cada passo da nova empreitada – algo que nem de perto era verdade. Os primos tinham sido contaminados pelo vírus do "quero ser grande". "Fomos para as cabeças", contam os dois. Venceu o projeto da nova loja. Pela segunda vez, sem um plano de negócios e, agora, sem sequer analisar a concorrência.

Marcio e Sandi foram falar com Isaac Schafirovitch, presidente da Associação dos Lojistas do Shopping Center Ibirapuera, para mostrar o projeto da loja e explicar como funcionaria a nova Netshoes. A proposta era ser uma loja multimarcas com calçados masculinos e femininos e um sortimento reduzido de tênis – a mesma fórmula que vinha dando certo na rua Maria Antônia. O estoque inicial era de 2 mil pares de calçados e o espaço que pretendiam alugar era de 50 metros quadrados. Schafirovitch explicou aos sócios que teriam de pagar ao shopping uma luva, uma bonificação para operar no Ibirapuera. Também teriam de arcar com uma reforma para adequar o espaço ao regimento interno da associação de lojistas. Mensalmente, havia ainda as despesas com *facilities* – como help desk, iluminação, ar-condicionado e segurança –, e gastos com o fundo de comércio que o shopping cobra para promover as lojas e anunciar suas ofertas. Os primos também teriam de pagar ao proprietário da loja um aluguel de 5.400 reais. Os custos da Netshoes do Shopping Ibirapuera eram bem diferentes dos da loja da rua Maria Antônia. Por outro lado, se as projeções de vendas dos primos se realizassem, algo em torno de 20 mil reais por fim de semana, o lucro era certo. Os sócios aceitaram as condições de Schafirovitch e do dono do ponto. Eles estavam seduzidos pelo novo empreendimento.

Em setembro, os três assinaram o contrato de aluguel, e Marcio e Hagop começaram imediatamente a reformar a loja. "A gente varava as madrugadas com seu Agostinho, o mesmo empreiteiro que fez a primeira Netshoes", diz Hagop. Os primos começaram a procurar um novo vendedor. Marcinho indicou o irmão Marcelo, que tinha então 16 anos. Quando o pai dos Chammas ia buscar Marcinho no final do expediente, Tchelo, como é chamado, o acompanhava. Para acelerar o final do expediente, enquanto Marcinho encerrava os atendimentos, Tchelo ia guardando no estoque os sapatos que tinham sido retirados ao longo da tarde para serem mostrados aos clientes. Tchelo conhecia Marcio e Hagop e já estava familiarizado com a loja. Ele passou pela sabatina dos primos numa sexta-feira e na primeira semana de setembro estava trabalhando. A Netshoes do Shopping Ibirapuera foi aberta em outubro. A nova loja estava localizada em um corredor sem saída. Os lojistas do shopping chamavam o corredor onde estava a Netshoes de "corredor da morte". Não demorou para Marcio e Hagop descobrirem o porquê.

No Shopping Ibirapuera, a área nobre fica no quadrilátero central e os corredores que ficam nos cantos são áreas de pouco movimento. O "corredor da morte" tinha movimento baixíssimo de pessoas. Em pouco tempo os primos sentiram na pele um velho ditado do mundo dos negócios: "não existe almoço grátis". O preço do aluguel da loja era mais barato justamente porque o ponto comercial não era bom. Os consumidores frequentavam as lojas do quadrilátero central do shopping. Somente os compradores mais curiosos se enveredavam pelas ruas sem saída do Ibirapuera. Para piorar, como Zareh tinha advertido, a concorrência era acirrada. Em frente da Netshoes ficava a World Tennis. A poucos metros, no quadrado principal, ficava a Bayard. "Como a concorrência no shopping era maior, tínhamos de comprar mais SKUs (unidades diferentes em cor, por exemplo, do mesmo modelo de tênis)", diz Hagop. Outro custo que na rua Maria Antônia não existia, já que a Netshoes era a única loja que vendia tênis da rua. Em outro piso no shopping, havia a Capodarte, de calçados e acessórios femininos, e a Corello, que vendia sapatos, bolsas e sandálias femininas. Os concorrentes, além de estarem mais bem posicionados, em ruas mais movimentadas do shopping, tinham lojas de área quatro ou cinco vezes maiores que a da Netshoes. Marcio e Hagop sabiam que o espaço de exposição era um tremendo diferencial no varejo de calçados. Quanto maior a área de exposição, mais chance de realizar a venda. O cliente passa mais tempo na loja, há chance de expor mais modelos de calçados e acessórios, e o vendedor tem maior oportunidade de interação com o consumidor. Eles não se intimidaram e montaram um esquema de trabalho para administrar ambas as lojas.

Marcinho teve sua relação de trabalho formalizada, com o registro profissional na carteira de trabalho, e se tornou o gerente da Netshoes do Shopping Ibirapuera. Mônica foi trabalhar com ele. Marcio ficou com Tchelo na Netshoes da rua Maria Antônia, e Hagop se dividia entre as duas lojas. Ele abria a loja da rua Maria Antônia com Marcio. Ambos enchiam de calçados a caminhonete de Hagop, que seguia dali com Mônica para o shopping. O estoque do shopping era pequeno, ficava num mezanino. "Eu voltava com Hagop no final da tarde, pois ambos ainda estávamos na faculdade. O Hagop fazia esse itinerário todo dia", diz Mônica. A loja do shopping tinha bons produtos, uma vitrine arrumada e linda, e uma equipe de vendas pequena e dedicada. "A gente se informava muito sobre o produto. Eu fui ensinada a ler cuidadosamente os catálogos das marcas. Sabia indicar o calçado mais apropriado ao tipo de pisada do cliente. Se o cliente corria, sabia orientar sobre a diferença de cada modelo, dependendo do perfil do corredor. Um conhecimento que, na época, os vendedores não tinham", diz Mônica. Para conquistar clientes, Marcinho e Mônica tinham autorização para oferecer descontos agressivos em relação aos preços dos concorrentes. "Os gerentes da World Tennis e Bayard, por exemplo, não tinham alçada para dar descontos superiores a 10%", conta Hagop.

No entanto, a má localização da loja, no "corredor da morte", impunha-se sobre a competência dos vendedores e a estratégia comercial. "Era um tédio tão grande ficar lá. Os clientes não apareciam", lembra Marcinho. Hagop ou Marcio ligavam após o almoço para saber das vendas. "Na maioria dos dias, respondíamos que sequer havíamos aberto o caixa. Não vendia nada. Era frustrante", diz Mônica. Nesse período, Hagop decidiu largar a faculdade para se dedicar às lojas. Para atrair clientes, ele e o primo bolaram a primeira campanha de marketing da Netshoes. Detalhe: sem dinheiro, pois os sócios não tinham 1 real sequer no caixa da empresa – o capital dos primos estava aplicado no estoque. A estratégia para atingir o maior número de consumidores consistia em abordar o cliente enquanto ele estava no shopping. O melhor local para executar a ação eram as salas de cinema que pertenciam a Sandi. Os primos montaram uma pequena vitrine no foyer do cinema, em que anunciavam as ofertas do dia. Antes do trailer do filme, Marcio entrava na sala de cinema e repetia as ofertas da Netshoes e, em seguida, distribuía cupons de desconto ao público. "A iniciativa ajudou a trazer consumidores, mas nada que fizesse crer que a loja iria decolar", diz Marcinho. O projeto de marketing mais ousado foi lançado semanas depois. Marcio contratou Paolo Conti, marido da melhor amiga de sua irmã Graciela, para fazer um filme publicitário convidando os cinéfilos a conhecer a Netshoes. O efeito do filme como incremento nas vendas foi irrisório. Marcio e Hagop, no entanto, costumam dizer que o primeiro filme publicitário da Netshoes foi feito por um diretor premiado. Paolo Conti viria a criar e dirigir em 2013, com Arthur Nunes, o primeiro longa-metragem em *stop motion* no Brasil, cujo nome é *Minhocas*.

Com a chegada do Natal, o shopping aumentou o investimento em marketing, as lojas ficavam abertas até tarde da noite. Havia filas de carros nas cancelas de acesso ao estacionamento. O número de clientes aumentou, mas não foi suficiente para reverter a situação de penúria da nova Netshoes. Os primos entraram em parafuso. A loja do Shopping Ibirapuera não se pagava. Pior, ela consumia o tempo e a atenção de Marcio e Hagop, de forma que os primos começavam a deixar de lado a loja da rua Maria Antônia, que continuava vendendo bem, para socorrer a loja nova. Marcio acabou se envolvendo no dia a dia da Netshoes do Ibirapuera, o que rendia discussões acaloradas entre os primos sobre como incrementar as vendas. A cada final de mês, no entanto, o resultado era prejuízo. "Em fevereiro [de 2001], já não tínhamos mais escolha. O baixo desempenho de vendas da nova loja começou a comprometer o faturamento que vinha da Maria Antônia", diz Hagop. Os primos não tinham mais fôlego financeiro para manter a loja do shopping.

– Vamos fechar a loja do shopping?, disse Hagop.

– Se fizermos isso, vamos ter de romper o contrato, respondeu Marcio.

– Não temos alternativa.

– Precisamos aguentar mais um pouco. A gente pode tentar passar o ponto e, quem sabe, conseguir uns 200 mil reais.

– Marcio, nós não temos dinheiro para manter a loja aberta! Ou a gente fecha ou a gente quebra a loja da rua Maria Antônia!

Hagop conta que voltava do shopping para a Maria Antônia chorando no carro. "Eu ficava desesperado, tentando achar formas de fazer a coisa virar. Mas não tinha jeito. Já tínhamos tentado de tudo". Em 30 de março de 2001, uma sexta-feira, a Netshoes do Shopping Ibirapuera fechou as portas para não mais reabri-las. "Fechamos a loja numa noite. Tiramos as mercadorias sem nem avisar a administração do shopping – algo que não podia ser feito, transitar mercadoria daquele jeito. Fomos descendo aos poucos os produtos do mezanino (onde funcionava o estoque) para o meio da loja, colocando dentro de um carrinho e levando para quatro veículos no estacionamento: uma Kombi, a caminhonete do Hagop, o Gol do Marcio e um Fiat Tipo de um colega do Hagop", lembra Marcinho. Hagop tinha um amigo que morava em Moema e vez ou outra passava na loja para bater papo. "Ele apareceu no dia em que fechamos a loja e acabou nos ajudando. Anos depois, esse meu amigo contou que ficou muito preocupado naquele momento, pois aos 21 anos eu tinha largado a faculdade para tocar a loja do shopping e agora estava sem formação acadêmica e perto da falência", conta Hagop.

Nesse momento, o estoque da Maria Antônia estava lotado e ocupava todo o banheiro da loja e mais três vagas no estacionamento de Zareh. Tudo o que foi retirado da loja do Shopping Ibirapuera, mais ou menos 3 mil pares de sapatos, teve de ir para a casa de Hagop. "Eu dormia e acordava sentido cheiro de couro de sapato", diz Hagop. Quando Marcio e Sandi foram contar para Schafirovitch sobre o encerramento, ouviram dele, em altos brados, que ambos não passavam de moleques inconsequentes, que não podiam ter firmado um compromisso de três anos contando apenas com o capital de giro e que o fechamento da loja deteriora o valor do ponto comercial. Foram quarenta minutos de bronca. "Tomamos um tremendo esporro, além de termos perdido todo o investimento que fizemos na loja", diz Sandi. Os dois saíram da sala de Schafirovitch sentindo-se fracassados. O proprietário do imóvel abriu mão de cobrar multa por rescisão de contrato, mas, em troca, exigiu que todas as benfeitorias feitas pelos locatários fossem mantidas na loja. "Saímos de lá sem poder levar nenhuma prateleira, ficou tudo na loja. Deixamos o ponto inteiro reformado, com piso de pedra e painéis canaletados", diz Marcinho. Mônica arranjou um estágio numa empresa de tecnologia e disse adeus a Marcinho, Tchelo e aos primos. Marcio e Hagop estavam arrasados. Tempos depois, ela voltaria a trabalhar na Netshoes.

O fracasso do Shopping Ibirapuera representou para eles mais do que a perda do investimento na empreitada. Os sócios tinham diluído sua participação na Netshoes com a entrada de Sandi na sociedade. Sandi entrou com 50 mil dólares no negócio, cotados a 1,80 real, o que lhe rendeu 25% da Netshoes (a sociedade foi desfeita em 2005, e Sandi aceitou receber, sem juro, o que havia investido em dez parcelas). Os primos estavam endividados com os fornecedores e tinham quase 5 mil pares de calçados em estoque. "Saímos do Shopping Ibirapuera com o rabo entre as pernas e com um problema enorme. Tínhamos dois estoques, apenas um deles pago e um único ponto de venda", diz

Hagop. Quando relembra o período, Marcio reconhece que a decisão de abrir a segunda loja tão cedo (a loja da rua Maria Antônia não tinha nem um ano de operação) foi imprudente. "Era garoto, tinha 25 anos, queria crescer rápido. Erramos no ponto, na estratégia, em tudo. Não estávamos preparados para dar esse passo. Foi um momento difícil, com os fornecedores nos cobrando todos os dias. Pela primeira vez realmente pensei: quebramos".

Para Hagop, fechar a loja do Shopping Ibirapuera foi a primeira decisão radical que os primos tomaram. De volta à Netshoes da rua Maria Antônia, foram meses e meses sorteando que duplicata pagariam no dia do vencimento. "As demais, a gente esperava apontar no cartório, pois ganhávamos 25 dias para pagar, que era o tempo entre o fornecedor notificar o cartório e sermos informados da notificação. Nesse meio-tempo, promovíamos 'saldões' no estacionamento para transformar o estoque em dinheiro. Pagávamos a fatura antes de sermos protestados pelo cartório, com juros e custo de cartório. Era a única alternativa de manter o negócio girando, não havia dinheiro no caixa", conta Hagop. Para sobreviver, os primos precisariam encontrar urgentemente uma forma de transformar o estoque encalhado em dinheiro e aumentar as vendas. Essa era a preocupação imediata. No entanto, a expansão malsucedida do Shopping Ibirapuera mostrou a Marcio e Hagop que, se eles quisessem que a Netshoes fosse grande, teriam de pensar em um jeito novo de fazer negócios. "Ficou claro para a gente que o modelo de crescimento no varejo exige grande quantidade de capital e leva tempo para conquistar espaço no mercado", diz Marcio. Para terem direito a um lugar ao sol, os primos teriam de pensar numa alternativa que fosse diferente e nova.

SANGUE DE EMPREENDEDOR

Uma das coisas que sempre me intrigou desde que comecei a acompanhar mais de perto a história de Marcio e Hagop é como eles foram construindo a cultura da Netshoes e a parceria que existe entre os primos. Mais do que isso, existe entre os dois uma complementaridade no jeito de pensar e agir. Hagop é extremamente racional e, digamos, mais pé no chão que Marcio. Ele é do tipo que sempre gosta de considerar todas as variáveis e todos os cenários antes de tomar uma decisão. Logo, gosta de pensar estratégias para atuar nos diferentes cenários. Em relação a Marcio, é mais cauteloso e menos intempestivo. No trato pessoal, Hagop tende a ser desconfiado, inquisidor e orientado por fatos – é avesso à especulação. Marcio também é racional, mas, diferentemente de Hagop, é otimista. Está sempre disposto a experimentar novos caminhos e lida bem com a incerteza. É bastante impulsivo e prefere ajustar o plano ao contexto. No trato pessoal, Marcio é sedutor, envolvente e gosta de criar e ouvir hipóteses sobre os assuntos que acompanha. Por serem personalidades tão distintas, sempre discutiram muito quando se tratava de pensar o futuro da Netshoes. Porém, há entre eles uma regra de ouro: se um dos dois não estiver confortável com relação ao próximo passo, ele não acontece.

As decisões são sempre por consenso – algo que se mantém até hoje. Isso nunca significou que as definições na Netshoes são morosas. Pelo contrário, o processo de decisão é muito rápido – a ponto de chocar quem entra na empresa e está acostumado com as tradicionais estruturas de comando e controle, que imperam na maioria das organizações, sobretudo, nas grandes corporações. Parte dessa agilidade se deve ao fato de os primos se cercarem de pessoas de sua inteira confiança. Essas pessoas agem como mentores ou como especialistas em uma determinada área do negócio e têm papel de prover informação que leve à melhor decisão – ou pelo menos à melhor decisão possível no momento. No começo, esse círculo mais próximo era formado por Zareh e Ovsanna. Depois, Marcinho e Tchelo entrariam para o grupo. Um dos fatores determinantes para ser aceito nesse pequeno cosmos da Netshoes era compreender quem são os primos, de onde vieram e quais são seus valores. Ambos são filhos de imigrantes, que tiveram trajetórias bem distintas a partir do momento que desembarcaram no Brasil.

O casal Agop e Vartanouche Kokozian chegou a São Paulo em fevereiro de 1960. Desde então, ela assumiu o nome de Varta. Agop e Varta viviam no Líbano, para onde haviam se mudado fugindo da perseguição do governo turco aos armênios, que teve início no final do século XIX e durou até 1923, num episódio que ficou conhecido como Genocídio Armênio e vitimou 1,5 milhão de pessoas. No Líbano, Agop e Varta tiveram três filhos: Yepraxie, Khatchadour e Ovsanna. A primogênita chegou ao Brasil com 12 anos, Khatchadour, o filho do meio, veio com 9 anos e a caçula Ovsanna, com 5 anos. A família foi morar na rua Maria Marcolina, em frente à paróquia Santo Antônio, no bairro do Pari, região central da capital paulista. Esse era um bairro de classe média baixa cujos moradores eram operários e comerciantes portugueses, espanhóis, italianos e, a partir da década de 1940, sírios e libaneses. Agop tinha uma padaria no Líbano, mas, rapidamente, por necessidade de ganhar dinheiro, aprendeu o ofício dos conterrâneos armênios que viviam na capital paulista: a fabricação e a comercialização de calçados. Depois de fazer alguns contatos, o casal foi morar na rua Marcos Arruda, no bairro do Belenzinho, onde Agop montou uma pequena fábrica de calçados.

Os três filhos do casal foram estudar no Externato José Bonifácio, tradicional escola da comunidade armênia, no bairro do Bom Retiro. Três vezes por semana, as crianças tinham aula de armênio, de forma que, em casa, a família se comunicava na sua língua pátria. Na escola, os meninos eram bem instruídos nas disciplinas de exatas. As meninas seguiam o mesmo currículo e aprendiam músicas tradicionais e danças típicas, que apresentavam nas festas da comunidade. Agop trabalhava durante a semana na fábrica, e Varta cuidava dos três filhos. Nos fins de semana, a família frequentava a igreja Apostólica Armênia, principal ponto de encontro dos armênios da capital paulista. Em uma das festas da comunidade, Yepraxie conheceu Paren Kumruian, filho do casal armênio Nuritza e Yessai Kumruian. Paren trabalhava com o pai e os irmãos em uma fábrica de calçados da família, na Ponte Pequena, bairro que foi rebatizado com o nome da estação de metrô construída ali em 1975, a Armênia.

Yepraxie e Paren se casaram em dezembro de 1972 e foram morar na Ponte Pequena. Dois anos depois, o casal teve o primeiro filho, Marcio. Quando Yepraxie ficou grávida pela segunda vez, Paren começou a procurar outro trabalho. A fábrica já não ia bem, e o dinheiro não era suficiente para sustentar os Kumruian. Yepraxie fazia salgados, que vendia sob encomenda, para ajudar no orçamento da família. Graciela nasceu em 1976. Quando Andrea, a caçula do casal, nasceu em 1980, Paren já tinha uma nova profissão: dono de loja de calçados. Marcio, Graciela e Andrea estudaram na mesma escola armênia da mãe Yepraxie, o Externato José Bonifácio. As turmas eram pequenas, com até quinze alunos, e a ênfase nas disciplinas de exatas continuava, assim como as aulas de armênio. Os três irmãos sempre se deram bem nos estudos e, desde pequenos, mostraram aptidão para os números. "Marcio gostava muito de matemática e era muito competitivo", conta a tia Ovsanna.

Enquanto Yepraxie se dedicava ao marido e aos filhos, Ovsanna, sua irmã caçula, devorava os livros. Desde pequena, Ovsanna acompanhava o pai quando ele se debruçava sobre as finanças da fábrica de calçados. Dos três filhos, era a única que não carregava o sotaque armênio, embora fosse fluente no idioma dos pais. Quando deixou o Externato José Bonifácio, foi estudar em uma escola pública na Ponte Pequena. Como sempre foi curiosa e era habilidosa com os números, no momento em que teve de prestar o exame vestibular, escolheu fazer Química. Ovsanna se tornou bacharel pela Universidade de São Paulo e foi a primeira dos Kokozian a receber um diploma universitário. Em 1975, Ovsanna se casou com Zareh Chabab, filho de Noemie Chabab e Agop Chabab, imigrantes armênios que vieram da Síria para o Brasil em 1957. Zareh veio para o Brasil com 15 anos. No começo, ele e o irmão compravam roupas, Zareh pegava a carteira de motorista do irmão mais velho, emprestava o carro da família e viajava pelo interior como mascate. Os Chabab sempre foram comerciantes. Pouco tempo depois de se estabelecerem na capital paulista, Agop montou sua própria confecção.

Em 1972, Zareh abriu um posto de gasolina com um dos irmãos. Ovsanna e Zareh se casaram pouco tempo depois e foram morar em uma quitinete na avenida Nove de Julho. Em 1979, o casal teve um menino a quem deram o nome de Hagop. Antes de ele completar 2 anos, o casal comprou um terreno no Alto de Pinheiros, bairro de classe média alta, na zona Oeste de São Paulo. Hagop frequentou o Colégio Santa Cruz, escola fundada por padres canadenses em 1952, no bairro de Higienópolis, e que foi transferida para o Alto de Pinheiros em 1957, ocupando um terreno de 50 mil metros quadrados, doado aos padres pela Light São Paulo. Apesar de viverem em bairros distantes, os primos estavam sempre juntos. Nas férias de verão, os Kumruian e os Chabab viajavam para o litoral norte de São Paulo, para a praia de Caraguatatuba. Não costumavam ser férias longas, pelo menos para os pais. Zareh não podia ficar longe do posto de gasolina, e Paren não podia descuidar da loja de calçados.

Quando completou 15 anos, Marcio foi estudar na Escola Técnica Federal de São Paulo – hoje Instituto Federal de Educação, Ciência e Tecnologia. Naquela época, os negócios de Paren não iam bem, e os Kumruian passavam por dificuldades financeiras. Marcio começou a se sentir incomodado com a situação e, assim que terminou o terceiro ano do ensino técnico, ele disse ao pai que queria trabalhar. Paren foi contrário à ideia do filho. Achava que Marcio deveria se dedicar aos estudos para não repetir sua trajetória. Mas, diante da insistência do primogênito, concordou em apresentar o filho para José Sarkis Arakelian, colega de infância que ficou rico vendendo calçados populares. Aos 17 anos, Marcio fez sua primeira entrevista de emprego para uma vaga de office boy na Clóvis Calçados. Ganhou seu primeiro registro na carteira de trabalho em 1991. No mesmo ano, foi aprovado no exame vestibular do Mackenzie e começou a cursar Economia à noite.

Embora tivesse sido contratado como office boy, Marcio foi trabalhar no estoque da Clóvis, que ficava na Estação da Luz. O ambiente de trabalho era simples, com funcionários levando caixas de um corredor para outro, num galpão enorme. Mas ele não se incomodava. Seu objetivo era ganhar algum dinheiro para pagar seus estudos, sem onerar os pais. À noite, já na sala de aula, sentava-se com a turma do fundão. Uma de suas colegas de classe era Juliana Ferrite, de quem Marcio emprestava o caderno, nas semanas que antecediam o período de provas, para copiar as matérias. Juliana guarda a seguinte lembrança do ex-colega de turma no Mackenzie:

> Marcio chamava a atenção, pois era bagunceiro. Apesar disso, era um bom aluno e tirava boas notas. Um dos professores mais difíceis que tivemos foi o de Macroeconomia. Ele costumava reprovar metade da turma. Em um dia de prova, estávamos todos preparando a colinha quando o professor chegou e disse que aplicaria a prova no auditório da universidade. Chegando lá, pediu que colocássemos sobre a mesa apenas caneta, lápis e borracha. Nada mais. A turma toda se deu muito mal na avaliação, exceto o Marcio, que tirou uma ótima nota. Apesar de ser da turma do fundão, ele precisava de pouca coisa para ir bem.

No trabalho, Marcio era um dos poucos que tinha instrução e, como era organizado e tinha boa disciplina, logo seu nome chegou aos ouvidos dos gerentes que ficavam no escritório, na avenida Cásper Líbero. O escritório era o quartel-general que coordenava as operações nos dezenove pontos de venda da Clóvis e definia o futuro dos empregados que trabalhavam para a rede varejista. Depois do primeiro ano carregando caixas no centro de distribuição, Marcio foi promovido a auxiliar de almoxarifado. Sua função passou a ser receber e estocar as compras que chegavam dos fornecedores, além de ter de inserir todas as notas fiscais no sistema informatizado que fazia a gestão do inventário da Clóvis.

O responsável pela área de informática da Clóvis era Marcelo Kumruian, que Marcio foi conhecer em seu terceiro ano de empresa por ocasião de um problema que teve no sistema de estoque. "Seu sobrenome é Kumruian? O meu também, cara! Que história é essa?", questionou. Marcio descobriu que seu pai era primo de segundo grau do pai de Marcelo, mas eles mal se conheciam. Daí os colegas de trabalho não saberem um do outro. Marcelo era o responsável pelo sistema de informática que fazia toda a gestão do negócio. Foi ele quem iniciou Marcio no mundo da tecnologia.

Em meados da década de 1990, a internet já era popular nos Estados Unidos e rapidamente ganhava espaço nos escritórios e nas casas dos brasileiros. No Brasil, a varejista Americanas lançou seu site em março de 1996. No mesmo mês, a locadora de automóveis Localiza passou a reservar, alugar e vender carros em um balcão virtual. Uma reportagem publicada pela revista *Veja* em 21 de fevereiro de 1996 com o título de "Negócios eletrônicos" mostrava que havia no Brasil naquele momento 3 mil lojas brasileiras vendendo produtos pela internet e 180 mil brasileiros conectados à rede de computadores. Os analistas daquele que era considerado "um novo mercado" afirmavam na reportagem que os brasileiros ainda não tinham o hábito de fazer compras pela internet, mas "há bons indícios de que o potencial do comércio eletrônico é explosivo".

A febre da internet e a queda no preço dos computadores e acessórios criaram um mercado de especialistas em informática e despertaram no brasileiro o desejo de ter um computador em casa. Quem já possuía um bom PC queria "envenenar" seu micro, comprando kits multimídia com placa de som, drive de CD-ROM, caixas acústicas e microfone, além de softwares multimídia e cabos de conexão. Os preços desses kits variavam de 450 doláres a 2 mil dólares. Como tudo isso ainda era novidade para a maioria dos brasileiros, quem entendia do assunto ganhava dinheiro, atendendo a empresas ou a consumidores desinformados e ávidos pelas novas tecnologias. Nos jornais, era possível encontrar anúncios de especialistas em informática que cobravam entre 5 mil e 7 mil reais para criar um site. Pagando um adicional de 1.500 reais por mês, o profissional atualizava a homepage da empresa na internet.

Nas empresas, quem trabalhava na área de tecnologia começou a ser assediado pelos colegas que queriam conselhos e recomendações sobre que máquina comprar e em que acessórios investir. Marcio viu nesse movimento uma oportunidade para engordar seu salário e não desgrudou do primo recém-descoberto. Marcelo, por sua vez, vendo a sede de aprender de Marcio, começou a despachar para ele mais e mais equipamentos para serem consertados, configurados ou "envenenados". Ciente da situação financeira dos Kumruian, Sarkis fez vista grossa para os bicos de Marcio, mas advertiu Marcelo que aquilo pararia caso o desempenho do auxiliar de almoxarifado caísse. Rapidamente Marcio incorporou o novo ofício à agenda de trabalho. Ele passou a chegar ao trabalho às seis da manhã, duas horas antes do estabelecido em contrato. Se havia algum computador para ser cuidado, passava o trabalho na frente das tarefas que tinha no estoque, onde a operação apertava a partir das nove da manhã. Às seis da tarde, ele ia para a universidade e, quando chegava em casa à noite, voltava a mexer nos computadores que exigiam uma atenção mais específica, como a troca de um processador ou o backup de arquivos. Marcio deixava esses computadores em casa e os colocava no que chamava de UTI. Essa virou sua rotina.

Ele se tornou o garoto da informática da Clóvis, uma espécie de faz-tudo para assuntos de computação. Os funcionários o procuravam no estoque, querendo saber sua opinião para produtos que viam na internet e em jornais e revistas. Marcio dormia quatro horas por noite, até que foi parar no hospital. A partir daí, com recomendação médica e pressão da família, passou a se dedicar aos computadores nos fins de semana. Um dos clientes regulares de Marcio era Luciano Santos, que trabalhava no departamento de propaganda da Clóvis e o conheceu quando o bico do assistente de almoxarifado tinha virado um pequeno negócio. "Meu primeiro computador foi comprado pelo Marcio. Ele operava um consórcio dentro da Clóvis. Éramos cerca de 20 consorciados que pagavam mensalmente um dinheirinho e todo mês era sorteado um computador. O Marcio comprava e depois dava suporte técnico", conta Luciano.

As negociatas do garoto da informática chegaram aos ouvidos de Sarkis, que chamou Marcio para uma conversa e lhe propôs uma mudança de área. Achava que o garoto tinha potencial e poderia ter um trabalho mais desafiador. Sarkis não se opôs à continuidade dos bicos de Marcio, mas deixou claro que ele seria acompanhado de perto. Dessa forma, no seu quinto ano de Clóvis, Marcio foi promovido a analista de compras. Com isso, saiu do estoque e foi transferido para o mesmo escritório onde ficavam os gerentes. Era uma tremenda vitória para quem tinha começado num galpão empoeirado empilhando caixas. Na universidade, Marcio também ia bem. Suas notas lhe renderam um convite para ser monitor de Matemática. Era mais dinheiro para engordar sua caixinha.

O começo de 1997 foi duro para os Kumruian. Paren fazia longas jornadas de trabalho para levar dinheiro para casa. Ele já tinha desistido da loja havia alguns anos para se tornar representante comercial de calçados. Mesmo conhecendo muita gente, tinha de suar a camisa para atingir as metas do mês. Todo esse estresse fazia sua pressão sair de compasso e, frequentemente, Paren tinha de ir ao médico para rever a dose de seu remédio para hipertensão. No entanto, seguia trabalhando sem esmorecer. Enquanto Yepraxie e os filhos desciam para o litoral norte para curtir o verão na casa de praia dos Chabab, Paren trabalhava. No último fim de semana de janeiro, Paren decidiu se render ao chamado da família, que lhe pedia para descansar um pouco. Foi encontrar a família na praia, mas esqueceu de levar seu remédio de pressão. Passou mal no domingo, e os Kumruian subiram a serra. Na segunda-feira, Paren teve um derrame e foi levado às pressas para o Hospital do Coração. O patriarca dos Kumruian foi operado e posto em repouso na unidade de terapia intensiva. Recebeu a visita dos familiares durante a semana. No fim de semana, entretanto, seu estado de saúde piorou, e ele teve outro derrame. Desta vez, não resistiu. Faleceu no dia 5 de fevereiro de 1997, aos 58 anos. Com a morte do pai, Marcio mergulhou no trabalho.

Enquanto isso, na casa dos Chabab, a rotina de Hagop não era diferente da do primo. Hagop começou a trabalhar na Zapata Calçados como assistente de escritório em 1997. No fim da tarde, saía do escritório e ia para a faculdade, no bairro do Pacaembu. Questionado sobre por que decidiu ir trabalhar como assistente de escritório na Zapata, Hagop diz que queria conhecer o mundo real, fora do universo dos colegas que frequentavam o Colégio Santa Cruz e o bairro onde morava. "Meus pais se esforçaram ao máximo para pagar o Santa Cruz para que eu tivesse uma excelente educação. Mas não tínhamos o mesmo padrão de renda das famílias cujos filhos estudavam ali. Os estudantes do Santa Cruz eram filhos de políticos, de empresários, de altos executivos. Iam passar as férias em Aspen e na Disney, nos Estados Unidos, e na Europa. Até ali, eu nunca tinha saído do país. Quis trabalhar para encarar o mundo real. Aos 17 anos, comecei a pegar o ônibus para ir do Alto de Pinheiros até a Praça Ramos, no centro de São Paulo, onde ficava o escritório da Zapata. Era um trajeto que levava uma hora e meia. Na Zapata, passei os primeiros três meses picando papel que era enviado para reciclagem. Voltava no ônibus espirrando. Passado esse período, quando viram que eu ia aguentar o tranco, começaram a me dar trabalhos mais interessantes. Aprendi e me desenvolvi muito na Zapata", diz Hagop.

Exatamente um ano depois da morte de Paren, em janeiro de 1998, os Kumruian e os Chabab estavam reunidos na casa de praia em Caraguatatuba. Yepraxie começou a sentir fortes dores no peito. A família retornou a São Paulo, e Yepraxie foi diagnosticada com câncer de mama em estágio avançado, com nódulos espalhados pelo corpo. Quando começou a fazer quimio e radioterapia, ficou muito fraca. Andrea cuidava da mãe quando não estava na escola, e Marcio e Graciela trabalhavam para pagar as contas da casa, bancar a mensalidade da escola da irmã mais nova e custear o tratamento da mãe. O corpo de Yepraxie reagiu mal ao tratamento, e ela começou a ficar muito debilitada. Certo dia, sofreu uma queda e quebrou o fêmur. Daí em diante, foi posta em uma cama até sucumbir à doença e falecer dias após Ovsanna e Zareh terem fechado o negócio no estacionamento Zoha.

Marcio quase não fala sobre a morte dos pais. Quando o faz, chora. As irmãs e os amigos afirmam que isso mexeu bastante com a cabeça dele. "Foi como se a vida dele tivesse ganhado um senso de urgência", diz a irmã Graciela. Na Clóvis, dizia aos mais próximos que seu ciclo ali estava terminando. Marcio queria que a Clóvis trouxesse mais tecnologia para dentro do negócio. Além de atuar no varejo, a loja vendia no atacado, inclusive para estados distantes de São Paulo. Marcelo e Marcio começaram a montar catálogos de produtos para a internet. Quando levavam essas ideias para a direção, ouvia de Sarkis e dos demais diretores:

– Mas como o cliente sabe onde encontrar esse catálogo na internet?

– A gente cria um website e se comunica com o cliente por e-mail – respondia Marcio.

– Mas esse cara não tem e-mail.

– A gente faz com que ele tenha um e-mail.

A equipe da Clóvis não acreditava que o consumidor trocaria a experiência de ir até a loja e ver o produto, discutir com o vendedor suas qualidades e defeitos e, principalmente, barganhar o preço para fazer a compra on-line.

Apesar de continuar dando duro na Clóvis, Marcio estava desanimado. Já não tinha a mesma motivação do início. Ele julgava que tinha aprendido tudo que podia ali. Ficar na Clóvis significava ter certa estabilidade e, ao mesmo tempo, fazer mais do mesmo. Decidiu consultar Marcelo, primo e colega de trabalho, e o chamou para uma conversa em que expressou suas inquietações. O bate-papo aconteceu no final de setembro de 1999, quando Marcio pela primeira vez revelou a alguém sua intenção de pedir demissão.

 – Fui chamado para ser sócio numa loja de calçados. O que você acha?

– Marcio, você ganha bem aqui, e o dono te reconhece. Vai ser difícil você encontrar um emprego como esse tão rápido, caso esse negócio dê errado. Você quer ser assalariado ou quer ser dono?

– Eu quero ser dono do meu destino.

– Então, você tem que arriscar.

– Eu não tenho nada a perder. Não sou casado, não tenho filhos.

– Então toca o bonde. No que eu puder ajudar, conte comigo.

Poucos meses depois dessa conversa, Marcio e Marcelo estavam mais uma vez lado a lado, trabalhando juntos. Desta vez, desenvolvendo o sistema de gerenciamento de estoque da Netshoes, na rua Maria Antônia.

A NOVA ONDA

Para desovar o estoque de 3 mil calçados que estava parado na casa de Hagop, fruto do fracasso da loja do Ibirapuera, os primos só conseguiram pensar numa solução: ampliar a loja da Maria Antônia. Zareh e Ovsanna concordaram em ceder o espaço e abrir mão de 15 vagas no estacionamento para que a loja fosse ampliada. Os pais de Hagop também aceitaram emprestar dinheiro ao filho e ao sobrinho para financiar a construção. Mais uma vez seu Agostinho, o empreiteiro, assumiu a obra e foi construindo ao lado da loja principal, na área do estacionamento, o piso, as paredes e a nova ala para ser incorporada à loja original. "O Agostinho construiu outra loja. O que as separava era uma parede do estacionamento. Faltava quebrar a parede e juntar os ambientes. No feriado de Tiradentes de 2001, o quebra-quebra começou", lembra Hagop. Os primos e os irmãos Chammas, Marcinho e Tchelo, além dos filhos de Agostinho, passaram o fim de semana carregando entulho, limpando o chão e preparando o espaço que daria lugar à Netshoes ampliada. Na segunda-feira, dia 23 de abril de 2001, a loja estava pronta, agora com o dobro da área, 100 metros quadrados.

Assim como a decisão de fechar a loja do Shopping Ibirapuera foi a atitude mais radical dos primos até aquele momento, a solução de ampliar a loja da rua Maria Antônia 21 dias depois do encerramento foi a ação mais inusitada de Marcio e Hagop até ali – e deu certo. Com mais espaço para expor os calçados, receber e acomodar os clientes, o movimento aumentou. "Com a loja maior, conseguíamos expor mais calçados e tênis. Naquele momento já tínhamos diversas marcas de tênis e uma variedade maior de adidas e Nike. Em pouco tempo, as vendas aumentaram", diz Marcio. Os clientes receberam tão bem a nova loja que logo duas vendedoras tiveram de ser contratadas para ajudar os irmãos Chammas. Nas férias de julho do Mackenzie, quando a Netshoes perdia temporariamente a clientela da faculdade, Marcio e Hagop começaram a fazer promoções. Nos fins de semana aconteciam os saldões, em que os produtos eram vendidos com descontos de até 50%. A loja enchia de consumidores que disputavam sapatos e tênis.

Ao mesmo tempo, os primos foram trazendo novas marcas, principalmente no segmento de esportes. "Naquele período trouxemos a Reebok, fizemos uma área só com os produtos deles", diz Hagop. Essas iniciativas surtiram efeito: as vendas subiram, e o estoque encalhado desapareceu, tendo sido inteiramente vendido. A Netshoes fechou o ano de 2001 com receita bruta de 420 mil reais e zero de lucro. O fantasma da falência já não assombrava Marcio e Hagop. "Nesse momento, pela primeira vez, ficou claro para todos nós que a Netshoes era capaz de superar adversidades e mudar", diz Marcinho. Ainda assim, Marcio e Hagop continuavam apreensivos com o futuro da empresa. O dinheiro que entrava servia para pagar as dívidas com os fornecedores. O capital de giro era financiado pelos bancos, que antecipavam os recebíveis – as compras parceladas. Era preciso ter outros canais de venda, mais baratos, para aumentar o negócio. A experiência com a loja do Shopping Ibirapuera deixou claro para os sócios que o modelo de expansão por loja física era caro e tinha grandes competidores já estabelecidos, com poder de compra junto aos fornecedores – e, portanto, capazes de obter condições comerciais melhores do que as da Netshoes – e poder de fogo para frear novos aventureiros. Para Marcio, a saída estava na internet, já que os brasileiros estavam aderindo rapidamente às compras pela web. "Eles [Marcio e Hagop] estavam muito atentos ao movimento do comércio eletrônico. Marcio já vendia peças de computador pelo Mercado Livre", conta Mônica, funcionária que havia trabalhado na Netshoes do Shopping Ibirapuera.

Na virada de 2001 para 2002, a ressaca pós-estouro da bolha da internet em março de 2000, quando muitas empresas com DNA digital foram à falência após a derrocada do mercado de ações da Nasdaq, tinha passado. Novas empresas on-line continuavam surgindo. Profissionais tarimbados no mercado e jovens formados pelas melhores universidades estavam saindo das grandes corporações para empreender em negócios na rede mundial de computadores. Era uma espécie de nova corrida do ouro. Todos queriam ser o próximo Jack London, o veterano empreendedor carioca que fundou a primeira livraria virtual do país, a Booknet, e posteriormente a vendeu a um grupo de investidores que rebatizaram o negócio com o nome de Submarino. Jack faturou uma bolada estimada na época em 5 milhões de dólares. Entre os mais jovens, os ídolos da nova safra de empreendedores eram Fábio de Oliveira e Gustavo Viberti, que fundaram o site de buscas Cadê em 1995. Antes de completar 35 anos, Fábio e Gustavo venderam sua invenção por 5,3 milhões de reais em abril de 1999. A moçada mais conectada ao mundo on-line acompanhava de perto o Buscapé, site de comparação de preços que, dois anos depois de seu lançamento, em 1999, já era avaliado em 4 milhões de reais. Seus fundadores eram os recém-formados Romero Rodrigues Filho, Mário Letelier, Ronaldo Morita e Rodrigo Borges. Essa turma inspirava muita gente que sonhava em ficar milionária empreendendo na internet. De olho em tudo que estava acontecendo, uma pergunta não saía da cabeça de Hagop e Marcio: "Como a Netshoes pode surfar a onda da internet?"

Ao mesmo tempo, uma nova tendência começava a crescer no Brasil: a dos sites de venda e troca de produtos pelo sistema de leilões. O modelo a ser copiado era o do eBay, fundado em 1995, nos Estados Unidos. A empresa vinha dando lucro e crescendo de forma acelerada, ignorando os efeitos do estouro da bolha da internet e a desaceleração da economia global, agravada pelo ataque às Torres Gêmeas, em setembro de 2001. Um dos motores do crescimento do eBay eram os acordos feitos com empresas e intermediários que usavam o site para reduzir estoques e liquidar modelos em fim de carreira, mediante pagamento de uma taxa pela utilização do serviço. No Brasil, no início dos anos 2000, os sites Lokau, Arremate e, sobretudo, o Mercado Livre disputavam a liderança da venda e troca on-line de produtos. O argentino Marcos Galperín escreveu o plano de negócios do Mercado Livre enquanto cursava o MBA da escola de negócios da Universidade de Stanford, nos Estados Unidos. Quando retornou à Argentina, montou a empresa e a lançou na internet em 1999. O carioca Stelleo Tolda era colega de turma de Marcos em Stanford e, quando ficou sabendo que o amigo tinha fundado o Mercado Livre, abandonou o emprego num banco de investimento em Nova York para se juntar a ele. O Brasil foi o segundo país a ser incorporado ao Mercado Livre, em 2000.

Em janeiro de 2002, a Netshoes entrou no Mercado Livre, onde começou a vender sapatos e, principalmente, tênis. Marcio e Hagop perceberam que o consumidor da internet tinha maior propensão a comprar tênis, um produto cuja numeração de cada marca ele conhecia e podia comparar os preços facilmente, algo que nem sempre acontecia com os sapatos, cujo padrão de numeração varia muito de marca para marca e cuja comparação de preços era complicada pela diversidade de fabricantes. "Diferentemente de outros varejistas, os sócios da Netshoes perceberam cedo o potencial dos negócios na internet", diz Stelleo, sócio do Mercado Livre e executivo que atualmente administra a operação da empresa nos 19 países onde o Mercado Livre está presente. Quando entrevistei Stelleo para este livro, pedi que reconstituísse o período da entrada da Netshoes no Mercado Livre. Stelleo deu o seguinte depoimento:

> O Mercado Livre começou em 2000 no Brasil, quando a internet era um fenômeno recente. O acesso era discado, e a penetração da rede era de 3% da população. Era um mercado pequeno, mas com potencial enorme. Naquele momento, os modelos que hoje são consolidados estavam sendo desenvolvidos e ainda não eram entendidos pelo grande público. Havia muitas dúvidas e desconfiança em relação a eles. O nosso modelo era de comércio eletrônico, no caso um marketplace, em que as pessoas e lojistas publicavam mercadorias à venda e outros compravam sem ver, presencialmente, os produtos. Havia desconfiança com relação à reputação dos vendedores, ao meio de pagamento, ao envio das compras para a casa dos clientes e à qualidade dos produtos vendidos on-line. No âmbito do negócio, havia uma grande dúvida sobre o marketplace, sobre como ele iria ganhar dinheiro. No início, as primeiras compras eram de teste. A pessoa fazia uma compra de valor menor. CDs, DVDs, livros, objetos de valor mais baixo eram os primeiros que despontavam como de maior potencial de venda. Mais tarde, houve uma segunda onda de eletrônicos, produtos que eram commodities, mas de maior valor, com padrão comum. A venda de calçados surgiu nesse segundo momento.

Por algum tempo, o Mercado Livre se mostrou um bom canal de vendas – era a forma mais barata de vender mais. À medida que as vendas cresciam, a Netshoes comprava mais das grandes marcas estrangeiras. Nike e adidas, principalmente. Outra vantagem do Mercado Livre era o fato de a plataforma ser um meio de pagamento. As compras eram processadas pelo site, e o dinheiro, repassado ao dono da mercadoria em 48 horas. Stelleo conta a lógica do modelo de negócios do Mercado Livre. "Identificamos a necessidade de capital de giro e fluxo de caixa do pequeno empreendedor. Esta é uma questão desafiadora, mesmo para quem é grande. A tendência é que quanto mais você vende, de mais dinheiro você precisa por causa dos recebíveis (vendas a prazo), se tem um percentual muito alto das suas vendas parceladas. A maioria dos varejistas tem de fazer assim, do contrário não vende. No Mercado Livre, uma parte expressiva das nossas vendas não acontecia a prazo. Então, tínhamos condições financeiras de antecipar os recebíveis, pagar os nossos vendedores e embutir isso no nosso custo de operação". Na loja da Netshoes, as vendas eram parceladas em até três vezes. No Mercado Livre, o pagamento era processado, e em 48 horas o dinheiro era repassado à Netshoes, independentemente da opção de parcelamento do cliente. Claro, havia uma taxa de serviço, mas, para a Netshoes, poder contar rapidamente com o dinheiro no caixa era mais importante.

Conforme as vendas iam acontecendo e os consumidores postavam comentários favoráveis, a empresa ganhava mais exposição no site do Mercado Livre. Em pouco tempo, a Netshoes tinha conquistado o certificado Gold, atribuído aos melhores vendedores. Com isso, mais gente via suas ofertas. Os primos vibravam com a maior exposição da Netshoes no ambiente digital, ainda que as vendas viessem mesmo da loja da rua Maria Antônia. Havia, no entanto, um efeito colateral da maior presença da Netshoes no site do Mercado Livre. "Começou a acontecer de a pessoa dar o lance no site, vencer o leilão virtual e ir buscar o tênis na loja", diz Marcinho. Quando isso acontecia, duas situações eram frequentes. O cliente chegava para pegar o tênis que tinha comprado na internet, e o mesmo tênis estava sendo oferecido a outro cliente. Nessas ocasiões, Marcio saía correndo de trás do balcão do caixa para advertir o vendedor. "Cara, você não pode vender esse item. Ele já foi vendido na internet, e o comprador está aqui para retirar a mercadoria. Ofereça outro tênis". O sistema de gerenciamento de estoque não dava baixa nas compras que vinham da internet. Isso enfurecia Marcinho e Tchelo, que não raro perdiam vendas. Outra situação bem comum era o cliente chegar à loja dizendo que não conseguiu comprar o tênis no site do Mercado Livre, mas que queria adquiri-lo na loja. Nesses casos, a comissão paga aos vendedores era menor, pois do valor da comissão do vendedor era descontada a taxa de serviço do Mercado Livre, o que também irritava Marcinho e Tchelo. "Muitas vezes o cliente queria ver outros modelos, cores diferentes. 'Descíamos o estoque' para fazer a venda e ainda tínhamos uma comissão reduzida porque o cara chegava via Mercado Livre", diz Tchelo. Marcio e Hagop eram inflexíveis: quando um dos vendedores reclamava dessa distorção na bonificação, a resposta era a mesma: "Quer ganhar mais, venda mais".

A entrada no Mercado Livre causou desentendimentos da Netshoes com os seus fornecedores, as grandes marcas do esporte, que de início se recusaram a vender para uma loja que também operava na internet. As marcas não queriam ter seus produtos expostos num canal de vendas que, naquele momento, era conhecido por comercializar falsificações baratas de seus produtos. Muitas vezes, o produto falsificado era oferecido por três vezes menos ao lado do original. O Nike Shox, um lançamento da Nike que se tornou um ícone no início dos anos 2000, era vendido por 600 reais, e sua versão pirata podia ser encontrada on-line anunciada por 200 reais. Logo, as marcas foram para cima da Netshoes. "Fomos notificados judicialmente pela Nike, exigindo que retirássemos os produtos deles do Mercado Livre", conta Hagop. A adidas e a Reebok ameaçaram não vender mais para a Netshoes caso os primos não parassem com a venda no site. "A batalha para conseguir que as marcas de esporte permitissem à Netshoes vender on-line foi muito grande. Eles (os fabricantes) não autorizavam a venda na internet mesmo que pagássemos as mercadorias à vista", diz Hagop. Depois de muita conversa e várias reuniões com representantes das marcas no Brasil, Marcio e Hagop (além de outros empreendedores como Stelleo, do Mercado Livre) conseguiram que a Nike (depois vieram adidas e Reebok) abraçasse o on-line e, juntos, banissem, em boa parte, mas não na totalidade, os produtos piratas anunciados nos maiores canais de venda na internet.

Para entender a preocupação das marcas com os produtos piratas é preciso lembrar que nos anos 1990 e no início dos anos 2000 a pirataria era uma febre no Brasil. A indústria da falsificação tinha ganhado mais impulso com a abertura da economia e a globalização, e atuava nos mais diversos ramos em que houvesse produtos de prestígio e mercado garantido, atingindo o ativo mais valorizado das empresas – suas marcas. Estimativas da época apontavam que os produtos contrabandeados movimentavam anualmente um mercado de 35 bilhões de reais no país. Combater a pirataria era, portanto, uma bandeira das marcas e, como elas não conheciam nem a Netshoes nem o Mercado Livre, viram as duas empresas com suspeita. Havia também, claro, o receio de perder a supremacia do controle do mercado. Na internet, as grandes marcas não exerciam controle sobre o canal de vendas – algo que controlavam no mundo off-line.

"As marcas não ficaram muito contentes com o conflito de canal (físico, nas lojas, *versus* os sites na internet). O fato de surgir um canal não autorizado por eles incomodou muito. Hoje as marcas se renderam ao on-line. Naquele primeiro momento, a questão da pirataria era um problema. O que a gente fazia para endereçar esse problema era trabalhar em conjunto para que as marcas nos ajudassem a combater a pirataria. Ninguém melhor do que a própria marca para identificar um produto que ela não fabricou, que não seria autorizado por ela. Eventualmente, as marcas viram que esse era o melhor jeito de trabalhar. A Netshoes viu potencial em ser o veículo para as marcas venderem nesse novo canal on-line. Lutar contra a pirataria foi parte do desafio. Quando você cria uma 'disrupção' no mercado, sempre gera conflito. Empresas como o Mercado Livre e a Netshoes criaram um canal de vendas que não existia", diz Stelleo.

Naquele momento, no entanto, a opção da Netshoes pelo Mercado Livre estava gerando conflito na relação dos primos com as grandes marcas esportivas, que seguiam criando restrições para vender para a empresa. Uma das soluções que Marcio e Hagop encontraram para diferenciar os originais dos piratas foi produzir as fotos dos produtos expostos pela Netshoes. Os piratas eram anunciados por meio de imagens grosseiras, de baixa resolução e, muitas vezes, sem foco. Em 1997, quando ainda trabalhava na Zapata, Hagop havia criado um miniestúdio para fotografar os sapatos que seriam apresentados nos catálogos da rede atacadista. Na Netshoes, Hagop reproduziu uma versão mais barata da ideia e montou o miniestúdio usando uma caixa de madeira com fundo branco, dois abajures de iluminação e uma câmera digital. As fotos eram tiradas na loja, num quartinho, e depois tratadas no computador por um estagiário contratado para esse serviço. Os fabricantes não enviariam fotos de seus produtos para os lojistas até 2010. Outra solução para diferenciar a mercadoria da Netshoes das falsificações foi montar "fichas" de cada modelo. Era um jeito de levar a expertise que os primos tinham desenvolvido na venda na loja física para a internet. Todo vendedor que entrava na Netshoes aprendia com os irmãos Chammas a estudar cada mercadoria, a ler o catálogo e entender do que era feito o produto, seus diferenciais e suas qualidades. Marcinho e Tchelo faziam "fichas" descrevendo detalhadamente cada modelo para serem colocadas ao lado do produto on-line. Por fim, a Netshoes inseria um selo de "original" ao lado das fotos e fichas descritivas dos tênis anunciados. Tudo isso parece básico hoje, mas nos primórdios do comércio eletrônico eram detalhes que faziam a diferença.

A entrada no Mercado Livre mudou o jeito de Marcio, Hagop, Marcinho e Tchelo organizarem o trabalho na loja. A primeira mudança se deu na divisão de funções. Estar on-line exigiu maior controle sobre o estoque, agilidade na decisão do que seria anunciado, atendimento diferenciado – afinal, comprar pela internet ainda era algo novo para o brasileiro, e havia muitas dúvidas com relação ao meio digital – e velocidade de resposta para que o cliente não fosse embora. A regra era publicar no site todos os tênis que estavam em estoque. Marcinho passava parte do dia nos fundos da loja, com uma prancheta na mão, etiquetando os tênis e anotando o número de referência para cada par. Ele pesava todos os tênis usando uma balança da doceria Amor aos Pedaços, que tinha uma loja em um centro comercial que ficava em frente da Netshoes, do outro lado da rua. Tchelo fazia a descrição do produto para colocar no site. Hagop checava cada ficha de cadastro – com as características do modelo, peso e preço – e subia no site. Quando uma compra era fechada, Marcio dava baixa no produto e o retirava do estoque.

Com o Mercado Livre, Marcio e Hagop pegaram gosto pelo comércio eletrônico. Mesmo diante dos conflitos com os fabricantes, esse espaço virtual de vendas ajudou a tornar a Netshoes conhecida pelas marcas estrangeiras. "No Mercado Livre, a gente aprendeu a se relacionar com o cliente on-line, como anunciar o tênis e a atender ao consumidor na internet", conta Marcio. Para Stelleo, a Netshoes soube ser persistente e resiliente para fazer o negócio acontecer no canal on-line. "Eles (Marcio e Hagop) souberam fazer diferente de outros vendedores que estavam no Mercado Livre na mesma época. Os dois trabalharam muito para tornar a experiência de compra do cliente boa", diz Stelleo. Tornar a experiência do cliente boa é o desafio cotidiano dos profissionais da Netshoes. Mas já era um mantra repetido à exaustão por Marcio e Hagop. Tanto que Tchelo e Marcinho trocavam constantemente o papel de seda que envolvia os tênis para sempre dar a impressão ao cliente de que o produto estava sendo aberto pela primeira vez.

Operar na internet também exigia perseverança de Marcio, Hagop e dos irmãos Chammas. A Netshoes não tinha dinheiro para contratar equipe para fazer as fotos e cadastrar os produtos on-line – havia um estagiário para isso –, tampouco dispunham de capital para despachar os pedidos de produtos adquiridos pela internet. Era preciso que uma venda fosse realizada na loja para que houvesse dinheiro para enviar o pacote pelos Correios. As compras da internet eram embaladas manualmente, com cola e papel, por Tchelo. No início das vendas on-line, todos eles entregavam de metrô as mercadorias comercializadas pelo site. Mais tarde, a Netshoes passou a contar com um motoboy e depois com um utilitário. "O dia em que vimos um carro dos Correios chegando para coletar nossos pedidos foi uma vitória. Para nós, era uma grande conquista", lembra Marcinho. A internet era uma comodidade para o cliente. Para a Netshoes, era sinônimo de trabalho duro. E, no começo, para prosperar on-line, os primos dependiam do bom desempenho de vendas da loja da rua Maria Antônia.

EXPLORANDO O SHOPPING VIRTUAL

Enquanto Marcio e Hagop tateavam o universo do varejo on-line, a internet brasileira se tornava terra de gente grande. Os maiores sites eram todos acompanhados por institutos independentes de verificação de audiência como Ibope eRatings, IVC e Media Metrix. No início dos anos 2000, segundo esses institutos, os portais de informação eram os campeões de audiência. O UOL, o maior dos portais brasileiros, lançado em abril de 1996, era visto por 75% dos internautas. A segunda categoria de site mais popular eram os buscadores, liderados pelo Cadê, com 1,6 milhão de usuários únicos em dezembro de 2001, de acordo com o Media Metrix. Os sites de comércio eletrônico também não faziam feio. A Americanas.com tinha conquistado 580 mil visitantes únicos em dezembro de 2001, seguida de perto pelo Submarino, com 528 mil. A personalização da homepage era a nova moda entre os varejistas da internet para chamar a atenção e reter os clientes.

A partir de 2002, a Americanas.com passou a apresentar suas ofertas de acordo com o perfil do usuário e seus hábitos de compra. Esse sistema de venda teve efeito imediato na taxa de conversão de visitantes em compradores: ela subiu de 6% para 10%, relatou uma reportagem de março de 2002 da revista *Info*. O Submarino foi além e desenvolveu seu sistema de personalização, utilizando as informações dos 400 mil clientes que estavam na sua base de dados. Na época o termo *big data* não havia se popularizado, mas era isso o que o Submarino começava a fazer – manipular seu banco de dados para criar estratégias de vendas. Com artifícios como esse, o Submarino conseguia ter lucro, algo que seus concorrentes on-line não tinham. Começar uma operação em larga escala de comércio eletrônico era caro, e recuperar o investimento inicial, um desafio – algo que perdura até os dias de hoje.

Nessa mesma época, surgiram os shoppings virtuais, que eram ambientes on-line com um sistema integrado para administração de lojas, design das páginas, gestão da logística e meios de pagamento. O shopping on-line era uma alternativa para as dificuldades que Marcio e Hagop enfrentavam com os fabricantes estrangeiros para vender no Mercado Livre. Um benefício de ter uma loja num desses centros de consumo on-line era o tráfego diário de pessoas. O ShopFácil, portal de compras virtuais do Bradesco lançado em 2001, reunia mais de 600 lojistas e atraía 160 mil visitantes únicos por dia. Outro benefício era participar de um ambiente digital "regulado". Não havia produtos piratas nos shoppings virtuais, pois as lojas tinham de cumprir exigências impostas pelo "dono do shopping on-line", entre elas pagar seus impostos. O banco Real começou a desenhar o seu projeto de shopping virtual, posteriormente batizado de QualiVillas, na virada de 2001 para 2002. Marcio e Hagop ficaram sabendo do projeto, pois o banco da Netshoes era o Real. "O Real chamou a Bayard para esse projeto. Fomos até a agência e basicamente imploramos para sermos considerados para o QualiVillas", conta Hagop. Para ter uma loja num shopping on-line o varejista tinha de pagar uma mensalidade que variava de 300 reais a 5 mil reais e comissões de até 5% sobre o volume total de vendas. Felizmente, Marcio e Hagop tinham um bom relacionamento com a gerente do banco Real, que atendia a Netshoes.

Daniela Rosas era uma jovem de 25 anos em ascensão no Real. Ela cuidava da conta da Netshoes, que antes era administrada por Rafael Rossi, amigo de Marcio da época do Mackenzie. Quando o banco decidiu lançar sua plataforma de comércio eletrônico para competir com o ShopFácil do Bradesco, Daniela foi uma das gerentes selecionadas para indicar três clientes com potencial de explodir na internet. Daniela indicou Eduardo Rosenberg, que aos 28 anos abriu a Roxos & Doentes em 1999, uma loja completa para torcedores fanáticos por futebol. Ela também indicou os nomes dos proprietários da Perfumaria 2000, uma rede varejista de cosméticos fundada em 1996. Os terceiros indicados por Daniela foram Marcio Kumruian e Hagop Chabab. Ela conta por que escolheu a Netshoes:

> Escolhi dentro da minha carteira de clientes quem eu acreditava ter credibilidade e tino para o negócio. O cliente ganha a confiança do gerente quando honra os compromissos com o banco e na medida em que passa informações verdadeiras sobre o seu negócio. Como gerente da conta, eu visitava a Netshoes frequentemente. Toda vez que eu entrava na loja, encontrava o Marcio atrás do computador e o Hagop no balcão, pronto para atender quem quer que aparecesse ali. Quando você está com o cliente, entende a empresa dele, percebe que a movimentação bancária é condizente com a operação. É aí que o cliente ganha credibilidade. Também busquei administradores que estavam no dia a dia da empresa. Além disso, tanto Hagop quanto Marcio sempre tiveram vontade de crescer. Eles trabalhavam para isso, eram ativos e inquietos.

Quando Daniela contou aos primos que a Netshoes tinha sido aprovada para participar do QualiVillas, a reação de Marcio, segundo ela, foi imediata: "Vamos ver o que é esse projeto novo!". O banco Real escancarou a internet para a Netshoes. A indicação de Daniela isentou a Netshoes dos custos para abrir a loja de até 5 mil reais e da mensalidade para manutenção da loja virtual, de 300 reais a 5 mil reais. O banco arcava com as despesas. Em contrapartida, a Netshoes teve de estruturar uma versão rudimentar de um SAC, para atender às demandas dos clientes. Marcio, Hagop, Marcinho e Tchelo mais do que dobraram a jornada de trabalho para deixar tudo pronto para começar no QualiVillas, no dia 24 de julho de 2002. A expectativa do banco Real era de que o QualiVillas tivesse, até o final daquele ano, 150 empresas participantes, 2,1 milhões de visitantes únicos e 130 mil usuários cadastrados.

Os números eram ambiciosos, mas para a Netshoes as vendas cresciam lentamente. "No primeiro mês não vendemos nada. No segundo, vendemos o primeiro par. No terceiro mês, foram vendidos dois pares", diz Marcio. Quando relembra esse difícil começo em eventos corporativos ou nas reuniões internas da Netshoes, com funcionários novatos, Marcio fala dos números e brinca que do segundo para o terceiro mês a Netshoes cresceu 100%. A piada soa engraçada hoje, mas naquele momento o caminho da internet ainda era uma aposta. A Netshoes fechou o ano de 2002 com faturamento de 970 mil reais, um crescimento de 231% em relação ao ano anterior. As vendas pela internet, somando os sapatos e tênis vendidos pelo Mercado Livre (sim, os primos não abandonaram o site) e pelo QualiVillas, representavam menos de 10% desse faturamento. O comércio eletrônico ainda era centrado na venda de aparelhos da linha branca – como geladeiras, micro-ondas, máquinas de lavar –, além de CDs, DVDs e livros. No entanto, a Netshoes vinha mostrando que era possível quebrar esse paradigma. A loja no QualiVillas perdurou por mais um tempo, até os primos optarem por ter o próprio site. Mais tarde, o banco Real encerraria o shopping virtual QualiVillas, em maio de 2005, informando ao mercado que o fechamento se deu "por uma decisão estratégica".

A experiência das lojas na internet mostrou para Marcio e Hagop que havia um caminho de expansão alternativo e mais barato do que o modelo de crescimento por loja física. No fim de 2002, o número de pessoas que compravam pela internet no Brasil havia crescido 69%, passando de 800 mil, em 2001, para perto de 1,4 milhão de brasileiros consumindo on-line. A descoberta de que havia mercado para calçados, sobretudo tênis, na internet abriu uma nova perspectiva para os primos. Marcio e Hagop também descobriram naquele ano que os irmãos Chammas estavam com eles, não importava o que acontecesse. A superação da experiência do Shopping Ibirapuera já havia sinalizado isso. Mas outro episódio, ocorrido em meados de 2002, selou um pacto entre os quatro. Na ocasião, Marcio e Hagop foram procurados por um representante comercial de uma marca conhecida de calçados femininos.

O representante queria levar os irmãos Chammas e disse aos primos que tinha um plano de carreira para ambos e uma oferta de salário melhor que a da Netshoes. Marcio e Hagop pediram a ele alguns dias para falar com os funcionários. "Eles nos chamaram e contaram sobre a proposta. Disseram que a Netshoes não poderia cobrir a oferta de salário, apesar de gostarem muito da gente e do nosso trabalho. A gente aproveitou para colocar as cartas na mesa. Falamos dos estresses desnecessários, da rigidez deles. Não queríamos ir embora. A gente estava ali de corpo e alma. E continuaríamos juntos", conta Marcinho. Todos choraram. Para os Chammas, a história mostrou o caráter de Marcio e Hagop, que agiram com transparência. Para os primos, o episódio foi uma prova do comprometimento dos irmãos. Dali em diante, os quatro superariam muitas outras adversidades. Sempre juntos.

Com a chegada do novo ano, Marcio e Hagop respiravam aliviados, o que fazia reverberar em sua cabeça a pergunta de sempre: como é que vamos continuar crescendo?

SEM SAPATOS

Marcio olhou para Luciano, seu ex-colega de trabalho na Clóvis, e disse:

– Me apresenta para a sua cliente para eu montar uma lojinha na academia dela.

– Não dá, Marcio. Não vou correr o risco de me indispor com a cliente por sua causa. Ela é muito fechada, do tipo que não dá muita conversa para empregado e muito menos para fornecedor.

– Entendi, mas me apresenta para ela.

Luciano já conhecia Marcio suficientemente bem para saber que ele não pararia de atormentá-lo até conseguir o que queria. A chinesa Beth Chen era a dona da academia Força Vital, na Vila Mariana, para quem Luciano estava trabalhando num letreiro (quando saiu da Clóvis, Luciano montou uma empresa de artes gráficas). Beth tinha uma importadora de equipamentos para academia, era aficionada por esportes e uma fã da rede Runner, onde malhava. Como comerciante de equipamentos para academia, aprendeu a conhecer as finanças dos ginásios de esporte e decidiu transformar o seu showroom em uma academia. Beth montou a Força Vital em 2002 e trouxe da Runner várias ideias para seu negócio. Luciano ficou sabendo disso por uma amiga de sua mulher que era secretária de Beth. Quando teve oportunidade de conversar com a empresária, deu um jeito de dizer que tinha um cliente que possuía lojas de artigos esportivos em algumas das academias da Runner e que o tal cliente queria conhecê-la. O que a Netshoes fazia na realidade era uma ação de venda, com um display de um tênis na academia, e distribuía cupons para que os alunos da Runner comprassem no site com desconto. Beth mordeu a isca. A ideia de oferecer um serviço como o oferecido pela Runner fez seus olhos brilharem. Ela, no entanto, não perdeu a pose e não demonstrou estar empolgada com a conversa. De forma seca, concordou em receber o cliente de Luciano e pediu que fosse agendando um horário com sua secretária.

Se havia uma coisa que Marcio tinha aprendido a fazer desde que abriu a loja da rua Maria Antônia era "vender" a Netshoes. A todo instante ele tinha de encantar a gerente do banco para conseguir um empréstimo, clientes para fazer a melhor venda e parceiros de negócios para crescer sua empresa. O sangue armênio de comerciante e muito treino o tornaram um mestre na arte da persuasão. Com Beth, a conversa foi fácil. "Marcio foi falar com ela de manhã e à tarde estava com um pequeno estande montado na academia", diz Luciano. Foi assim que teve início a Netfit, os pontos de vendas em academias de ginástica. Até então as lojas de academia eram exploradas por pequenos lojistas ou representantes de grandes marcas, que ofereciam roupas e equipamentos, mas que não tinham espaço para vender tênis. "A gente tinha a ferramenta para vender não só tênis, mas também acessórios esportivos", diz Hagop. A Netshoes alugava pequenos espaços de 12 metros quadrados nas academias, e a dinâmica era a seguinte: o aluno via o tênis no mostruário – na maioria das vezes, as lojas Netfit só tinham um pé de cada modelo, para não perder venda na loja da rua Maria Antônia, e escolhiam a cor na internet, pelo site da Netshoes. No final do dia, o vendedor passava uma lista com os pedidos para a loja da Maria Antônia. Os pedidos eram separados, faturados e na manhã seguinte estavam nas academias. A Netshoes não tinha frota para atender as unidades, de maneira que cada dia um deles – Marcio, Hagop ou um de seus pais – fazia as entregas.

A decisão de abrir lojas em academias era uma forma inteligente de aumentar as vendas, dado o baixo investimento e custo de operação, aproveitando um canal que a Netshoes estava aprendendo a gerenciar: a internet. No começo, os clientes acessavam a loja da Netshoes no QualiVillas. Mais tarde, a Netshoes passou a ter o próprio site. Em pouco tempo, havia lojas Netfit nas academias Runner, Competition, Companhia Atlética e Activa – principais redes desse segmento da capital paulista. No total, eram sete novos pontos de venda, além da loja-mãe. Com o aumento das lojas Netfit, Marcio e Hagop concordaram que seria melhor ter um endereço na internet que fosse de domínio único da Netshoes. Quando foram registrar o endereço netshoes.com.br descobriram que ele já tinha dono, um varejista gaúcho que pediu 20 mil reais para vendê-lo. Os primos não toparam, e o primeiro endereço eletrônico foi netshoesonline.com.br. Marcio e Hagop desembolsaram 500 reais por ele. Anos mais tarde, em 2008, os primos conseguiram adquirir o registro para o domínio netshoes.com.br. O proprietário se desfez dele em troca de 20 pares de sapatos. A partir do momento que começaram a vender pela internet em seu domínio, os primos saíram definitivamente do Mercado Livre e do QualiVillas. Era o início de uma nova fase que se concretizaria com o próximo passo que os dois estavam por dar.

Em 2003, com a abertura do site da Netshoes e o crescimento no resultado das lojas Netfit, as vendas de tênis dispararam. Nessa fase a Netshoes começou a fazer seus primeiros anúncios on-line, no portal de notícias UOL. "Foi então que percebemos que as vendas de sapato não iam tão bem quanto as de tênis na internet", diz Hagop. Os primos se questionavam: será que a Netshoes não deveria vender apenas tênis? "A venda de calçado feminino é mais difícil que a de tênis. Para vender sapato para mulher é preciso ter coleção, acompanhar a moda, ter diferentes modelos, com salto e sem salto", diz Marcio. Deixar de vender calçados femininos trazia um benefício imediato, que era o acesso aos melhores produtos dos fabricantes. Isso porque no mercado de tênis e artigos esportivos, os fabricantes segmentam os varejistas entre calçadistas e lojistas especializados. Quem vende sapato é calçadista e não tem acesso aos melhores modelos das marcas. Até 2003 a Netshoes era considerada um calçadista e não conseguia comprar da Nike, por exemplo, os lançamentos da marca, os produtos de corrida, as chuteiras e os tênis da linha casual. Puma, Reebok, adidas e outras grandes fabricantes trabalham de forma similar.

Marcio e Hagop concluíram que vender tênis era um negócio mais interessante: o risco de encalhe do estoque era menor, a negociação para a compra de mercadorias envolvia poucos fornecedores e, principalmente, a venda na internet crescia. "A gente acompanhava o crescimento das vendas de artigos esportivos na internet e vislumbrava a oportunidade de oferecer aos clientes um leque de produtos diferentes dos ofertados pelos concorrentes. Escolhemos vender tênis e parar de vender sapatos. Foi uma decisão arriscada, pois a loja da Maria Antônia vivia do faturamento de sapatos. Lembrando que a margem de lucro na venda de sapatos era maior, tínhamos bom relacionamento com os fornecedores, e as condições de pagamento eram melhores do que as oferecidas pelas marcas de esporte. No entanto, a gente precisava dar esse passo, a gente precisava correr esse risco para atingir um objetivo maior. Foi a nossa primeira decisão em prol da internet", conta Hagop.

A partir de meados de 2003, a Netshoes começou uma virada para se tornar uma loja especializada em esporte. "Com as férias do Mackenzie, Zareh e Ovsanna fechavam o estacionamento por duas semanas, então abríamos uma porta do estacionamento e fazíamos um 'saldão' do lado da loja, com ofertas de até 70% para desovar o estoque", diz Marcinho. As faixas presas nas grades da entrada e saída do estacionamento anunciavam "Três pares de sapato por 100 reais". Os sapatos ficavam empilhados nas caixas, no interior do estacionamento, e uma multidão de mulheres se empenhava para encontrar seus pares preferidos. Marcio e Hagop chegaram a dividir a loja: de um lado ficava a ala de calçados e do outro ficava a ala de tênis e acessórios de esporte. Enquanto se desfaziam dos sapatos femininos, os primos conversavam com os representantes comerciais das grandes marcas de tênis para ter acesso ao catálogo dos fabricantes.

"Em março de 2004 paramos de vender sapatos", conta Hagop. Com a guinada para o mundo dos esportes, Hagop ficou responsável pela área comercial e fazia tudo praticamente sozinho, do planejamento de compras à negociação com as marcas. A Nike foi a primeira das grandes marcas a abraçar esse movimento da Netshoes. Um jovem representante no Brasil da multinacional norte-americana chamado Ricardo Tasinafo, conhecido como Ricardinho, foi quem abriu as portas para a Netshoes. Ricardinho trabalhou na Nike durante doze anos, sendo que de 1999 a 2007 foi representante comercial para a zona norte de São Paulo. Nessa época, a Nike trabalhava no Brasil com um escritório bem mais modesto do que o atual, no bairro paulistano da Lapa. A relação dela com o mercado se dava basicamente por meio de seus representantes comerciais (no início dos anos 2000 eram menos de dez no país), que eram responsáveis pelo atendimento aos lojistas, tanto no cadastro junto à Nike como na venda e facilitação ao crédito para a compra.

Cada representante comercial atendia a uma região, e havia zonas neutras, de livre concorrência entre os representantes. A região central de São Paulo, onde ficava a Netshoes, era uma zona neutra. Ricardinho dirigia uma picape e carregava consigo os catálogos de produtos da Nike, além de três malas de tênis na caçamba, que serviam como mostruário. Ele atendia a cerca de cem clientes, a maioria deles lojistas de médio porte já estabelecidas e três grandes varejistas: Authentic Feet, Mundial Calçados e Pontal Calçados. Seu celular tocava a todo instante, com ligações de seus clientes, mas principalmente de lojistas que queriam ser cadastrados pela Nike. "Marcio e Hagop ligavam com frequência para que eu fosse conhecer a Netshoes. Eles eram muito insistentes", conta Ricardinho.

Na virada de 2000 para 2001, Ricardinho perdeu parte de sua carteira de clientes numa reestruturação da área comercial promovida pela Nike no Brasil, que passou a dividir os lojistas entre *small accounts* (pequenos lojistas), *key accounts* (varejistas de porte médio) e *strategic accounts* (as grandes franquias de esporte). O número de representantes comerciais foi reduzido pela metade, e os que ficaram passaram a atender somente ao pequeno e médio varejo. "Foi aí que resolvi ir até a rua Maria Antônia e conhecer a Netshoes. Eu precisava que eles crescessem para não perder o meu faturamento. Quando os encontrei (Marcio e Hagop), me identifiquei na hora. Eram jovens, cheios de energia e tinham fome de crescer. Senti potencial na loja, o ponto era muito bem localizado, ao lado do Mackenzie", conta Ricardinho. E assim, em 2001, a Netshoes foi cadastrada pela área comercial da Nike no Brasil. Era o início de uma relação simbiótica. Ricardinho ajudou a Netshoes a crescer no segmento de tênis, e a Netshoes, à medida que foi crescendo, contribuiu para o bom resultado de vendas de Ricardinho. "Nós queríamos fidelizar os clientes. Queríamos que o consumidor percebesse que vendíamos produtos originais e tínhamos bons preços. O Ricardinho brigava para conseguirmos boas condições comerciais na Nike", diz Hagop.

No início, Ricardinho levava na caçamba da picape as melhores ofertas da Nike para Marcio e Hagop, e a compra era fechada no estacionamento Zoha. Mais tarde, quando Ricardinho passou a trabalhar num showroom na Vila Mariana, os primos começaram a comprar produtos de coleção mais exclusivos e também os que não emplacavam no mercado brasileiro, muitos deles porque tinham preços altos e outros tantos porque encalhavam nas lojas. Graças às condições comerciais viabilizadas por Ricardinho e à agilidade de Hagop na compra, a Netshoes pegava esses produtos por um preço mais barato e os punha à venda com desconto na loja da rua Maria Antônia e também no site netshoesonline.com.br. "O Hagop tinha boa sensibilidade para a compra. Ele sabia o que o cliente queria e tinha uma percepção muito acurada em relação a por quanto conseguiria vender", conta Ricardinho.

"Os preços sempre foram tabelados. Conseguíamos ter preços mais baratos quando comprávamos no *closeout* ou quando adquiríamos modelos que estavam saindo de linha. Havia um acordo com as marcas que permitiam que vendêssemos esses produtos com desconto na internet", diz Hagop. Ao mesmo tempo em que buscava se diferenciar nos preços para esse tipo de mercadoria que o consumidor nem sempre encontrava nas lojas de rua ou shopping, a Netshoes começou a comprar banners na internet. "Comprávamos os banners na homepage do UOL por uma semana. Foi aí que começamos a ter clientes recorrentes e a ganhar escala", lembra Hagop. "A partir daí a Nike começou a acreditar na gente, pois entendeu que a internet poderia ser um canal para incrementar as vendas ao mesmo tempo em que oferecia comodidade ao cliente", diz Tchelo.

A Nike tinha duas maneiras de vender para os lojistas: pronta entrega, para compras menores, e via programação, o que exigia que o varejista planejasse a compra e fizesse o pedido com um ano de antecedência. Lojistas de pequeno e médio porte compravam a pronta entrega, com maior restrição de portfólio. As grandes franquias de esporte como World Tennis e Centauro compravam via programação. No começo, a Netshoes comprava da Nike via pronta entrega. Mais tarde, quando a Netshoes começou a adquirir milhares de pares de tênis, Hagop passou a fazer compras programadas. As melhores negociações, no entanto, que ofereciam produtos mais baratos ainda, aconteciam por *closeout*. "Fechei muita venda com Hagop por *closeout*. Nesses produtos eu conseguia negociar ótimos preços", diz Ricardinho. A desvantagem é ter a numeração faltando, principalmente para os números que mais vendem. A numeração para tênis feminino adulto é de 34 a 39, e o que mais vende é o 36. No masculino adulto, a numeração vai do 38 ao 43, e o que mais vende é o 40. Ter numeração quebrada na loja física era um problema, pois gerava insatisfação no consumidor. Como expor um produto que tem numeração faltando? No on-line, no entanto, isso não acontecia. O cliente se deixava seduzir pelo preço e, não havendo sua numeração, tudo bem.

A Netshoes ganhou muito dinheiro com a compra e venda de *closeout* de 2003 a 2008. "O Hagop era muito rápido na decisão de compra e conseguia fechar o negócio antes dos outros lojistas. Isso acontecia porque para esse tipo de venda eu trabalhava com a Netshoes por e-mail, diferentemente dos lojistas mais tradicionais, que queriam ver a mercadoria. Com o Hagop, eu não precisava ir até a Netshoes. Eu montava planilhas em Excel, anexava as fotos e enviava para ele. Não eram fotos em alta definição, mas dava para ver o produto. Ele olhava e fechava a compra de mil, 2 mil tênis", conta Ricardinho. Os tênis adquiridos por *closeout* eram anunciados como "oferta" nos portais na internet. "Vendiam muito", diz Tchelo. A partir de 2008, o *closeout* passou a representar uma fatia menor na venda de produtos on-line, pois as compras da Netshoes se tornavam cada vez maiores. Em 2010, a Netshoes já não trabalhava mais com *closeout*.

A perspicácia de Marcio e Hagop para detectar oportunidades como essa e a agilidade de Hagop para negociar e comprar faziam com que os primos superassem a concorrência. Interessante também observar que o *closeout* só acontecia porque os lojistas erravam no planejamento de compra, e a mercadoria encalhava. Com o tempo, o mercado foi se aperfeiçoando. "Primeiro porque as marcas passaram a dar menos crédito para lojistas que erravam no planejamento de compra e, mais tarde, as marcas começaram a definir quanto o lojista ia comprar com base no seu histórico de vendas", conta Ricardinho.

NOVOS NEGÓCIOS

Quando tudo ia bem na Netshoes, Marcio e Hagop tinham tempo para pensar em como fazer crescer a marca – algo que não saía da cabeça de nenhum deles. Detalhe: ir bem para os primos significava ter dinheiro para pagar as contas e os salários dos funcionários, sem precisar sortear qual fatura não seria paga no mês – situação que vez ou outra acontecia. Nesses curtos períodos de calmaria, pipocavam ideias para expandir o negócio. O projeto de expansão mais mirabolante, depois da loja no Shopping Ibirapuera, foi a Sambashoes, que surgiu de um bate-papo entre Hagop e um ex-colega de faculdade. Hagop conheceu Enilton, o Juneca, durante os tempos de FAAP. Na faculdade, ficaram próximos, jogaram futebol e chegaram a disputar campeonatos pelo mesmo time. Quando Hagop abandonou a faculdade para se dedicar integralmente à Netshoes, ele se distanciou de Juneca. Em 2003, os dois se reencontraram. Juneca trabalhava na área de comércio exterior de uma grande empresa. Os dois marcaram um chope para colocar a conversa em dia e, entre um petisco e um gole, tiveram a ideia de juntar o conhecimento sobre exportação de Juneca com a experiência de Hagop sobre calçados.

Desse bate-papo surgiu a ideia da Sambashoes, o braço internacional da Netshoes. "Criamos a Sambashoes em 2003 e fizemos uma parceria com alguns fabricantes para colocar a marca nos calçados e vender no mercado norte-americano", diz Hagop. Simples assim. Nem Hagop nem Juneca tinham dinheiro para investir no projeto, de maneira que a parceria com os calçadistas parecia perfeita: não haveria custo de desenvolvimento de produto nem despesas com o estoque. Hagop selecionou modelos de diferentes fabricantes enquanto Juneca mapeou as oportunidades de venda junto à Associação Brasileira das Indústrias de Calçados, a Abicalçados. A primeira aparição pública da Sambashoes foi numa feira de calçados no Guarujá, onde haveria lojistas norte-americanos em busca de novidades no mercado brasileiro. No fim de semana da feira, Marcio e Juneca fecharam duas vendas para lojistas de Nova York – Hagop não foi ao Guarujá. "Acompanhamos a produção do pedido, fizemos a remessa, e as vendas nas lojas foram boas! O que nos encorajou a continuar acreditando", diz Hagop.

Animados com os contratos, Juneca e Hagop decidiram participar da feira promovida em Las Vegas pela World Shoe Association, organizadora do maior evento de lojistas e fabricantes de calçados do mundo. Hagop e Juneca voaram para Los Angeles dias antes da feira para fazer o reconhecimento do terreno e depois foram para Las Vegas, para montar o estande da Sambashoes. A feira ocupava três galpões gigantescos do Mandalay Bay, um dos colossais hotéis de Vegas. Cada galpão, segundo as palavras de Hagop, era maior que o centro de exposições Anhembi, em São Paulo. Havia expositores de todos os continentes, principalmente os asiáticos. Eram corredores e mais corredores de mostruários de calçados e acessórios para bebês, homens, mulheres e idosos. O estande da Sambashoes não tinha um banner sequer. Era como se ele não existisse em meio aos espaços organizados pelos chineses. A experiência trouxe Hagop de volta para a Terra.

A Sambashoes rendeu a ele e Juneca uma viagem aos Estados Unidos, algumas horas no badalado casino do Mandalay Bay e meia dúzia de contatos com lojistas norte-americanos, que se encerraram junto com o projeto Sambashoes em dezembro de 2004. Apesar de breve, e de certa forma anedótica, a história da Sambashoes serve para ilustrar a sede de crescimento que Hagop e Marcio tinham. Para os dois, o futuro da Netshoes tinha de ser grande. A Netshoes fechou o ano de 2004 com faturamento de 2,5 milhões de reais. As vendas pela internet já representavam 40% do negócio. A sede da Maria Antônia continuava sendo a galinha dos ovos de ouro, mas a loja on-line dava sinais de que tinha enorme potencial. Enquanto os primos comemoravam o resultado, a poucos metros da Netshoes, num escritório do Mackenzie, uma negociação estava acontecendo que definiria o destino da loja da Maria Antônia, pondo Marcio e Hagop definitivamente no caminho do varejo on-line.

No ano em que Marcio se formou no Mackenzie, em 1997, o advogado Claudio Lembo assumiu a reitoria da universidade. A cerimônia de posse de Lembo contou com a presença de políticos importantes, como o vice-governador do Estado de São Paulo, Geraldo Alckmin, e o prefeito da cidade, Celso Pitta. Além da carreira acadêmica, Lembo era uma figura política conhecida, tendo ocupado cargos importantes na administração pública municipal e estadual. Quando ainda estava na faculdade, Marcio não tomou conhecimento de Lembo como reitor. Na época, pensava apenas em se formar e seguir sua vida profissional. Sem saber, Claudio Lembo teve um papel importantíssimo na redefinição do modelo de negócios da Netshoes. A área onde ficava o estacionamento Zoha tinha sido vendida pela Santa Casa para o Mackenzie no início dos anos 2000. Claudio Lembo definiu que iria transferir para aquele local as áreas de recursos humanos e administrativa. Além disso, seria montado no local do estacionamento o centro de carreira do Mackenzie, um escritório que serviria de ponte entre os alunos da universidade e empresas privadas e ficaria responsável pela tramitação dos documentos dos estudantes aprovados em processos de seleção de estágio.

Zareh e Ovsanna tomaram conhecimento dos planos de Lembo quando foram tratar da renovação do contrato de locação do estacionamento Zoha. Os pais de Hagop tentaram chegar a um acordo com a universidade para continuar no local, sem ter sucesso na negociação. Marcio e Hagop souberam da notícia por Zareh e Ovsanna, que contaram que o jurídico do Mackenzie havia pedido o imóvel que abrigava o estacionamento e a Netshoes. Para os primos, a novidade teve o efeito de uma bomba. "Tínhamos realizado em 1999 um contrato de cinco anos com direito de preferência na renovação. Os advogados da faculdade disseram que teríamos sessenta dias para entregar o imóvel. Se tivéssemos de sair nesse período, quebraríamos no dia seguinte", afirma Hagop. Apesar de as vendas na internet estarem decolando rapidamente, a Netshoes utilizava a loja da rua Maria Antônia como escritório administrativo, ponto de venda e estoque para todas as suas operações. Não houve acordo entre as partes, e os Chabab entraram na justiça contra o Mackenzie.

A primeira audiência aconteceu no início de 2005, no Fórum João Mendes Júnior, que fica na Sé, região central de São Paulo. Como no contrato de locação Hagop assinava como o locatário (Zareh e Ovsanna entraram como fiadores), foi ele quem representou a Netshoes, ao lado do advogado, que assegurou aos Chabab e a Marcio que o processo duraria uns quatro anos, o que acalmou os donos da Netshoes. Não foi bem assim que aconteceu. "Na audiência, expliquei ao juiz que naquele estacionamento e na loja estavam aplicados todo nosso dinheiro. Sair dali num espaço de tempo tão curto significaria o fim do estacionamento e o fechamento da Netshoes", diz Hagop. Caso perdessem o processo, os pais de Hagop ficariam sem seu negócio e perderiam o rendimento de 5 mil reais líquidos que tiravam mensalmente do estacionamento. Encontrar outro ponto comercial tão bom quanto aquele demandaria meses de pesquisa, uma centena de visitas a imóveis decrépitos e, muito provavelmente, um investimento de dinheiro para deixar o local em ordem para poder trabalhar. Dinheiro esse que os Chabab não possuíam, pois tinham investido praticamente todas as reservas da família no aluguel do ponto da rua Maria Antônia. Marcio e Hagop foram surpreendidos pela notícia no momento em que estavam mudando o negócio da Netshoes. Trocar de ponto comercial e acrescentar novos custos fixos era algo que não combinava com o momento que a Netshoes estava vivendo. Os almoços no estacionamento Zoha ficaram tensos nos meses de discussão que se seguiram.

Marcinho foi arrolado como testemunha no processo. "Eu era o primeiro funcionário da loja. Um dos argumentos que utilizamos foi que seriam perdidos empregos. Sete funcionários no total", conta Marcinho. O juiz determinou que as partes chegassem a um acordo. A proposta inicial dos advogados do Mackenzie era para que os Chabab e Marcio saíssem em trinta dias. "E aí teve início uma negociação para ver quanto tempo poderíamos ficar", diz Hagop. Conseguiram vinte meses de carência, período no qual o estacionamento não pagaria aluguel, mas depois teriam de entregar o imóvel. "Quando saí daquela audiência, percebi que Marcio e eu não tínhamos escolha. Dali a vinte meses não ia existir mais a loja da rua Maria Antônia. A partir de agosto de 2005, começamos a acelerar e a nos preparar ainda mais para o digital", diz Hagop. A partir daquele momento, os primos passaram a trabalhar como se tivessem uma corda no pescoço. "A decisão decorrente da ação judicial contra o Mackenzie gerou a urgência de nos movermos mais rápido em direção à internet. Nunca tínhamos pensado em fechar a loja. A gente podia continuar com os dois [site e espaço físico]. Porém, como a Netshoes teve esse marco, naquele momento concluímos: 'não vamos mais ter loja'", diz Hagop.

A data para a extinção da Netshoes da rua Maria Antônia estava determinada: março de 2007. Marcio e Hagop tinham vinte meses para fazer a transição total para o ambiente digital. Sem saber, Claudio Lembo acelerou o destino da empresa fundada em fevereiro de 2000, para que ela se tornasse um *pureplay*, como são chamadas as empresas que atuam exclusivamente na internet. Os números do varejo eletrônico começavam a se tornar grandiosos. As vendas on-line no Brasil já superavam o montante de 7,5 bilhões de reais. A confiança que os primos ganharam nas vendas pelo QualiVillas e pelo Mercado Livre e o crescimento recente do site próprio foram importantes para impulsionar a decisão de se tornar digital. Não havia outra loja on-line de artigos esportivos. "Na época em que eles (Marcio e Hagop) apostaram na internet, os grandes varejistas do esporte tinham entrado na rede e não tinham gostado da experiência. A World Tennis já tinha site, mas não acreditou no digital. A Netshoes soube driblar os obstáculos e crescer on-line. Enquanto todos estavam recuando, eles ousaram. E o nome da Netshoes começou a aparecer", conta Ricardinho, da Nike.

O FIM DA LOJA DA MARIA ANTÔNIA

No ano de 2006, as vendas na internet deslancharam, e o estoque da Maria Antônia ficou pequeno. Os primos utilizavam um quarto nos fundos do estacionamento para guardar o excedente de mercadorias. Hagop, por segurança, colocou uma porta de ferro eletrificada no quartinho. Tudo isso para evitar a sanha dos ladrões. A segurança era uma preocupação dos primos. Os assaltos eram frequentes, mas desde que a Netshoes tinha se tornado uma loja especializada em tênis e artigos esportivos, o número de ocorrências de roubo cresceu. O medo de ser assaltado era tão comum que, eventualmente, a decisão de comprar um produto novo para expor na loja virava briga. Foi o que aconteceu quando Hagop levou óculos da marca Oakley para vender na Netshoes (custavam em torno de 500 reais). "Marcio não queria, pois achava perigoso", diz Marcinho. A conversa virou discussão, e o bate-boca esquentou entre os primos, mas no dia seguinte o totem da Oakley estava na loja. Quando encerravam o expediente, o totem era escondido num provador. Em um dos roubos que a Netshoes sofreu, os ladrões levaram diversos tênis, mas não encontraram os óculos da Oakley no provador.

Os primos estavam cansados desses episódios, de chegar à loja da Maria Antônia e encontrar vidro despedaçado, os expositores de acrílico quebrados, caixas abertas no chão. "Era uma sensação de frustração, de trabalhar e perder tudo na mão de bandidos", conta Ovsanna. Os jornais impressos e telejornais noticiavam que havia uma "gangue da marcha à ré" fazendo assaltos na região do Mackenzie. Os criminosos utilizavam um carro grande, geralmente uma caminhonete, para invadir a loja de marcha à ré, derrubar as portas e saquear os produtos. Para resolver o problema de espaço físico e melhorar as condições de segurança das mercadorias em estoque, Marcio e Hagop começaram a procurar um armazém. Em abril, eles alugaram, na rua Eduardo Chaves, um imóvel que tinha sido construído pelo avô de Marcio e agora era de propriedade de seu padrinho, Kevork Kumruian. A oportunidade surgiu num almoço de família, quando Marcio comentou que estava procurando um local para a Netshoes e o padrinho se prontificou a dar ao afilhado "condições especiais" no valor da prestação e prazo inicial para pagamento. "Entrar naquele local foi emocionante, pois ele tinha um significado especial para mim", diz Marcio. O novo local, no bairro da Armênia, passou a abrigar artigos esportivos e tênis comercializados pelo site e também serviria de escritório da operação on-line.

Para organizar o estoque, os primos decidiram separar o inventário de produtos que abastecia a loja da rua Maria Antônia do estoque destinado à internet. A separação dos estoques da loja e do site resolveu um problema antigo da Netshoes. Até ali, utilizando o mesmo estoque nas duas operações, havia o risco de os vendedores mostrarem ao cliente um artigo que tinha sido vendido no site. O armazém era uma antiga fábrica e ocupava um terreno de 700 metros quadrados. Havia uma área maior, térrea, e um mezanino, que deu lugar a um pequeno escritório e um almoxarifado no fundo, ligado ao escritório por uma passarela. "O armazém virou o nosso CD (centro de distribuição) e, ao mesmo tempo, o local de trabalho", diz Marcio.

Hagop e Marcio passaram a trabalhar no escritório da Armênia. Havia uma equipe de oito funcionários com eles. Marcinho ficou com as vendedoras na Maria Antônia, e Tchelo foi promovido a gerente das lojas de academia e passava grande parte do dia circulando por elas. "Quando a gente pegou o CD da Armênia, ele era grande demais. Em pouco tempo, os tênis dominaram todo o ambiente – até a passarela", conta Marcio. Depois de um ano e meio, os primos teriam de procurar novamente um escritório novo e outro armazém. As vendas da Netshoes cresciam, e Hagop e Tchelo aumentavam as compras a cada pedido. Tchelo conta que, nesse período, em um *closeout* da Nike, comprou 8 mil pares de tênis e teve de colocar o estoque no corredor e no banheiro. Os tênis de basquete, mais pesados, ficavam embaixo, enquanto os de corrida, mais leves, ficavam em prateleiras superiores. "No início, quando entramos no armazém, utilizávamos um andar como garagem, outro como escritório e somente o terceiro piso era usado como estoque. Em três meses, tudo era estoque", diz Tchelo.

Outro motivo, além das vendas crescentes da Netshoes, que levou ao esgotamento precoce do CD da Armênia, foi um contrato de parceria que Marcio conseguiu com a Americanas.com para montar e administrar uma loja on-line de tênis e, mais tarde, de artigos esportivos no site. Foi uma vitória! No início da parceria, a Americanas.com representava 50% do faturamento da Netshoes. No fim dela, em dezembro de 2011, essa representatividade era de apenas 6%. Em um release enviado à imprensa comunicando o acordo, a Americanas.com informava que "o sortimento em esportes e a qualidade do atendimento ao cliente compõem os diferenciais do serviço da Netshoes". A partir desse acordo, Marcio e Hagop passaram a se dedicar integralmente à operação on-line. Havia entre os primos uma divisão de funções. Hagop cuidava da área comercial e do relacionamento com as marcas. Marcio era responsável pela operação on-line, finanças e tecnologia. Ambos cuidavam do marketing. Para gerenciar o catálogo de produtos oferecidos no site da Americanas.com, Marcio contratou Tatiana Zamparini, que atendia a Netshoes no projeto QualiVillas pelo Banco Real. Todo dia, Tchelo extraía do sistema os pedidos que entravam pelo site de Americanas.com e depois fechava com Marcio essas compras. Nas férias de Marcio, Hagop passou a fechar as compras da Americanas.com. Um dia, percebendo que não havia pedidos registrados no sistema, ligou ansioso para Tchelo. "Hagop, o número de pedidos foi enorme, e vamos finalizar o trabalho depois da meia-noite. Essas mercadorias só vão entrar no sistema amanhã", explicou. Era esse crescimento acelerado nas vendas que estava estrangulando o CD da Armênia.

Ser parceiro da Americanas.com garantiu um fluxo de caixa previsível para a Netshoes, pois a Americanas pagava em 45 dias, independentemente de como a venda tinha sido feita. Embora a margem de lucro da Netshoes fosse menor, uma vez que a Americanas.com exigia por contrapartida contratual uma taxa de 20% sobre cada venda realizada em seu site, ter dinheiro em caixa para girar o negócio fazia uma grande diferença para a Netshoes. É importante lembrar que nesse momento a empresa crescia 130% ao ano – o que exigia investimento constante em pessoas, logística e tecnologia. Outra vantagem do contrato com a Americanas foi o aumento imediato do volume de vendas, o que permitia uma melhor negociação nas compras futuras de Hagop. Os primos também acreditavam que, com o tempo, o consumidor que comprava produtos esportivos no site da Americanas.com passaria a comprar no site da Netshoes, que oferecia entrega mais rápida e condições de pagamento iguais.

A parceria com a Americanas.com ia de vento em popa. Vez ou outra, porém, aconteciam conflitos de interesse. Os primos estavam sob pressão para levar a operação da Netshoes integralmente para a internet, pois sabiam que fechariam a loja da Maria Antônia em abril de 2007. Marcio e Hagop depositavam uma tremenda expectativa na parceria. A Americanas.com, no entanto, tinha outros interesses e queria dar visibilidade para sua linha de produtos, que ia de notebooks a móveis para casa. "Tínhamos de brigar para que nossos itens aparecessem na página inicial da Americanas.com e para que as nossas ofertas fizessem parte do e-mail marketing [anúncio disparado por e-mail] enviado por eles aos clientes", conta Hagop. Nem sempre os interesses de Marcio e Hagop prevaleciam. No entanto, contava a favor da Netshoes o fato de muitas das buscas na Americanas.com serem por produtos esportivos. "Nossos produtos tinham apelo, eram realmente procurados, e isso fazia com que ganhássemos poder de barganha nas negociações", conta Marcio.

O crescimento das vendas no site da Americanas.com deixava Marcio e Hagop eufóricos. Naquele momento, os primos faturavam em torno de 2 a 3 milhões de reais por mês. As marcas, no entanto, começaram a ficar incomodadas com a importância que o site estava ganhando na proporção das vendas on-line da Netshoes. A Americanas era conhecida no mercado por praticar uma política de preços agressiva junto aos fornecedores. O receio dos fabricantes de produtos esportivos era que mais cedo ou mais tarde o site iria pressionar a Netshoes para oferecer seus produtos a um preço mais baixo, para ganhar ainda mais escala. Logo, as marcas começaram a impor dificuldades à Netshoes em razão da parceria com a Americanas.com. Às vésperas da Copa de 2006 na Alemanha, a Nike projetava vendas recordes de camisas da seleção brasileira, uma vez que o Brasil havia sido pentacampeão na Copa de 2002, na Coreia. Diante da expectativa positiva do torcedor brasileiro, a Americanas.com fez uma encomenda de 150 mil camisas à Netshoes, que, por sua vez, fez o pedido à Drastosa, empresa que, à época, produzia com exclusividade as camisas da equipe canarinha para a Nike.

Essa compra iria direto para o centro de distribuição da Americanas.com, que alegou que precisava ter o material em seu estoque para agilizar a entrega dos produtos ao cliente. A Nike barrou a negociação sob a justificativa de que não poderia aceitar que o gerenciamento do estoque e, eventualmente, o controle de preço ficasse a cargo da Americanas.com. Apesar de desentendimentos como esse, a parceria entre Netshoes e Americanas.com continuou. "A gente conseguiu provar para as marcas que quem gerenciava a loja no site da Americanas.com éramos nós", afirma Hagop. O apetite da Americanas.com, no entanto, era grande. No final de 2006, a varejista comprou o Submarino, dando origem à B2W, o primeiro gigante do e-commerce brasileiro.

Naquele momento, a distância da Netshoes para a B2W era enorme. Não apenas em se tratando do faturamento, mas também no que diz respeito à maturidade do negócio. A B2W tinha uma plataforma de e-commerce mais robusta, centro de distribuição bem estruturado e uma operação logística bem organizada. Embora a Netshoes tivesse sua própria plataforma de e-commerce, tudo era ainda muito manual. O gerenciamento do estoque da Netshoes era um problema contínuo, na medida em que administrar o inventário para a loja física e para a loja virtual era complexo e demandava muita energia de Marcio e Hagop. Os primos se desdobravam para manter a logística de entrega tal como anunciado no site – em 48 horas. Os próximos passos dos dois seriam determinantes para conquistar o tamanho que a Netshoes ganharia nos anos seguintes.

A partir de 2007, a Netshoes se transformaria numa das empresas que mais cresceram no país. Na média, a empresa dobrou seu faturamento a cada doze meses, de 2007 a 2013. Como isso aconteceu? Muito mais do que surfar a onda da internet, a Netshoes conseguiu, no tempo certo, fazer as mudanças internas que a colocaram em uma rota de crescimento contínuo. Mas se alguém entrasse no escritório da rua Eduardo Chaves no início de 2007, jamais diria que dali sairia um dos maiores *players* do varejo on-line brasileiro. O escritório era um amontoado de caixas de tênis com funcionários enlouquecidos, correndo de um lado para o outro. A Netshoes caminhava para o digital, mas tudo ainda era manual. Da separação dos produtos à emissão da nota fiscal, passando pelo envio das mercadorias via Correios. O cadastro de produtos on-line e o gerenciamento do estoque eram das poucas coisas feitas com o uso de tecnologia.

Às vésperas do encerramento da loja da Maria Antônia, Marcinho e Tchelo se juntaram a Marcio e Hagop no escritório da rua Eduardo Chaves, que já não era suficiente para abrigar o estoque mais o escritório. A Netshoes empregava naquele momento trinta funcionários. "Concluímos que tal como estávamos organizados, a operação era insustentável. Começamos a procurar um novo escritório e também um operador logístico, porque naquele momento não tínhamos capital para alugar um novo armazém e montar uma operação de distribuição", conta Hagop. No fim de março de 2007, a loja da Netshoes da rua Maria Antônia fechou suas portas, o que representou o início da era 100% digital da empresa. Não houve tempo para saudosismo, havia muito a ser feito. Em maio a Netshoes se tornou uma loja de artigos esportivos totalmente on-line. As lojas de academia foram sendo fechadas uma a uma até o encerramento da última, em 2008. Marcio resumiu assim o desafio da nova fase:

> Ao nos tornarmos apenas on-line, teríamos de modificar toda a nossa cultura de negócio. No varejo convencional, a lógica está direcionada para a venda. No e-commerce, o foco é o serviço. Na internet, a venda não se encerra com um clique. O consumidor precisa receber o produto dentro do prazo, ter um atendimento primoroso de pós-venda e ter facilidade de acesso aos serviços, como o de troca de mercadorias. O desafio era oferecer a melhor experiência de compra na internet.

Para isso, os primos precisariam estruturar uma nova empresa. Até 2007, a Netshoes se resumia a Hagop e Marcio, pelo menos no que diz respeito à esfera de decisão. Era preciso criar uma área de marketing, reforçar a área comercial, formar um time de operação e estruturar o departamento financeiro. Tudo isso praticamente do zero. Como já foi dito, a Netshoes tinha naquele momento trinta funcionários, dos quais dezessete faziam o atendimento ao cliente (SAC), três trabalhavam no marketing e faziam compra de mídia on-line, quatro funcionários atuavam no cadastro de produto on-line e seis cuidavam da logística. Tudo isso sem poder contar com mão de obra qualificada, que conhecesse o varejo on-line. "Formar equipe era uma coisa demorada, pela falta de gente que conhecesse o e-commerce. Contratar era um baita problema", diz Hagop.

Ao mesmo tempo, a experiência no Mercado Livre, no shopping QualiVillas e com a Americanas.com sedimentou em Marcio e Hagop a noção de que o e-commerce era novidade. Em especial no varejo on-line de esportes, pois não havia um rei. Havia um mercado recém-aberto a ser explorado. Na virada da Netshoes para o mundo digital, Marcio começou a repetir uma frase para si mesmo e, mais tarde para os funcionários, de forma que ela se tornou um mantra na empresa. "A gente vai dominar tudo".

ENTRA EM CAMPO
UM NOVO JOGADOR

"A gente precisa ter alguém de marketing aqui dentro", disse Hagop enfaticamente ao primo. A Netshoes tinha banners espalhados pelos maiores portais de conteúdo do país. Eram em sua maioria anúncios de ofertas, o que para Hagop dava a sensação de que a marca da Netshoes era invisível na internet. "As pessoas precisam ter o nosso nome colado na mente. Chega de só comprar mídia, vamos criar algo que realmente traga o cliente para perto da gente, de forma que ele goste da Netshoes, que ele se lembre da Netshoes". Em 2007 havia pelo menos 2 mil sites oferecendo todo tipo de produto na internet brasileira, de acordo com estimativas da consultoria E-Consulting. Duas companhias bem conhecidas pelos primos tinham enorme vantagem em relação às demais e tinham se consolidado na liderança do setor: Americanas.com e Submarino.

O sucesso do site da Americanas.com se devia à sua estratégia de funcionar integrado à rede de "tijolo e cimento" da loja-mãe. A aquisição de mercadorias, o estoque e a distribuição eram compartilhados sempre que possível. Isso conferia à Americanas.com poder de fogo para negociar com os fornecedores. A marca "Lojas Americanas" estava presente em 210 pontos de venda, nas ruas e em shopping centers de dezenove estados e do Distrito Federal e ajudava a firmar a marca "Americanas.com" na web. Por outro lado, o fato de operar lojas e vender pelo site causava um conflito de canais, o que forçava os gestores a priorizar ora a operação tradicional, ora a on-line. Marcio e Hagop sabiam disso, pois durante anos tinham operado um modelo multicanal. A estratégia agora era colocar o nome Netshoes no coração e na mente das pessoas.

A Americanas.com era cem vezes maior em faturamento que a Netshoes em 2007, enquanto o site do Submarino faturava 24 vezes mais que o site de Marcio e Hagop. Os dois estavam sedentos por diminuir essa diferença e, para isso, era necessário ter uma área de marketing que atuasse de forma mais estratégica. Hagop já tinha um nome em mente para ocupar essa cadeira na Netshoes. Era apenas uma questão de saber se o estilo despachado e expansivo de Ronaldo da Cunha Bueno Neto, mais conhecido como Roni, bateria com o estilo de Marcio. Hagop conheceu Roni no Colégio Santa Cruz. Quando concluiu o ensino médio, Roni foi estudar publicidade na Escola Superior de Propaganda e Marketing e logo estava trabalhando em agências de publicidade e marketing. Embora falasse pouco com o antigo colega de escola, Hagop e Roni tinham amigos em comum, de forma que um acompanhava a carreira do outro a distância.

Em 2007, Roni estava saindo de uma agência de marketing. Sua função era planejar estratégias para melhorar o entendimento e a gestão do relacionamento da empresa-cliente com seus públicos. Quando pediu demissão desse emprego, disse a um dos sócios da agência: "Não é isso que eu quero, quero trabalhar com marketing digital". Quando soube da notícia, Hagop não teve dúvida, passou a mão no telefone e chamou Roni para uma conversa. O local marcado para o encontro foi a Esfiharia Effendi, no bairro da Luz. Segundo Roni, "um restaurante simples, mas com a melhor esfiha de São Paulo". O bate-papo foi rápido. "A gente logo se acertou, e o Hagop falou que ia falar com o primo". Dias depois, Roni foi ao escritório da Netshoes com a expectativa de conseguir o emprego que almejava. Para isso, levou uma pasta contendo seus melhores projetos e os prêmios que já havia ganhado. "Mostrei meus trabalhos para o Marcio, que apenas passou os olhos por tudo. Ele fez meia dúzia de perguntas sobre mim, o que eu pensava da internet e o que achava de trabalhar numa empresa pequena. Respondi tudo e, no final, ele falou: 'Fechou, pode começar na segunda-feira'". Roni foi contratado na sexta-feira, dia 22 de junho de 2007.

Marcio saiu de férias no mesmo dia da contratação de Roni. No dia seguinte, ele se casou com a advogada Sylmara Djouki, que tinha conhecido dois anos antes, na Boogie Disco, localizada na Vila Olímpia. Marcio levou o notebook para a lua de mel de vinte dias em que o casal viajou pelos Estados Unidos e pelo Caribe. "Ele monitorava o site da Netshoes e o e-mail o tempo todo, e se queixava quando tinha de ir para um local onde o sinal de internet pegava mal", diz Sylmara. Mesmo quando não está no escritório da Netshoes, Marcio está sempre conectado ao trabalho. Isso é algo que qualquer funcionário da Netshoes descobre poucos dias depois de ser efetivado. Ele costuma enviar e-mails pedindo informações ou dando orientações para empregados que nem sempre o conhecem – o que acaba sempre rendendo boas histórias na Netshoes, de recém-contratados desavisados que se queixam em voz alta ao receber uma ordem de Marcio por e-mail: "quem é esse Marcio Kumruian que está mandando eu trocar agora a oferta publicada no topo da página?"

Sylmara descobriu logo no início do namoro quão obcecado Marcio era pela Netshoes. Houve uma ocasião em que ela, navegando no site, gostou de um tênis e o comprou, sem falar para Marcio. O namorado viu o nome de Sylmara na fatura quando conferia as compras do dia, pegou o tênis e colocou no carro para entregá-lo pessoalmente. Na mesma noite, ladrões roubaram o carro de Marcio. Sylmara ficou sem o tênis, mas descobriu que Marcio olhava tudo o que se passava na Netshoes. "Ele pensa em trabalho o tempo inteiro. Ele chega em casa, dá um oi, conversa um pouco e vai para o computador. Quando vieram os filhos (são quatro), Marcio passou a reservar um tempo também para eles, mas está concentrado no negócio o tempo inteiro. Sempre de olho no site".

Com a entrada de Roni, formou-se um triunvirato constituído por Marcio, Hagop e ele. Os três, junto dos irmãos Chammas, fizeram a Netshoes crescer e aparecer. Marcio e Hagop sempre foram parceiros, mas também sempre competiram muito, em tudo – até nas coisas mais bobas, como quando saíam para almoçar em carros diferentes e apostavam corrida para ver quem chegava primeiro. Quem não os conhecia, por vezes, tinha a impressão de que estavam brigando, tal era a temperatura de algumas discussões. Quando Roni entrou, ele acabou servindo como o fiel da balança em várias questões que antes ficavam sendo proteladas por dias, até que um dos primos cedesse. Roni deu alma e corpo ao marketing da Netshoes. A primeira missão de Hagop para Roni foi acompanhar de perto a Web Traffic, a agência digital que havia pouco tempo atendia a Netshoes.

Depois de analisar o trabalho da agência, a percepção de Roni era de que a Web Traffic não dava acesso às análises dos resultados da compra de mídia. Até a entrada de Roni, a Web Traffic era todo o marketing on-line da Netshoes. Com a chancela dos primos, Roni começou a pôr pressão na agência, cobrando as análises de compra de mídia, ideias de posicionamento da Netshoes na internet e exigindo campanhas de venda virtuais mais ousadas. Marcio era próximo dos sócios da Web Traffic, tinha sido padrinho de casamento de um deles. "Quando o Marcio voltou de férias, eles [Web Traffic] pediram para fazer uma reunião e foram reclamar do relacionamento com a Netshoes", diz Roni. O resultado da conversa é que o contrato com a Web Traffic foi encerrado e foi aberta uma concorrência. A Web Traffic não estava jogando contra a Netshoes. A agência foi fundamental para projetar a empresa no ambiente on-line. A Netshoes, no entanto, estava entrando numa nova fase e precisava de uma estratégia de marketing mais sofisticada e integrada.

Além disso, a empresa vinha ganhando espaço no noticiário de negócios e atraía a atenção de pessoas apaixonadas pela internet e de outras companhias que queriam crescer no mercado on-line. Sete agências participaram da concorrência aberta pela Netshoes. Foram escolhidas duas delas. A agência Ponto de Criação, criada em 1994, foi selecionada por ter apresentado, durante a fase de seleção, a logomarca que a Netshoes adotou a partir daquele ano, um *all-type*, com o escrito Netshoes, com a mesma fonte utilizada na logo da Nike, no entanto sem o globo terrestre ao fundo. Era uma mudança sutil em relação à logomarca original, mas que a tornou mais moderna. "A gente olhou a logomarca e ficou maravilhado, pois capturava a fase que a Netshoes estava começando", diz Roni. A Ponto de Criação ajudou a Netshoes a traduzir seu jeito de fazer negócios para o mercado em campanhas inovadoras.

A outra agência escolhida pela Netshoes foi a F.biz, fundada em 1999 como um desdobramento do site de propaganda Fulano.com. A F.biz introduziu o conceito de "marketing de performance" na Netshoes e, com Roni, começou a prever e medir os resultados das campanhas on-line, monitorando as atividades digitais da empresa, fazendo análises do comportamento do usuário do site e avaliando a utilização das mídias on-line pela empresa. Quem comandava a F.biz era Pedro Reiss, um jovem administrador de empresas formado pela Fundação Getulio Vargas, obcecado pela internet e pelo comércio eletrônico. Reiss, como é conhecido, estudou com Hagop e Roni no Colégio Santa Cruz e vinha tentando uma aproximação com Hagop havia tempos, sem sucesso. "O Hagop não respondia aos meus e-mails", diz. Foi Roni quem colocou Reiss na Netshoes. A F.biz foi responsável por alguns dos projetos que mudaram para melhor a experiência do consumidor na loja virtual da Netshoes. Entre eles, o mais importante foi o "desenho" da nova loja on-line da Netshoes, que substituiria a antiga loja virtual.

A entrada de Roni na Netshoes mexeu com a dinâmica de trabalho dos primos. Pela primeira vez, Marcio e Hagop tinham alguém dedicado à área que estimavam como estratégica para o crescimento das vendas e, mais tarde, para a construção de reputação da Netshoes. Aos poucos as peças-chave para o negócio iam se encaixando, cada uma em seu lugar. Marcinho e Tchelo já andavam com as próprias pernas e faziam a empresa acontecer nas áreas de logística e compras. Embora Hagop cuidasse da negociação com as marcas, Tchelo assumia um papel crescente na área comercial e gerenciava desde 2004 todas as sete lojas de academia. Com essa comissão de frente liderando as áreas-chave da operação, Marcio e Hagop tinham mais tempo para pensar no futuro da companhia.

EXPLORANDO O SHOPPING VIRTUAL

Quando fiz as primeiras entrevistas com Marcio para este livro, tinha dúvida se ele realmente entendia de tecnologia. Eu acreditava que sua grande vocação era o tino para conduzir a operação e inspirar as pessoas por meio da sua energia e visão do negócio. O empresário Ricardo Ikeda me mostrou que Marcio é um aficionado por tecnologia, do tipo que visitava datacenters para ver como os servidores da Netshoes estavam sendo cuidados. "Esse lado tecnológico (do Marcio) o ajudou muito no entendimento e dimensionamento das soluções adequadas para as dificuldades da Netshoes. Ele não gasta nem esforço nem dinheiro com tecnologia de que não precise. O pensamento técnico-sistêmico lhe deu discernimento do que era prioritário e, mais do que isso, na distinção do que era importante e do que era irrelevante, do ponto de vista tecnológico", diz Ikeda, que entrou na Netshoes quando Marcio promoveu a primeira grande virada na loja on-line.

A Netshoes utilizava desde 2003 uma plataforma de e-commerce chamada Fastcommerce, que oferecia poucos recursos ao cliente, mas que, por outro lado, era barata – pagava-se por tráfego – e estável. Marcio acreditava que a Netshoes precisava de uma loja mais moderna. A modernização era um dos aspectos do novo jeito de trabalhar da

Netshoes, que passou a olhar para duas frentes: tecnologia e serviço. A ideia era desenvolver novas tecnologias para o site, para dar ao cliente a melhor experiência de compra on-line, e cuidar da qualidade do serviço, para fidelizar os consumidores e atrair novos compradores. Conceber a nova loja se tornou a obsessão de Marcio, que trabalhou com Pedro Reiss, da F.biz, para pôr no papel tudo que uma loja perfeita deveria ter. O passo seguinte seria ir ao mercado para ver quem toparia desenvolver o projeto. Havia um complicador. A nova loja precisaria incorporar o Ábacos, software de gestão de estoque da Netshoes, gerenciado pela KPL.

Este tipo de integração de sistemas é trivial hoje, mas na época essa operação tirava o sono de qualquer dono de e-commerce. Marcio não queria correr riscos e ligou para Anderson Vieira Duarte, fundador e sócio da KPL. "Anderson, eu preciso trocar de plataforma, mas quero alguém capaz de integrar o seu sistema. Preciso que você faça uma avaliação técnica de um fornecedor", disse Marcio. Na KPL, Anderson era quem entendia da área técnica e de programação. Seu sócio, Fabiano Silva, era o profissional de relacionamento com o mercado. Coube a ele a tarefa de contatar Ikeda para saber se a sua empresa toparia desenvolver a nova loja da Netshoes.

Em 2007, Ikeda já era considerado um veterano do e-commerce. Ele e um sócio montaram a empresa que levava seu nome (Ikeda) em 1995 e começaram a fornecer a plataforma tecnológica para companhias que queriam criar suas lojas virtuais. No ano seguinte à fundação, Ikeda foi contratado para montar a loja on-line da Livraria Cultura, que no início vendia três livros por mês. Em 1999, ele pegou um projeto ainda maior e foi desenvolver a plataforma de e-commerce do Submarino no Brasil, na Argentina e no México. Com o estouro da bolha da internet em 2000, o apetite das empresas pelo comércio eletrônico diminuiu. Ikeda e o sócio transformaram a empresa em consultoria. A abertura de capital do Submarino em março de 2005, na Bolsa de Valores de São Paulo, marcou o renascimento do comércio eletrônico, e Ricardo Ikeda refundou a empresa justamente como um provedor de comércio eletrônico. Depois de algumas conversas com gerentes de tecnologia da Ikeda, Fabiano julgou que a empresa tinha uma boa solução para a loja on-line da Netshoes e arranjou uma reunião para que Marcio e Ikeda se conhecessem.

Até Marcio chegar ao seu escritório, Ikeda nunca tinha ouvido falar da Netshoes. "Tinham me explicado que ele (Marcio) vendia tênis pela internet e recebia 200 pedidos de compra por dia. Não era um número impressionante. Eu tinha clientes como a Ultrafarma que processava 5 mil pedidos por dia. Mas o fato de venderem tênis pela internet me intrigou. Ninguém fazia isso", ele afirma. No dia da reunião com Marcio, Ikeda estava resolvendo um problema de um grande cliente e destacou uma de suas melhores gerentes para atender a Netshoes. Marcio não topou negociar com a gerente. "Ela veio falar comigo e disse que o Marcio queria fechar o negócio, mas antes exigia me conhecer. Sem a conversa, não assinaria o contrato. Porém, se o papo cara a cara acontecesse, assinaria no ato", diz Ikeda. Quando entrou na sala de reunião, os dois trocaram saudações e foram direto ao assunto. Ikeda conta que Marcio não pediu desconto nem quis mais detalhes sobre a plataforma, e tinha apenas uma pergunta: "você vai colocar minha loja no ar?". Ikeda garantiu que sim, os dois deram um aperto de mão e Marcio assinou um cheque de 80 mil reais. Bem ao seu estilo – rápido e direto –, Marcio resolveu o problema de quem desenvolveria a nova loja da Netshoes. Agora, só faltava fazer.

Logo nos primeiros dias de trabalho, Ikeda notou que Marcio era um empreendedor diferenciado. "O processo de integração era muito complexo na época. A própria KPL estava aprendendo como gerenciar, a partir de um único estoque, múltiplos acessos. Outra dificuldade era a criação da loja. Era um serviço que a gente fazia com a F.biz, que bolava a arquitetura, e nós transpúnhamos para o ambiente on-line. A maior parte das pessoas com quem trabalhávamos só via dificuldades em processos de integração e implementação como o que estávamos conduzindo na Netshoes. O Marcio pegava um problema complexo, estudava a questão e dizia: 'vamos por esse caminho que é mais simples'. E as coisas aconteciam. A nossa tecnologia era nova, tinha menos de um ano de desenvolvimento. Ela tinha um desempenho muito bom, mas não estava madura. Quando aparecia um problema, e a loja dava pau, o Marcio ficava muito irritado. Ele brigava pra valer. Mas em nenhum momento a cobrança dele desestimulava as pessoas a ponto de pararem de buscar a melhor solução. E isso era muito bacana porque no fundo estava todo mundo trabalhando para fazer a loja acontecer", diz Ikeda.

Um dos pontos fundamentais para Marcio era a integração da plataforma com o estoque e a logística. Os sites de comércio eletrônico não dispunham de um sistema que fazia entregas por diferentes transportadoras, de maneira que uma camiseta seguisse por uma transportadora "A", um tênis fosse entregue pela transportadora "B" e a mesa de pingue-pongue seguisse pela transportadora "C". Parece uma coisa simples, mas na época ninguém tinha essa tecnologia. "Marcio exigiu que a plataforma possibilitasse esse tipo de funcionalidade, pois a Netshoes já trabalhava com quatro ou cinco operadores logísticos. Ele já tinha a visão de que era preciso pensar na entrega da mercadoria ao cliente, algo em que os varejistas que exploravam o canal on-line sequer pensavam.

O sucesso da Netshoes não veio da plataforma, mas da qualidade do serviço oferecido ao cliente. E quem pensava a tecnologia para que isso acontecesse era o Marcio", conta Ikeda.

O gosto pela tecnologia aproximou os dois. Quando Marcio começou a viajar para o exterior em busca de referências e funcionalidades para a nova loja da Netshoes, ele passou a convidar Ikeda e Reiss. Numa dessas viagens, Marcio e Ikeda visitaram a Shop.org, que é uma das maiores feiras de tecnologia para o varejo dos Estados Unidos. "De lá trouxemos o software que permite a recomendação de um produto. A Netshoes passou a ser capaz de analisar o perfil do cliente que acessava a sua loja e, posteriormente, a fazer ofertas compatíveis com as preferências do consumidor. As outras lojas on-line só passaram a utilizar essa funcionalidade em 2010", conta Ikeda. No dia 8 de novembro de 2007, a loja desenvolvida por Ikeda para a Netshoes ficou pronta e substituiu a antiga plataforma Fastcommerce. Com a nova loja, vieram novas possibilidades.

A Netshoes foi o primeiro e-commerce no Brasil a disponibilizar para o cliente, por meio da ferramenta de zoom, fotos em "close" de seus produtos. Para isso, ela investiu em um estúdio de foto. No site da Netshoes, o internauta tinha acesso ao zoom com imagens de alta resolução – um artifício que foi copiado do site da varejista norte-americana de moda jovem Gap. "Desde antes do estouro da bolha, os sites utilizavam fotos pequenas. Todo mundo fazia igual, Americanas.com, Submarino, Shoptime. O Marcio chegou e disse: 'eu quero foto grande'. A Netshoes passou a disponibilizar três, quatro, cinco fotos de cada produto. Era algo simples, mas ninguém tinha mudado o jeito de fazer. A Netshoes mudou o padrão de fotografia on-line no e-commerce brasileiro", diz Ikeda.

O trabalho para "subir" a nova loja da Netshoes aproximou Reiss, Anderson, Fabiano e Ikeda de Marcio. Todos eles foram contratados como fornecedores da Netshoes, mas num determinado momento se tornaram consultores particulares e amigos dos primos, em especial de Marcio. Anderson era frequentemente consultado por ele para fazer análises técnicas para a Netshoes. Esses "serviços" não estavam no contrato. Quando questionados sobre por que assumiram esses papéis, eles atribuem a camaradagem à relação especial que construíram com Marcio. "Ele é uma pessoa muito contagiante. É um cara curioso, inquieto. Você aprende muito sobre tecnologia e negócios estando perto dele", diz Reiss. Ikeda complementa: "Ele é realmente interessado em fazer as coisas darem certo. Isso acaba empolgando. Você de fato tem prazer em trabalhar com ele e quer fazer as coisas acontecerem". Após desenvolver a nova loja da Netshoes, Ikeda transformou a plataforma de comércio eletrônico num produto de prateleira, com o qual ganhou muito dinheiro. "A Netshoes nunca se opôs a isso", diz Reiss, que ajudou Ikeda a levar o produto para o mercado.

O COLAPSO DA ARMÊNIA

A Netshoes dobrava de tamanho ano após ano desde 2003 – e nenhum de seus concorrentes dava importância ao fato. Mesmo a Americanas.com, que acompanhava as vendas da loja da Netshoes em seu site, parecia não se incomodar com o apetite dos meninos da rua Maria Antônia, como alguns dos executivos da maior varejista on-line do Brasil se referiam a Marcio, Hagop, Roni, Marcinho e Tchelo. Os líderes de negócios da Americanas.com só tinham olhos para o Submarino, que, por sua vez, só pensava em se consolidar na posição de número 1 do comércio eletrônico brasileiro. Tanto que anunciava ser o maior varejista da internet e o único sem lojas físicas. Talvez nenhum dos dois encarasse a Netshoes como um concorrente, pois Marcio e Hagop só vendiam calçados esportivos e exploravam, portanto, um nicho de mercado. Os lojistas de esportes também não davam bola para a Netshoes, pois ainda a consideravam pequena. Os varejistas do mundo off-line estavam de olho no crescimento da rede mineira Centauro, fundada em Belo Horizonte pelo comerciante Sebastião Bomfim Filho.

A Centauro abriu sua primeira loja nos anos 1980, numa das regiões mais nobres de Belo Horizonte, perto do bairro Savassi, para conquistar clientes de maior poder aquisitivo. No final dos anos 1990, já existiam 22 lojas Centauro em Minas Gerais, no Rio de Janeiro e em Brasília. Na metade do ano 2000, Bomfim, como é chamado pelos funcionários, conseguiu um enorme espaço que tinha sido ocupado pela Mesbla e depois pelo Mappin, no shopping West Plaza, em São Paulo. Ali ele abriu sua primeira "megastore" na capital paulista. Bomfim e Marcio não se conheciam, mas têm muitas coisas em comum. Os dois são filhos de comerciantes – o pai de Bomfim tinha uma loja de tecidos em Caratinga, no interior de Minas. São ambos primogênitos que perderam o pai cedo. Bomfim tinha 16 anos quando o pai morreu; Marcio, 23. Os dois têm enorme gana de vencer e de deixar sua marca na história do empreendedorismo brasileiro. Havia, no entanto, uma diferença crucial entre os dois: Bomfim quebrou seu primeiro empreendimento (uma fábrica de balanças) por descontrole no caixa da empresa. A lição que ele tirou dessa experiência é nunca tirar o olho do caixa. Marcio e Hagop não sabiam o que era quebrar uma empresa. O mais perto que tinham chegado disso foi a malograda experiência com a loja do Shopping Ibirapuera. Com exceção desse acidente de percurso, só conheciam o significado da palavra "falência" pelas histórias dos tios e primos do comércio. Marcio e Hagop acompanhavam o dinheiro no caixa da Netshoes, mas a preocupação deles era crescer o negócio antes de os concorrentes perceberem que a Netshoes existia.

Os anos de 2006 e 2007 foram de crescimento acelerado. O impacto positivo das modernizações da nova loja sobre as vendas foi brutal. Com a mudança, a loja da Netshoes se tornou "inteligente". Bastava uma visita no site para o algoritmo reter as marcas favoritas, os produtos mais procurados, a faixa de preço desejada. Quando o consumidor retornava ao site, ele estava "customizado" para o cliente, apresentando os itens de sua preferência. Essa inteligência on-line contribuiu para a expansão da Netshoes. "Viramos uma máquina de vendas", diz Roni. No entanto, Marcio e Hagop não tiveram tempo para celebrar esse sucesso. Um novo problema demandava a atenção deles. A área de estoque da rua Eduardo Chaves estava entrando em colapso. "Com o aumento das vendas, passamos a comprar mais mercadoria e faltava espaço para armazenar os produtos", diz Marcinho. Ele e o irmão Tchelo administravam suas áreas como se fossem os donos do negócio. Os Chammas sabiam que a desorganização do estoque comprometia o cumprimento dos prazos de entrega. Para deixar a mercadoria em ordem para o dia seguinte, Tchelo e Marcinho frequentemente tinham de trabalhar até de madrugada.

Até que, numa noite, quando os Chammas esperaram a poeira baixar para colocar tudo no lugar, Marcio acessou de casa, às três da manhã, as câmeras que tinha instalado no armazém para monitorar as mercadorias. O medo de ladrões era um fantasma que assombrava os primos. "Quando meu celular tocou, fui ver quem chamava e era o Marcio. Ele tinha nos visto lá e quis saber o que fazíamos até aquela hora no estoque. Eu disse que estávamos trabalhando para deixar as coisas em ordem e não atrasar nossas entregas", conta Marcinho. Marcio disse aos irmãos Chammas que não se alongassem no trabalho e desligou. No dia seguinte, os primos conversaram sobre o episódio e decidiram que iriam procurar um operador logístico para cuidar da armazenagem e do transporte dos produtos da Netshoes. Seria uma solução mais rápida e mais barata do que realizar uma nova mudança de endereço. Nesse momento, os primos conheceram uma empresa chamada Luft. Marcio e Marcinho, que conhecia o estoque da Netshoes como a palma das mãos, ficaram encarregados de negociar com a Luft para que a operadora assumisse as entregas e as devoluções da Netshoes. As conversas evoluíram rápido, e tudo fazia crer que o problema de estoque seria resolvido.

Porém, a um mês de iniciar o contrato, a Luft rompeu o acordo. "Alegaram que um cliente grande deles iria expandir a operação no Brasil e precisava de espaço para armazenagem de produtos", conta Marcinho. "Hagop e Marcio viviam num grau de tensão absurdo, principalmente quando aconteciam imprevistos como esse", diz Roni. Para contornar o mal-estar que se deu após o comunicado, a Luft sugeriu que Marcio falasse com um empresário que poderia resolver seu problema. O nome dele era Manoel Sousa Lima Junior, dono da Argos. Economista formado pelo Mackenzie, Manoel saiu da Unilever, onde começou como trainee nos anos 1970, para ir transportar cimento a granel, já como empreendedor de transporte rodoviário, para a construção da usina de Itaipu. Com a conclusão das obras da usina, especializou-se no transporte de produtos químicos, dando origem à Argos, que atuava nas áreas de armazenagem e logística.

A Argos operava em um centro de distribuição de 20 mil metros quadrados de área – e um pé-direito de 10 metros –, localizado na cidade de Barueri, à beira da rodovia Castello Branco e a 26 quilômetros do centro de São Paulo. Era um colosso e parecia a solução sob medida para a Netshoes, considerando localização, área e preço do metro quadrado. O fato de Manoel também ser um operador logístico o tornava o par perfeito para a Netshoes. Quando ele topou abrigar o inventário da Netshoes e fazer a logística da empresa, segundo ele próprio, "sem entender bulhufas de compras pela internet", os primos o tomaram como o salvador da pátria. Em setembro de 2007, a Netshoes transferiu seu estoque do bairro paulista da Armênia para o centro de distribuição de Manoel. Essa mudança foi tão traumática que todos os funcionários que participaram dela guardam na memória a lembrança do caos que se instalou no novo centro de distribuição.

Manoel tinha garantido que tinha tecnologia no galpão para fazer a entrada dos produtos da Netshoes. O que significava, pelo menos, catalogar cada item e especificar sua localização no armazém. O sistema não funcionou (o software não reconhecia os produtos), e Manoel pediu um mês para "subir" as mercadorias no sistema. Nesse período, a Netshoes teria de ficar sem vender. Marcio e Hagop surtaram. "Aquela opção significaria um prejuízo enorme", diz Tchelo. Quando viram que o sistema não funcionaria, os irmãos Chammas sugeriram uma solução caseira: criar uma regra no Excel que mostraria qual era o "pallet" da mercadoria. A partir daí, a entrada da mercadoria no estoque e o cadastro no sistema seriam feitos manualmente. O trabalho mobilizou um pequeno exército da Netshoes, que se alternou noite e dia, durante quinze dias, para dar entrada e catalogar todas as 20 mil mercadorias. Três homens, além dos irmãos Chammas, lideraram a missão: Leandro Coutinho, Thiago Caprini, o Gina, e Roberto Rodrigues, o Palmuti, que hoje é um dos braços direitos de Marcinho na área de Logística da Netshoes. Leandro e Gina também estão lá até hoje. "A Netshoes trocava o pneu com o carro andando em alta velocidade", diz Tchelo. "O sofrimento valeu a pena. Depois disso, tivemos muitas recompensas", conta Marcinho.

Esse episódio foi o primeiro de uma série de contratempos e brigas com a Argos. Talvez quem mais tenha sofrido nos dois anos que Netshoes e Argos trabalharam juntos foi Marcinho, que ficou responsável pelos dez funcionários da empresa em Barueri, que trabalhavam em conjunto com os homens de Manoel. A Netshoes dividia o armazém com outras dez empresas, entre elas a fabricante de instrumentos musicais Yamaha, a escola de idiomas Berlitz e as químicas Dupont e Dow. Todas terceirizavam sua logística à Argos. O diretor de operações da Argos, responsável pela gestão do armazém, e seus funcionários sabiam atender a empresas cujos pedidos chegavam com dias de antecedência, dando-lhes tranquilidade para manusear as mercadorias até que os produtos chegassem às docas e fossem despachados em um caminhão.

O mesmo sistema de trabalho não funcionava para os 3 milhões de visitantes únicos que chegavam ao site da Netshoes todo mês, com uma média de 500 vendas por dia. Quando a compra era entregue com atraso na casa dos clientes, isto é, além do prazo de 48 horas informado pelo site, eles enviavam e-mails raivosos para a equipe de atendimento da empresa. Depois que a Netshoes se mudou para Barueri e terceirizou sua operação logística, as queixas reportadas por e-mail ou telefone aumentaram exponencialmente. Quando os números das queixas de atraso iam parar na tela de Marcio, ele no mesmo instante ligava para Marcinho, que tinha de cobrar o diretor da Argos e seus funcionários. "Foi o meu período mais difícil na empresa", diz Marcinho. O nível de estresse atingiria seu pico no Carnaval de 2009.

QUANTO VALE A NETSHOES?

Em 14 de novembro de 2007 Hagop se casou com a advogada Maití Armenuhi Nicolian Sapadjian. No ano seguinte, ele tiraria suas primeiras férias em oito anos. Durante meses, um dos assuntos preferidos do jovem casal eram os preparativos para a viagem que fariam em agosto. Hagop e Maití escolheram como destino a Europa. Foi durante as férias que Hagop recebeu a ligação do primo com a primeira oferta de compra que a Netshoes recebeu. A empresa, cujo nome os primos pediram que não seja divulgado, já os estava sondando havia meses, de maneira que a notícia não pegou Hagop de surpresa. O que o surpreendeu foi o valor da oferta: 42 milhões de reais. Nem Hagop nem Marcio sabiam quanto a Netshoes valia em 2008. Os primos, no entanto, sabiam que a empresa crescia ano após ano. Em 2007, a Netshoes havia faturado 29,8 milhões de reais, o que representava um crescimento superior a 100% em relação ao faturamento de 2006. A expectativa para 2008 era, mais uma vez, crescer as vendas acima de 100%. Por isso, o valor oferecido não fez os olhos de Hagop brilharem.

Do outro lado da linha, Marcio falava às pressas. "Ele estava eufórico, dizia que a gente tinha de vender. Isso por que, tal como aconteceu quando estávamos considerando abrir a loja da Netshoes no Shopping Ibirapuera, em que o Marcio tinha como certo que faturaríamos 25 mil reais por fim de semana, nesse episódio ele estava colocando na conta todos os bônus que poderíamos ganhar fora os 42 milhões de reais. Na cabeça dele, o número era 80 milhões de reais", conta Hagop. Para entender por que a contabilidade de Marcio era superior ao valor da oferta, é preciso detalhar o que estava por trás da proposta feita aos primos. Além da oferta de 42 milhões de reais, a ideia era que Marcio e Hagop continuassem tocando a Netshoes nos cinco anos seguintes como executivos, depois de terem vendido o controle da empresa. Os primos teriam direito a bônus polpudos se atingissem as metas de vendas estipuladas por contrato. Marcio acreditava que a Netshoes era capaz de manter a trajetória crescente de faturamento. Por isso, estava contabilizando, além do valor da oferta, os bônus futuros que, somados aos 42 milhões de reais da venda, totalizariam cerca de 80 milhões de reais.

Hagop pediu ao primo que aguardasse seu retorno ao Brasil. Enquanto isso, ganhariam mais uns dias para pensar. Ao desligar o telefone, Hagop lembrou do colega Fernando Trevisan, com quem estudou no Colégio Santa Cruz. Fernando era filho de Antoninho Marmo Trevisan, fundador da empresa de auditoria e consultoria Trevisan. O Trevisan pai poderia ajudar a saber quanto valia a Netshoes. Quando voltou da lua de mel tardia, Hagop foi procurá-lo, para que ele fizesse uma avaliação da empresa. Não tive acesso a essa avaliação, mas os primos afirmam que a consideraram conservadora. "Batemos em 2008 o faturamento que estava projetado para 2011", diz Marcio. Os dois se reuniram com os executivos da empresa pelo menos umas quatro vezes para falar da venda, entre reuniões em São Paulo e Rio de Janeiro. "Era a primeira vez que alguém colocava um valor no negócio que eles estavam construindo", diz Ovsanna.

"A Netshoes impunha uma rotina estressante aos dois, e havia muita dificuldade financeira. Quando apareceu a proposta de compra, eles vislumbraram a oportunidade de ganhar algum dinheiro", diz o advogado da Netshoes Ricardo Ejzenbaum, que acompanhou as conversas entre os primos e os executivos da firma pretendente. Enquanto as negociações aconteciam, profissionais da pretendente e consultores contratados pela empresa conduziam o processo de *due diligence* na Netshoes, para auditar as informações financeira, contábil e fiscal da empresa. As tratativas levaram meses, mas não houve acordo. A negociação foi interrompida porque, nas palavras de Roni, "a empresa jogou o valor da Netshoes no chão". Claro, existiam outros pontos de divergência, além do preço. Por exemplo, uma cláusula que determinava que, após deixar a Netshoes, Marcio e Hagop não poderiam atuar em e-commerce por cinco anos. No final das contas, no entanto, foi o valor oferecido que tirou os primos da mesa de negociação. Marcio e Hagop teriam fechado negócio se a oferta tivesse chegado a 100 milhões de reais. "Essa era nossa expectativa. Por esse valor, teríamos vendido", conta Hagop.

O COMERCIAL MOSTRA OS DENTES

Quando os ânimos, exaltados pela oferta de compra da empresa, voltaram ao normal, a Netshoes retomou seu ritmo acelerado. Marcio continuava focado na operação, tecnologia e no financeiro, Roni trabalhava para melhorar a experiência do cliente na loja e nas análises de mídia on-line, e Marcinho havia assumido de vez o centro de distribuição. Mas, se havia uma área que estava em plena ebulição naquele momento, era a comercial, liderada por Hagop, que tinha o caçula dos Chammas na retaguarda. Hagop trabalhava para ampliar o leque de produtos na categoria futebol e abrir novas categorias (basquete, vôlei, surfe, skate e casual). Ele estava treinando o caçula dos Chammas para assumir uma posição gerencial. Aos 24 anos, Tchelo era um excelente vendedor, mas não tinha trabalhado em outro lugar que não fosse a Netshoes, e precisava aprender as malícias de um comprador. "Não dava para colocá-lo para negociar com multinacionais como a Nike, a adidas e a Reebok", diz Hagop. Lição número 1: o coração da empresa está na área comercial. "Onde começa o processo de venda? Resposta: na compra", ensinava Hagop.

Tchelo foi apresentado a cada etapa do processo. Ele passou a fazer o cadastro dos produtos na loja e a acompanhar as vendas e a interação do cliente com a loja pela internet. Era importante conhecer que produtos vendiam mais, do que o cliente gostava, o que não curtia e o que gostaria de encontrar na loja on-line e não achava. "O comprador precisa conhecer bem o seu cliente, o tamanho de seu bolso e os produtos que mais o agradarão" defende Hagop. Em seguida, Tchelo passou a fazer o planejamento de compras sob a supervisão do chefe. Nesse período, a maioria das compras da Netshoes era programada com um ano de antecedência. Esse planejamento de compras era uma das operações mais sensíveis da empresa. "Como a situação financeira da Netshoes não era confortável, era preciso ter sensibilidade para não comprar pouco a ponto de perder a venda nem comprar muito a ponto de o produto encalhar", conta Hagop.

Chammas teve de aprender a comprar o modelo certo, no preço correto, na quantidade ideal e com o mix adequado de produtos. Eram muitas variáveis. Havia muitas marcas com dezenas de SKUs (unidades distintas do mesmo modelo). Os catálogos tinham até quatrocentas páginas. "A chance de errar é muito grande, e você só descobre o engano quando o tênis encalha no estoque e é preciso liquidar, o que significa sacrificar parte da margem de lucro", afirma Hagop. Como a Netshoes comprava muito, o desafio era de Hagop, e depois de Tchelo, mas também de quem estava do outro lado. "Quando a Netshoes apareceu no meu radar, ela já era um foguete", diz Marcos Paladino, executivo de contas da Nike que começou a atender a empresa em 2007.

"Não havia histórico de cliente como a Netshoes. A empresa crescia rapidamente e fazia compras maiores a cada seis meses. O mercado e, portanto, a Nike, planejava as vendas uma vez por ano, com doze meses de antecedência. Era uma quebra de paradigma, pois a Netshoes não se adequava ao nosso modelo de planejamento. Dada a necessidade de a Nike planejar a demanda da Netshoes, o contato com o Hagop para acompanhar o fluxo de vendas começou mensal, depois se tornou quinzenal e teve de virar diário", conta Paladino. Em 2008, a Netshoes se tornou uma conta estratégica para a Nike e passou a fazer parte da sua carteira de grandes compradores.

Na Reebok, Walter Andrade Fonseca era o gerente geral de vendas e desenvolvimento de produtos. Ele comandava uma equipe de representantes que atendia o varejo. "Um dos profissionais que se reportava a mim era o 'Bene', que atendia a Netshoes. Ele começou a trazer pedidos cada vez maiores, e isso começou a me intrigar. A ponto de eu questioná-lo: 'Bene, esse pedido é grande, não? Quem é a Netshoes?'. O Bene me dizia que eram uns meninos que vendiam pela internet e cresciam com rapidez. Como os pagamentos eram feitos em dia, e o Bene era um representante experiente, eu aprovava os pedidos. Passavam-se três semanas, vinha o Bene me dizer que o Hagop tinha se interessado pelo estoque inteiro. 'Como assim, Bene?'. Resolvi conhecer Hagop. Ele marcou o encontro no centro de distribuição da Netshoes. Quando cheguei e vi o tamanho do estoque, eu me surpreendi. Ele [Hagop] foi me apresentando o processo desde a captação de pedidos, atendimento, despacho. Sempre falando com alegria e orgulho que atendia aos pedidos com rapidez. Ou seja, cliente final satisfeito. Eu via a presença enorme de marcas concorrentes. Saí da reunião e disse: 'Hagop, a Reebok não sabia quem era a Netshoes, mas de agora em diante estamos apresentados'". Walter voltou para Jundiaí, onde fica o escritório da Vulcabras, que comercializa a marca Reebok, e disse ao diretor financeiro que os primos precisavam de mais crédito. Em 2009 a Netshoes estava entre os três maiores clientes da Reebok no Brasil.

Tchelo foi aprendendo com Hagop como fazer o planejamento de compras em uma empresa que dobrava de tamanho ano após ano. Em seguida, passou a acompanhá-lo nas reuniões com as marcas, nas quais se davam as negociações para a compra dos produtos. São reuniões que exigem um bom jogo de cintura. Os vendedores das marcas são profissionais sedutores e, ao mesmo tempo, extremamente persuasivos. Quando você entra na empresa, é conduzido a uma sala deslumbrante, com pôsteres dos maiores ídolos do esporte. Os vendedores então colocam os filmes promocionais, em que são divulgados os produtos e acessórios, com heróis como Lionel Messi, Neymar, Michael Phelps, Usain Bolt, Serena e Venus Williams. Um comprador inexperiente é facilmente conquistado pelo vendedor e pode arruinar seu planejamento de compra. Tchelo, no entanto, estava sendo treinado para ser durão.

"Hagop ganhou fama no mercado esportivo de ser o cara que enfrenta as marcas. Principalmente pela maneira como conduzia as negociações. Ele levava a discussão ao extremo para conseguir comprar a quantidade de que precisava no preço que pretendia. Como ele conseguia? Ora por causa da força da Netshoes no digital, ora por que financeiramente fazia sentido para ambas as partes", diz Bruno Yoshida, gerente de categoria de uma das multinacionais alemãs de esporte, que durante três anos negociou com a Netshoes. Havia histórias que circulavam no mercado sobre Hagop que reforçavam a imagem construída de comprador implacável. Uma dessas histórias conta que, certa vez, em uma longa negociação que não teve final feliz, Hagop foi ao escritório da Nike para a reunião com os diretores da multinacional usando um nariz de palhaço. Outra história afirma que, em uma apresentação da área comercial de uma grande marca, o executivo de marketing, enquanto apresentava a ele uma proposta de parceria, repetia a todo instante a palavra "energia". "Nós vamos gerar energia."; "Vamos fazer energia". Até que Hagop o interrompe e diz: "Cara, você trabalha em Itaipu? Você só fala em energia. Eu quero saber de vender tênis". "Essas histórias repercutiam", conta Bruno.

"Foi-se criando a ideia no mercado de que você não podia vacilar na conversa com o Hagop. Se chegasse para falar com ele em tom fanfarrão, sem ter consistência dos argumentos, ia tomar no meio do peito. Ainda que essas histórias tenham virado anedotas, o fato é que tanto Hagop quanto Marcio falavam o que achavam, não importava o nível, do analista ao presidente da empresa", diz Paladino. Isso fez com que eles fossem respeitados, apesar de muita gente duvidar, no início, do que os dois estavam construindo. "De 2006 a 2007, as marcas ainda olhavam a Netshoes com certo estranhamento. Ninguém acreditava que a venda de tênis e acessórios de esporte na internet fosse dar certo. Entre 2008 e 2009, o mercado começou a acompanhar de perto o crescimento da Netshoes. E a partir de 2009, era comum ouvir os executivos das marcas dizerem em reuniões: como é que não vimos isso (crescimento das compras on-line)?", diz Yoshida.

Por que as marcas topavam os termos da negociação extrema de Hagop? Ele percebeu que a Netshoes tinha um papel relevante para elas no mercado esportivo, principalmente no canal de vendas on-line. "De 2007 para 2008, a Nike fez uma reorganização interna e deixou de trabalhar por linha de produtos para vender por categoria. Aí, surgiram as categorias de 'running', 'casual', 'multiesportes' e 'futebol'. Nessa mesma época, globalmente, a empresa começou a olhar a plataforma digital e a se estruturar para se tornar on-line. A Nike é uma marca que quer estar próxima do cliente, e o consumidor virtual passou a ser considerado ouro. E, nesse movimento, a Netshoes ganhou relevância dentro da companhia", conta Paladino. O mesmo aconteceu com as outras marcas. Ao mesmo tempo que ganhava a confiança das multinacionais do esporte, a Netshoes compartilhava muito do que aprendia com os executivos dessas marcas. Era comum Marcio e Hagop serem chamados para reuniões para contar o que sabiam sobre o consumidor on-line de artigos esportivos. Hagop ia passando todo esse jogo de cintura, sua experiência e o que aprendia para Tchelo.

A Netshoes também aproveitava a interação com os executivos das marcas para trazer novidades para a sua área comercial. Quando a Nike parou de trabalhar por linha de produtos e adotou o modelo de categorias, a Netshoes fez o mesmo movimento e trouxe de volta, em meados de 2008, Mônica Piai, a vendedora que tinha trabalhado na loja do Shopping Ibirapuera. "Hagop me chamou para voltar como analista comercial para abrir as categorias de 'surfe' e 'skate'. A Netshoes ainda era muito focada nos esportes convencionais como o futebol. Fiquei um ano levando 'não' das marcas de skate e surfe, que resistiam a entrar para a Netshoes. Comecei com poucas marcas, mas depois foi crescendo", diz Mônica. Ao mesmo tempo que abria a categoria "esportes de ação", a Netshoes investiu nas categorias de "running" e "trainning", "lifestyle/casual", "fitness" e "nutrição". Mas futebol continuava sendo a que mais vendia. Cada categoria aberta era como se fosse uma nova loja. O visual para cada uma delas no site era diferente, a comunicação com o cliente era distinta, uma nova disposição de produtos era montada, um novo e-mail marketing. "Existiam lojas dentro da loja on-line. Hoje o varejo on-line amadureceu. Quem entra em uma loja virtual não nota mais essa diversidade de ambientes", diz Roni.

Hagop contratava gente muito jovem, que tinha espírito de luta, mas não exigia que conhecesse o e-commerce. Não havia mão de obra qualificada para atuar no varejo on-line. "A empresa era extremamente agressiva. O mote era 'vamos fazer'. Fazíamos muitos testes. Se dava certo, seguíamos adiante. Se dava errado, tinha de matar o projeto rápido", diz Mônica. Outro ponto interessante com relação à contratação é que as equipes tinham perfis distintos de competência. "Tinha gente que vinha das marcas, mas tinha gente que vinha das grandes lojas de departamento. Esse era um grande diferencial, pois eram equipes com perfis de competências distintas. Há seis anos ninguém fazia isso", conta Bruno, que em julho de 2011 se juntou à equipe comercial da Netshoes para implementar a categoria "basquete" e montar a loja on-line oficial da NBA no Brasil.

Muitos desses profissionais que foram contratados entre os anos de 2008 e 2011 hoje não trabalham mais na Netshoes. No entanto, reputam a empresa como uma verdadeira escola de varejo on-line. "Hagop foi um grande professor para mim. Ele sentava do lado e falava 'é assim que se monta uma grade de produtos'. Eu propunha algumas coisas, e ele dizia: 'me explica, por que você está pensando assim e não assado?' Para a minha profissão, a Netshoes foi uma faculdade. Trabalhar do lado de pessoas que sabiam o que estavam fazendo e aonde queriam chegar foi muito importante para o meu aprendizado", diz Mônica, que em julho de 2011 saiu da Netshoes.

A TOMADA DO CD

Na segunda-feira de Carnaval de 2009, o número de compras em atraso bateu recorde. Desde que a Netshoes tinha começado a operar sua logística com a equipe de Manoel, no CD de Barueri, as complicações na operação de despacho dos pedidos era frequente. Ao meio-dia, havia 51 pedidos faturados, prontos para serem despachados, e mais de 500 compras em atraso. Isso significava que praticamente um quarto das quase mil ordens de compra feitas pelo site até aquele horário não chegariam ao destino no prazo de dois dias prometido pela empresa. Quando Marcio viu no monitor de seu computador a informação sobre os atrasos, ligou imediatamente para Marcinho.

– Poxa, Marcinho, o que está acontecendo?

– Cara, não tem ninguém trabalhando. O CD está praticamente parado. Os caras do Manoel não vieram. E os nossos funcionários não estão dando conta.

Marcio explodiu.

– Marcinho, você não está sabendo apertar esses caras. Vocês estão ferrando a Netshoes.

Quando a Netshoes fechou acordo com Manoel e começou a operar o CD, Marcinho foi designado para ser o homem forte da Netshoes em Barueri.

De segunda-feira a sábado, Marcinho quase que morava lá. Todas as broncas – e não eram poucas – tinham de ser resolvidas por ele.

– Não aguento mais, para mim não dá mais. Por que a gente não assume essa operação e manda esse pessoal embora? Marcio, você tem de peitar esses caras e desfazer o contrato.

– Vou conversar com Manoel, mas eu quero saber como vamos resolver esse pepino agora.

Marcinho teve de montar uma operação de emergência e para isso ligou na casa de cada um dos funcionários de Manoel. A operação só foi normalizada na quarta-feira de cinzas. O pior, no entanto, estava por vir. No dia 17 de junho de 2009, Marcio recebeu de Manoel a notícia de que a Argos estava falida. Foi um baque! Manoel quebrou por causa de uma sucessão de más decisões de negócio. A última delas tinha sido a compra de 120 caminhões para atender a uma multinacional norte-americana, que rompeu o contrato, deixando a Argos com um rombo no caixa. Essa quebra virou briga judicial, numa ação que Manoel moveria contra a empresa norte-americana até 2015. O rombo no caixa fez com que atrasasse o salário dos empregados do CD. Além disso, fazia meses que não quitava o aluguel de 200 mil reais por mês, valor da locação do CD. O proprietário do armazém era o empresário Walter Torre, milionário da construção que fez fortuna construindo shoppings, hotéis, estádios de futebol e alugando prédios comerciais e armazéns para empresas. Marcio soube por Manoel que Walter Torre era o dono do armazém e logo percebeu que não tinha alternativa a não ser falar com ele. Ele ligou para a secretária de Torre e conseguiu um horário para conversar com o empresário.

Em uma manhã de julho de 2009, Walter Torre recebeu Marcio no escritório da construtora WTorre, na Vila Olímpia, bairro da zona Sul de São Paulo. Enquanto aguardava na recepção, Marcio ensaiava mentalmente como iria apresentar o assunto ao empresário. Ele estava disposto a levar para a mesa de negociação tudo o que tinha aprendido com o pai, os tios e os avós – pequenos comerciantes de ascendência armênia. O que estava em jogo era o centro de distribuição de Barueri, que era vital para a Netshoes. Perder o CD significaria ficar sem abrigo para os mais de 20 mil itens que a Netshoes tinha em estoque, interromper a entrega dos produtos comprados pelos clientes e, no limite, quebrar o elo de confiança que a empresa vinha construindo com seus consumidores.

Marcio foi encaminhado pela assistente de Torre a uma sala de reunião grande, onde o empresário o aguardava. Depois de sentar-se e responder se queria água ou café, Marcio começou a falar. Mesmo interessado por tecnologia, e com todo seu trânsito no mundo dos negócios, Torre nunca tinha ouvido falar da Netshoes. O empresário apertou os olhos e fitou seu interlocutor, como costuma fazer quando está diante de um negócio duvidoso. Marcio já falava havia mais de uma hora e Torre ainda não tinha se convencido de que o jovem que estava à sua frente, com pouco mais de 30 anos, vestindo camisa polo, calça jeans e tênis, fosse capaz de bancar a dívida de 2,5 milhões de reais que estava se propondo a assumir.

– Garoto, como você pretende pagar essa dívida? E, ainda que pague essa conta, você tem fôlego para bancar o aluguel daquilo tudo? O imóvel é muito grande para você.

O CD tinha uma área total de 20 mil metros quadrados, dos quais a Netshoes utilizava cerca de 10%. O restante era ocupado por outras dez empresas. Enquanto respondia à saraivada de perguntas de Torre, mexendo a cabeça de um lado para o outro, como faz um lutador de boxe nos minutos que antecedem o combate – um tique que sempre repete em momentos de estresse –, Marcio xingava mentalmente o pivô de toda aquela situação: Manoel, o dono da Argos.

– Walter, minha proposta é pagar 1 milhão de reais pela dívida do Manoel com o aluguel e assumir as despesas não pagas pelas benfeitorias que o Manoel fez no armazém, que somam uns 900 mil reais.

– Mas eu vou perder um milhão e quinhentos mil reais?, retrucou Torre.

– Você já perdeu dois milhões e meio. O Manoel não vai pagar. Estou devolvendo parte do dinheiro devido por ele e me comprometendo a assumir o aluguel.

– Garoto, vamos fazer o seguinte: volta aqui e me traz seus números. Eu quero saber com quem estou negociando. Quero ver os números da sua empresa.

No caminho de volta ao escritório da Netshoes, Marcio foi arquitetando um plano para levantar o dinheiro e assumir o controle do centro de distribuição de Barueri. O escritório da Netshoes ficava, desde agosto de 2007, na rua Jardim Ivone, na Vila Mariana (onde ficaria até setembro de 2009). Quando chegou ao escritório, ele foi falar com o primo. Os dois concordaram que o melhor seria assumir o CD. Porém, havia um detalhe importante.

– Com que dinheiro? – perguntou Hagop.

– Não temos o dinheiro, ainda.

Marcio deixou a mesa de Hagop e foi falar com o advogado Ricardo Ejzenbaum. Neto de judeus poloneses que imigraram para São Paulo fugindo da Segunda Guerra Mundial, Ricardo começou a carreira como investigador da polícia de São Paulo, trabalhando para o Denarc, o Departamento de Investigações sobre Narcóticos. À noite, estudava Direito. Ricardo e Marcio se conheceram por meio de um amigo comum, e Ricardo virou cliente da loja da rua Maria Antônia. Durante a semana, às vezes parava na loja de viatura, e Marcio o azucrinava para deixá-lo dirigir o veículo, ligar a sirene, mexer no rádio. Ricardo nunca assentiu, mas chegou a deixar Marcio acompanhá-lo em algumas rondas, no banco do passageiro. Em 2002, quando o primeiro filho de Ricardo nasceu, ele abandonou a polícia para se dedicar à advocacia. Não demorou para começar a assessorar a Netshoes.

– Como foi a reunião com o Walter Torre?, perguntou Ricardo.

– Ele quer ver nossos números.

– Marcio, você sabe que não temos condições de assumir a dívida do Manoel.

As semanas seguintes foram de inúmeras reuniões entre os advogados da Netshoes, Marcio, que assumiu o papel de porta-voz da empresa, enquanto Hagop ficava na retaguarda, e as áreas jurídica e financeira da WTorre. Levou dois meses para a versão final do contrato ser redigida, com idas e vindas de minutas sendo analisadas pelos advogados de ambas as partes. No final, a dívida foi abatida de 2,5 milhões para 1 milhão de reais. Torre, depois de muita conversa, aceitou parcelar o débito em dez vezes. Zareh e Ovsanna, os pais de Hagop, tiveram de dar como garantia três imóveis, que era tudo de que dispunham, e Marcio também colocou no contrato como garantia o apartamento dele e de Sylmara, então grávida do primeiro filho do casal. Se os planos para a Netshoes dessem errado, os Chabab e Marcio perderiam todo o patrimônio que tinham conquistado até ali.

Marcio e Hagop precisaram ainda recorrer ao banco para pedir um empréstimo. No banco, contaram a favor da Netshoes o histórico de vendas e a expectativa de crescimento da empresa. Houve um episódio de sorte que, se não serviu para acelerar o processo, acabou jogando a favor da Netshoes no desfecho da negociação. O profissional da área financeira da WTorre que estava à frente das conversas com a Netshoes era um são-paulino fanático. No dia 20 de setembro de 2009, um domingo, o São Paulo enfrentou o Santo André no estádio Santa Cruz, em Ribeirão Preto, pela 25ª rodada do Campeonato Brasileiro. O funcionário da WTorre assistiu ao jogo, que terminou empatado em 1 a 1. Quando chegou ao escritório no dia seguinte, o funcionário comentou com Torre que a marca da Netshoes estava estampada na camisa do time do ABC paulista. Na hora, Torre deu pouca bola à informação. Dias depois, porém, durante uma reunião com o advogado da Netshoes, reconheceu que a empresa tinha uma boa estratégia de marketing.

O contrato pelo qual a Netshoes assumiu o CD de Barueri foi assinado no final do mês de setembro de 2009. Em paralelo à negociação com Torre, Marcio e Hagop tratavam com Manoel para que a Netshoes adquirisse a Argos. Manoel transferiu a Argos depois de os primos assumirem a dívida da empresa com Torre. Com isso, Marcio e Hagop ganharam dez clientes. Os dois rebatizaram a Argos como NS Logística.

Dias depois, Marcio contou a Marcinho sobre o desfecho das negociações. Marcinho comenta que, após comemorar com o chefe a conclusão do imbróglio, ambos começaram a fazer planos para o futuro e a desenhar como se daria a

nova logística da Netshoes, enquanto caminhavam pelo CD. Na caminhada, Marcinho se virou para o chefe, em um misto de constatação e receio, e disse:
– Tem muito espaço vago aqui!

Nos dias seguintes, os funcionários da Argos foram contratados pela Netshoes. Em pouco tempo, os antigos empregados de Manoel incorporaram o jeito de trabalhar da nova casa. "Isso deu uma guinada forte na qualidade do serviço e na eficiência da operação. Antes, os colaboradores não tinham cargos delimitados, todos faziam de tudo. Ao entrarem na Netshoes, nós organizamos as equipes e a função de cada um. Eles ficaram orgulhosos, pois não tinham mais na carteira de trabalho a função de 'assistente geral'. Criamos um plano de carreira para os funcionários do CD. Muitos dos ex-empregados da Argos estão na operação da Netshoes até hoje", diz Marcinho. Das dez empresas que eram clientes da Argos, quatro ficaram com a NS Logística. Marcio e Hagop montaram temporariamente uma empresa de logística que fez a distribuição dos ex-clientes da Argos, o que lhes permitiu ganhar dinheiro para custear o aluguel do centro de distribuição. Quando o último contrato com essas empresas venceu, no final de 2010, a Netshoes assumiu a área total do armazém, e a NS Logística foi fechada.

Ao tomar para si o CD, a Netshoes ganhou uma grande área de estoque ajustável ao seu crescimento acelerado. Os primos souberam aproveitar o investimento em tecnologia feito no armazém por Manoel para montar um eficiente sistema computadorizado de gestão do CD e um sistema de logística com operadores exclusivos, o que deu mais agilidade à saída de mercadorias. Ao fim daquela conversa com Marcinho, Marcio se dirigiu ao estacionamento do CD. Antes de entrar no carro para retornar ao escritório, seu celular tocou. Era Hagop, com uma notícia que iria mudar, mais uma vez, o futuro da Netshoes.

UM LÍDER EM OPERAÇÃO

Graciela Kumruian entrou na Netshoes em novembro de 2008, dias antes da festa do Hazar mil, em armênio, quando os funcionários comemoraram a marca de mil compras realizadas em um único dia. "Foi todo mundo pro bar", diz Graciela. Só para efeito de comparação – e para ilustrar a velocidade de crescimento da empresa –, em 2016 a Netshoes receberia, em média, 35 mil pedidos de compra em um único dia. Fazia semanas que Marcio e Hagop a sondavam para que ela saísse do emprego como diretora de TI do Tribunal Regional da 3ª Região, onde trabalhava desde 2005, para assumir a área de tecnologia da Netshoes. Três meses antes, em uma tarde de agosto, Marcio ligou para a irmã e, depois de saber dela e do sobrinho, pediu: "Passa aqui esta semana pra gente conversar". Dias depois, Graciela entrou no prédio da rua Jardim Ivone e foi para a sala de Marcio. Quando chegou encontrou o irmão e o primo Hagop. "Nem precisou falar nada. Olhei para o Hagop e perguntei: 'Hagop, é um desejo seu também?'. Ele disse que tinha sido dele a ideia de sugerir o meu nome para o Marcio", lembra Graciela. Isso porque Graciela conhecia bem Hagop: sabia o quanto ele era desconfiado e não gostava de misturar negócios e família. Quanto ao Marcio, não havia preocupações, pois os dois sempre se deram muito bem. Ela ponderou que estava confortável na posição que ocupava e que seria um passo atrás na carreira. Não adiantou.

"Eles me convenceram. Alegaram que eu ia ter flexibilidade de horário e ia trabalhar com a família", conta. Graciela pôs uma única condição: se algum dia eles percebessem que a relação profissional não estava dando certo, teriam liberdade de falar e romper o vínculo de emprego, para preservar a relação familiar. Pouco tempo depois dessa conversa, Graciela pediu desligamento de seu cargo para assumir o desafio de montar a área de tecnologia da Netshoes. Ela conta que, no começo, foi um choque. A empresa era uma *start-up*, lembra Graciela. Segundo ela, a Netshoes se resumia a grupo de pessoas trabalhando em busca de um modelo de negócio. "Marcio e Hagop decidiam tudo, não tinha processos, os assuntos, dos mais críticos aos mais simples, eram discutidos no café", conta. Graciela estava entrando para assumir o lugar de Marcio, que até então era quem cuidava dos assuntos de tecnologia, e incorporar os projetos realizados por Reiss da F.biz, Ikeda, e Fabiano da KLP.

"Esse seria o meu primeiro desafio, pois o Marcio era e continua sendo aficionado por tecnologia, e eu sabia que ele não iria largar o osso. Além disso, eu sempre fui funcionária e trabalhei com hierarquia. Tive de me adaptar e, quando me senti à vontade, depois das primeiras semanas, comecei a mapear e montar os processos de TI. Passei dois meses entendendo como funcionava cada departamento para criar as primeiras rotinas de trabalho", diz Graciela. De imediato, ela percebeu que precisaria aprender a lidar com o irmão e com o primo e suas personalidades opostas. "Hagop era muito conservador, e Marcio, muito arrojado. Eu tentava fazer o meio de campo e trazer sempre uma terceira opção, que conciliasse os interesses de ambos. Eles bufavam, no começo. Às vezes, discutiam, mas, no final, se entendiam. Passou um tempo, e começamos a deslanchar vários projetos".

Graciela sabia que o momento da Netshoes exigia rapidez. Marcio e Hagop temiam que cedo ou tarde um competidor começasse a se incomodar com a expansão acelerada da Netshoes, que crescia roubando participação de mercado e conquistando novos clientes. Não demorou para ela descobrir que o papo de "flexibilidade de horário" era uma falácia. "O ritmo era muito puxado. Várias noites eu buscava meu filho no berçário às 19 horas, voltava para a Netshoes e o deixava com o tio Zareh e a tia Ovsanna. Nos fins de semana, às vezes eu o trazia comigo, pois era quando as viradas de tecnologia aconteciam", diz. Em poucos meses, Graciela tinha promovido mudanças e assumido uma série de serviços que antes eram terceirizados. A primeira área que montou foi o help desk.

O próximo desafio de Graciela foi estruturar o time de desenvolvimento e "subir" as lojas dos times, um projeto que Ikeda tinha iniciado com o Internacional de Porto Alegre. "Gra, sua missão é subir uma loja sem o Ikeda", disse Marcio. "Ele me deu o desafio e, na semana seguinte, quando estava visitando uma feira fora do país, me ligou e disse: 'comprei uma plataforma canadense de e-commerce, já estou enviando a documentação para você estudar'. Imediatamente, contratei dois desenvolvedores para tocar o trabalho. Demoramos três meses para subir a primeira loja de clube (do Cruzeiro) junto com a F.Biz e sem o Ikeda. A partir daí, fomos ganhando velocidade. Chegou um momento em que subíamos uma loja a cada quinze dias, e o Ikeda demorava dois meses". Ao assumir a administração de lojas on-line de clubes, a Netshoes agregava credibilidade à sua marca e trazia uma fonte de receita nova. Como contrapartida, exigia uma fatia do faturamento sobre a venda. A junção do prestígio dos clubes e suas marcas com o know-how logístico e de e-commerce da Netshoes fez o projeto decolar. "Começamos a ganhar o contrato para administrar a loja on-line de vários clubes. Fizemos as lojas do Corinthians, do Palmeiras, do São Paulo. Fomos subindo loja atrás de loja", conta Graciela.

O desafio seguinte foi desenvolver um sistema para substituir o software Ábacos da KPL, que gerenciava o estoque. "Conversando com Marcio, optamos por comprar o código-fonte da KPL, e montei uma pequena equipe que começou a desenvolver o software para as necessidades específicas da Netshoes", conta Graciela. Todas as definições de TI eram sempre discutidas com Marcio, que tinha o histórico da área e tem uma visão do negócio integrada à tecnologia. A Netshoes começou a ter seu sistema de gestão de backoffice próprio. Era mais uma vantagem competitiva. Quando saiu de licença-maternidade para ter o segundo filho (uma menina), Graciela tinha estruturado a área de TI da Netshoes e assumido a gestão das atividades que antes dela eram tocadas por Reiss da F.biz, Ikeda, e Fabiano da KLP. "Minha contribuição foi ter assumido a gestão do que era *core* para a Netshoes. Passamos a ter agilidade e conseguimos manter dentro de casa o desenvolvimento de sistemas", diz.

Durante o período de licença, Graciela começou a pensar que queria trabalhar em outra área. "Eu tinha dois filhos e precisava ter minhas madrugadas e fins de semana livres". Então chamou Marcio para uma conversa.

– Marcio, eu consegui fazer o que você me pediu. O que eu poderia contribuir para estruturar a área de TI foi feito. Preciso ter uma jornada de trabalho mais compatível com o meu momento de vida. Agora sou mãe de dois filhos.
Marcio concordou e perguntou se havia alguém na equipe para substituí-la. Graciela indicou Walter Hildebrandi Filho.

Walter tinha trabalhado com Graciela em boa parte dos projetos que foram internalizados pela Netshoes, de forma que estava pronto para a diretoria de tecnologia. Em novembro de 2010, dois anos depois de a irmã de Marcio ter iniciado a área de TI, Walter assumiu uma equipe de quarenta pessoas. Nessa época, a TI já tinha um time de suporte e help desk, desenvolvimento e infraestrutura. Graciela estava pronta para começar em uma nova área, que ela também iniciou do zero, com cinco pessoas: projetos e processos. "O objetivo era ser o filtro para TI. A gente priorizava os projetos, especificava, montava os processos, se entendia com as áreas e passava para o time de tecnologia. Por causa do crescimento acelerado, os processos sempre ficavam de lado. E por isso entendi que poderia ser uma ótima oportunidade de estruturar melhor os processos da companhia com o olhar de automação, sendo a interlocutora da área de TI", conta. Ela ficou um ano nessa área, até que Marcio a chamou mais uma vez em sua sala.

– Gra, você está entendendo bem de operação, né?
– Sim. Tive de conversar e entender de todas as áreas para montar os projetos e processos.
– O que você acha de assumir a operação toda?

A pergunta surpreendeu Graciela. Naquele momento, a divisão de trabalho entre os primos era estruturada da seguinte forma: Marcio ficava com operação, tecnologia e marketing; Hagop cuidava do comercial.
– Tecnologia é minha formação, é o que eu fiz a vida inteira. Mexer com logística, catálogo de produtos, central de relacionamento... A operação é um bicho mais nervoso.
– Fica tranquila que vou ajudar. A gente contrata outro diretor para assumir a área de projetos, e você assume a diretoria operacional.

O cientista da computação Roberto Libutti foi então contratado para comandar a diretoria de projetos, processos e desenvolvimento de software, e ficou responsável por um orçamento de 14 milhões de reais. Roberto deu sequência a projetos importantes iniciados por Graciela e implementou outros que se tornaram marcos no varejo on-line. O sistema de Troca na Web foi pioneiro na internet brasileira e permitiu trocar produtos diretamente na loja virtual, diminuindo drasticamente o número de chamados na central de atendimento. Roberto também fez a implantação de regras automáticas no processo de avaliação de fraudes, o que diminuiu o tratamento manual de análise para 20% do total de pedidos. O "checkout rápido" foi outro projeto bem recebido pelos clientes da Netshoes, pois possibilitou que o consumidor fizesse a compra na loja sem a necessidade de digitar o número do cartão de crédito, que ficava armazenado desde a primeira compra. Todas essas melhorias colocaram a Netshoes na dianteira do varejo on-line. Dentro da Netshoes, no entanto, um dos projetos mais comentados foi a "Sala de Guerra", uma sala equipada com a melhor tecnologia disponível para ser usada nos projetos críticos. A sala seria utilizada durante nove meses quando a Netshoes fez uma nova mudança, liderada por Marcio, na sua plataforma de comércio eletrônico.

Graciela passou a ter uma sala interligada às salas de Marcio e Hagop. "No começo me deu um frio na barriga quando assumi a operação. A Netshoes era reconhecida pela qualidade do seu serviço, e eu estava assumindo uma parte da companhia que era a menina dos olhos do Marcio, além da área de tecnologia. Até aquele momento, ele tocava a operação. Eu sabia que ele ia ficar de olho em cada movimento que eu fizesse", conta Graciela. No começo, ela circulava muito internamente, conversava com cada colaborador do centro de distribuição. Ela os entrevistava: "Me conta aí como é seu dia?"; "Por que você faz desse jeito?"; "O que você acha que dá para melhorar?". Tudo era anotado em um caderninho. "Como operação é serviço puro, e eu vim com esse olhar de processo e automação, comecei a automatizar tudo o que achava que pudesse ganhar eficiência", diz. Graciela se espelhava na Amazon e na Zappos, que são reconhecidas pela excelência na prestação de serviço. "Mas soube aproveitar as oportunidades que tínhamos aqui".

Das conversas e anotações de Graciela saíram projetos inovadores. O maior exemplo é a personalização de produtos como camisetas, chuteiras, entre outros. A Netshoes começou a personalizar artigos esportivos em 2009. Antes de a Netshoes dar a oportunidade de o cliente fazer a camisa do jeito que quisesse, elas vinham confeccionadas com nome e número de fábrica. Em geral, as camisas de número 7, 10 e a de um grande craque do time eram as mais vendidas. Hoje, as pessoas escolhem o número e o nome que querem estampar na camisa e que brasão querem colocar no peito, caso não queiram o do time do coração. No começo, a personalização era feita apenas em camisas, letra por letra, e levava muito tempo. "Desenhei todo o processo, e hoje ele é inteiramente automatizado. Conseguimos controlar cada etapa da personalização", conta Graciela. Mais tarde, ele foi aprimorado, e a Netshoes começou a personalizar bolas, mochilas, chuteiras. Antes disso, ter uma chuteira personalizada era coisa de craque – só as estrelas dos times de futebol tinham o nome bordado no calçado. Hoje, é possível comprar a chuteira e bordar o próprio nome ou o do filho. Tudo feito pela internet. "A personalização é um serviço agregado ao produto – e isso diferenciou a Netshoes dos demais varejistas", diz Roni.

Outra inovação proposta por Graciela e rapidamente adotada no CD para agilizar as entregas foram as "miniagências" dos Correios. Nelas, os funcionários dos Correios seguem o horário da Netshoes, das 6h às 22h. Quando o pedido está embalado e pronto para ser transportado, ele é direcionado para esse posto avançado dos Correios, que vai roteirizá-lo e dali segue direto para a doca, onde o caminhão está esperando. Com isso, a Netshoes evita mandar a carga para fora do CD e ganha tempo na entrega ao cliente. "Essas instalações reduziram em até um dia o prazo de entrega", diz Graciela. Com a ida dela para a diretoria de operação, a Netshoes começou a ser reconhecida por novidades em áreas distintas, como a central de relacionamento e a logística. "Na central de relacionamento, começamos uma grande análise para entender as demandas de contatos. A partir daí, iniciamos a implementação de uma série de projetos, sendo um deles o chat via robô. Foi um projeto apresentado por um jovem recém-formado, Leôncio Cruz, que, na época, não tinha definido nem o modelo de comercialização. Desenhamos juntos esse modelo, fechamos a parceria e implantamos o atendimento robotizado. Fomos pioneiros nesse tipo de atendimento no país", lembra Graciela. "Eu me encontrei na operação. O fato de você saber que cada pedido que despacha está atendendo a uma expectativa de alguém que entrou no site, escolheu um produto e está recebendo no prazo é muito gratificante", diz. Depois de Graciela, o serviço da Netshoes recebeu várias premiações e assumiu papel igual ao da tecnologia na capacidade de construir reputação.

O PRIMEIRO INVESTIDOR

No dia 23 dezembro de 2009, o funcionário Elson Carlos de Souza, que tinha sido efetivado em agosto com a missão de montar a área financeira da Netshoes, chegou para trabalhar, ligou seu computador, checou as movimentações financeiras da empresa e ficou estático diante do monitor. "Fiquei ali parado, com um sorriso enorme no rosto. Havia entrado uma grana muito pesada na conta da Netshoes. Foi o presente de Natal antecipado da empresa", diz Elson. Marcio e Hagop nunca revelaram o valor de transação que levou os primos a se desfazerem de 30% da empresa, mas analistas avaliam que a Netshoes recebeu 90 milhões de reais, segundo uma reportagem publicada na revista *Época Negócios*. O dinheiro era fruto de uma negociação que havia começado meses antes, com dois fundos norte-americanos disputando uma participação na Netshoes, e que culminou com a empresa fechando acordo com um deles.

No início de 2009, Hagop atendeu a uma ligação de um executivo norte-americano que se identificou como sócio de um fundo de investimento chamado Insight Venture Partners. No primeiro momento, ele não deu muita bola para o contato. Nos quatro meses seguintes, recebeu mais ligações do executivo querendo saber detalhes do negócio e pedindo números sobre a operação. Hagop dava um ou outro dado sem revelar muito. Em um belo dia do mês de agosto, o telefone tocou no escritório da rua Jardim Ivone, e a atendente anunciou a ligação do escritório argentino da consultoria McKinsey. O sócio desse escritório contou que tinha sido contratado por um fundo de investimento norte-americano para fazer uma pesquisa sobre empresas latinas de crescimento acelerado. Dentre as empresas listadas pela Mckinsey estava a Netshoes, que atraiu atenção dos norte-americanos. A ligação do consultor argentino era para agendar uma reunião por telefone entre os sócios do fundo, Marcio e Hagop. "Eu não conhecia esse mundo", diz Marcio.

No dia combinado, uma quinta-feira, um norte-americano chamado Lee Fixel se identificou como sócio da área de *private equity* (que investe em empresas que ainda não são listadas em bolsa de valores) de um fundo chamado Tiger Global Management, e foi logo fazendo uma série de perguntas sobre o negócio. A firma de investimento Tiger foi fundada em 2001, em Nova York, por Chase Coleman, antes de ele completar 30 anos. Coleman construiu uma carreira no mercado financeiro e fez seu nome entre os gestores de fundos por apostas acertadas que realizou em empresas de internet como Facebook, antes de a empresa criada por Mark Zuckberg entrar no radar de Wall Street. Lee tinha sido contratado em 2006 pela Tiger, aos 27 anos. Do lado da Netshoes, quem conduziu a conversa foi Hagop, pois Marcio não falava inglês. "Quero conhecer vocês", disse Lee. "Tudo bem, para quando quer marcar o encontro?", Hagop perguntou. "Terça-feira estou aí", retrucou Lee. Marcio e Hagop se entreolharam e não acreditaram no que ouviam: dali a quatro dias!

Na terça-feira, Lee estava diante de Marcio e Hagop no escritório da rua Jardim Ivone. "A gente levou ele para dar uma volta no escritório e depois no CD, em

Barueri, e na sequência fomos almoçar", conta Marcio. No almoço, Lee mirou os primos e foi direto ao ponto: "Quanto vocês querem?" Os dois ficaram mudos. "Eu quero comprar 30%". Os primos pediram um tempo para refletir sobre o assunto e se despediram do norte-americano com a promessa de pensar sobre a oferta. Dias depois da reunião com Lee, o telefone voltou a tocar no escritório da Netshoes. Hagop atendeu a ligação e do outro lado da linha estava de novo o executivo do fundo norte-americano Insight Venture Partners. Ele queria conhecer a Netshoes. Foi aí que Hagop passou a mão no telefone e ligou para Marcio, que estava no CD de Barueri – como relatado no capítulo anterior. "Estamos sendo disputados por dois fundos de investimento norte-americanos", disse Hagop. Cinco executivos da Insight Venture foram ao escritório da rua Jardim Ivone, depois conheceram o CD e, tal como Lee, da Tiger, quiseram saber quanto os primos queriam pela Netshoes.

"A gente ficou na dúvida se devia ou não negociar com os fundos", diz Marcio. De acordo com ele, ninguém sabia dizer nada sobre os fundos de investimento para além do que podia ser encontrado no Google. Nenhuma das duas firmas de capital de risco tinha investimentos no Brasil – a Tiger era investidora do Mercado Livre, que, apesar da presença no Brasil, era de capital argentino. "Não sabíamos quanto valia a Netshoes. A avaliação que tínhamos da Trevisan subestimou enormemente nosso potencial, portanto, não contava. Depois de conversar com muita gente, definimos um preço", diz Marcio. Ambas as firmas aceitaram o valor proposto pelos primos, e a Insight Venture fez uma contraproposta com valor superior à avaliação de Marcio e Hagop.

"Lee batia na tecla de que a relação com ele seria muito amigável e, no final, a questão se resumia a isso: a escolha do futuro sócio da Netshoes", resume Marcio. Os primos colocaram suas condições na mesa: não queriam ter ninguém do fundo na Netshoes; queriam ter autonomia para decidir e seguir comandando a empresa. "Houve dias em que acordávamos decididos a fechar com a Insight, e houve dias em que a opção era pela Tiger", diz Marcio. Os executivos da Insight eram mais agressivos. Numa ocasião em que Marcio viajou aos Estados Unidos para uma feira de tecnologia, foi abordado pelo mesmo grupo que tinha estado em São Paulo meses antes. "Eles tentaram forçar para que fechássemos o acordo", conta Marcio, que respondeu que o primo e ele ainda estavam avaliando as propostas.

De volta ao Brasil, Lee ligou no início de outubro, pediu para falar com os primos e deu um xeque-mate em Marcio e Hagop. "O que vocês estão esperando? Eu já fiz a oferta e aceitei as condições de vocês. O outro investidor é legal? Sim, ele é bacana também. No entanto, quantos executivos deles foram aí visitar vocês?". Os primos responderam: cinco. Lee retrucou: "Pois é, são cinco executivos, com mais cinco chefes. Percebem? Do meu lado sou só eu, que falo em nome da Tiger". Marcio e Hagop acharam esse um argumento sedutor. Além disso, tinham gostado do jeito dinâmico e direto de Lee. Os primos fecharam com a Tiger. "Foi uma coisa de percepção. Hagop e eu olhamos um para o outro e nos convencemos de que o Lee era o cara certo", diz Marcio.

A Netshoes nunca divulgou o montante que recebeu da Tiger nem a fatia da empresa que entregou aos investidores norte-americanos. Tampouco confirmou os dados publicados na imprensa de que os sócios se desfizeram de 30% de seu capital e o negócio teria sido avaliado em 300 milhões de reais. De meados de outubro a dezembro de 2009, durante o dia e algumas horas de noite, auditores da PwC, empresa de assessoria tributária e empresarial e de auditoria, e um grupo de advogados apontados pela Tiger esmiuçaram documentos gerenciais, atas de reunião, relatórios de investimentos, formulários e notas de pagamentos, guias de ICMS, papéis de controle fiscal. "Fizeram uma varredura em toda a documentação da Netshoes em tempo recorde", diz Elson, funcionário do financeiro. Os advogados da Tiger exigiram que o livro contábil, fiscal e societário da Netshoes fosse registrado na Junta Comercial do Estado de São Paulo, a Jucesp. No dia 21 de dezembro, o advogado da Netshoes informou Marcio, por telefone, da demanda da Tiger e o advertiu de que a Jucesp estava funcionando em horário reduzido às vésperas do Natal. "No dia 22 de manhã fui à Jucesp para carimbar os livros. Expliquei para o funcionário por que precisava dos livros registrados e carimbados. Movimentei todo mundo, liguei para um colega que tinha certa influência na Junta Comercial e, por fim, às 13 horas saí com os livros registrados", conta Marcio.

No dia 22 de dezembro de 2009 foi constituída na Junta Comercial do Estado de São Paulo a empresa NS2.COM INTERNET S.A., com endereço na rua Vergueiro, 396, no bairro da Liberdade, com capital social de R$ 137.162.099,00. Horas depois, em torno da mesa que reuniu os advogados de ambas as partes para assinar o contrato, Hagop pegou a primeira cópia para conferência. Ele parou e, ao olhar a folha, virou para Marcio e disse em armênio: "Está errado". Segundo Lee, que acompanhava a reunião do escritório da Tiger, na rua 57, do lado Oeste da ilha de Manhattan em Nova York, a redação do contrato foi equivocada na parte que declarava qual seria a nova constituição da empresa. "Eles tinham tirado mais da gente", diz Marcio. O tempo fechou na sala de reunião. Depois de algum bate-boca, o imbróglio foi resolvido por meio de uma carta redigida ali mesmo, em que os advogados representando a Tiger se comprometeram a corrigir a redação equivocada. A carta foi anexada ao contrato, e o acordo entre a Netshoes e a Tiger foi assinado.

A Netshoes fechou o ano de 2009 com faturamento de 155 milhões de reais e 200 funcionários. Mais importante que isso: pela primeira vez, a empresa terminava o ano com o caixa forrado de dinheiro. Além de injetar capital no caixa na Netshoes, o que tornou possível novos investimentos, a entrada da Tiger deu início à profissionalização da gestão da empresa e, principalmente, à busca incansável por um modelo de negócio sustentável, que desse lucro. Outro efeito imediato da entrada da Tiger foi a confirmação de Marcio na presidência da empresa. "Marcio sempre teve a visão do todo e, entre os primos, era o melhor gestor. Hagop fazia uma coisa que era vital para o negócio, e ninguém fazia melhor do que ele: cuidar da relação com as marcas e de toda a estratégia comercial. Não houve disputa (pela presidência)", diz Roni. Marcio vinha ditando o ritmo de crescimento da Netshoes e, por mais que houvesse pressão (interna, dada a diversidade de projetos simultâneos, e externa, de clientes e fornecedores), ele conseguia comandar o barco e engajar as pessoas, fazendo-as sonhar o sonho dele. E qual era o sonho? "Fazer a Netshoes o maior e-commerce de artigos esportivos do mundo", diz Marcio.

A VITRINE NOVA
E A CAUDA LONGA

O ano de 2010 começou mais acelerado do que de costume na Netshoes. Em setembro do ano anterior, a empresa tinha mudado seu escritório da rua Jardim Ivone, na Vila Mariana, para um prédio de dez andares exclusivos, na rua Vergueiro, bairro da Liberdade. Detalhe: na mudança de escritório cada funcionário levou o próprio computador. A empresa ainda mantinha sua aura de *start-up*. No início de 2010, metade do prédio ainda estava vazio, pois não havia pessoas suficientes. Dois anos mais tarde, esse mesmo prédio não comportava mais a Netshoes. Todo o processo de auditoria e investigação das informações de negócios, conduzido no ano anterior pela consultoria PwC para a entrada da Tiger como sócia da empresa, foi feito enquanto a Netshoes se organizava no escritório novo.

Os funcionários nem bem tinham se acostumado ao novo ambiente de trabalho e agora assistiam à dança de cadeiras motivada pela entrada de novos profissionais. "A empresa entrou num processo de evolução muito acelerado. Nenhum de nós [funcionários] tinha visto algo parecido. Todo mês as equipes iam dobrando de tamanho, as áreas, ficando maiores, os funcionários mais antigos, mudando de função", diz Elson, da área financeira. Segundo Roni, após a entrada da Tiger, três coisas aconteceram. "Primeiro, Marcio e Hagop ficaram menos tensos. Segundo, começou um processo de intensa profissionalização. E, terceiro, Marcio começou a desengavetar projetos que iriam mudar a cara da loja on-line". Ele queria refazer a loja da Netshoes, pois acreditava que a empresa poderia ter uma vitrine para cada cliente. Por trás desse pensamento, havia uma ideia poderosa: a cauda longa.

Essa ideia foi popularizada pelo físico e escritor Chris Anderson em um artigo (que depois virou livro) publicado na revista norte-americana *Wired* em outubro de 2004. A expressão "cauda longa" descreve a estratégia de vender uma grande variedade de itens para um conjunto segmentado de consumidores, em vez de vender poucos itens populares para um público de massa. Segundo Anderson, "os baixos custos de distribuição e armazenamento de empresas que aplicam essa estratégia com sucesso (por exemplo, com a distribuição digital), permitem obter uma quantidade significativa de lucro vendendo produtos de nicho para várias pessoas, em vez de se limitar aos poucos produtos populares que vendem em maior quantidade". Intuitivamente, Marcio estava colocando a Netshoes para operar a cauda longa.

Faltava encontrar a ferramenta à altura de suas expectativas. Isso aconteceu quando Reiss conheceu a ATG, uma empresa norte-americana provedora de tecnologia para e-commerce. "Essa plataforma de comércio eletrônico é incrível, mas é fora da realidade financeira da Netshoes (na época custava entre 3 e 4 milhões de dólares]", disse Reiss a Marcio. A diferença do software da ATG em relação aos outros era oferecer múltiplas possibilidades de customização da loja – justamente o que Marcio procurava. Nas palavras de Ikeda, que teria seu software substituído, "a plataforma da ATG permitia que se criasse uma loja para cada pessoa". Marcio e Reiss viajaram para uma feira de tecnologia em Boston, onde fica a sede da ATG. Reiss conseguiu agendar com os norte-americanos uma apresentação do software para que Marcio o visse em ação. "Ele assistiu calado à exibição, mas quando saímos do escritório, disse: 'É disso que precisamos!'", conta Reiss. Marcio pediu-lhe que começasse a negociar com a ATG.

O momento era ideal para a mudança de loja. Hagop e Tchelo vinham ampliando o leque de produtos em modalidades distintas de esporte. Naquele momento, a Netshoes já possuía mais de 30 mil itens esportivos em diferentes categorias. Roni fazia a marca da Netshoes "bombar na internet e na televisão", por meio dos patrocínios de clube. A estratégia de marketing via patrocínio começou com o Santo André em 2009. A Netshoes ganhava visibilidade e, ao entrar para o clube, quase sempre passava a operar a loja on-line do time de futebol. Rapidamente a empresa conquistou grandes clubes, como Santos e Cruzeiro, e líderes regionais, como Atlético Paranaense e Bahia. Marcinho estava com o CD sob controle, e Graciela tinha feito um bom trabalho no backoffice, tornando as operações de atendimento mais eficientes com a introdução de tecnologia. Faltava uma nova vitrine. Uma que pudesse ser customizada para cada cliente.

A primeira conversa com os norte-americanos não foi animadora. "Ninguém conhecia a Netshoes, e havia pouco interesse pelo Brasil", disse Jags Krishnamurthy, numa conversa que tivemos em fevereiro de 2014. Jags é um indiano naturalizado norte-americano e executivo chefe de operação da Object Edge, empresa parceria da ATG, que trabalhou na implementação da plataforma na Netshoes. Porém, com o agravamento da crise financeira de 2007, os Estados Unidos entraram em recessão. De uma hora para outra, as empresas norte-americanas (e as estrangeiras com negócios no país) viram suas vendas despencarem. A saída encontrada por muitos executivos foi abrir novos mercados fora dos Estados Unidos. Foi o que a ATG fez. "Um dia me liga um executivo da ATG chamado Darren Burris e diz:

'Pedro, *this is your lucky day* (Pedro, este é o seu dia de sorte)'", conta Reiss. Os Estados Unidos tinham deixado de ser o mercado prioritário da ATG, e o conselho de administração da empresa definiu que era hora de olhar para o Brasil.

A reunião de aproximação entre ATG e Netshoes foi marcada para janeiro de 2010 em Los Angeles, onde ficava o centro de pesquisa e desenvolvimento da empresa norte-americana. Marcio e Reiss voaram para os Estados Unidos com a intenção de conhecer o time que faria a implementação da plataforma e, se tudo corresse bem, formalizar o contrato com Darren e seus executivos. O primeiro encontro foi tenso. A reunião aconteceu num escritório alugado, "tipo Regus" – que, no mundo corporativo, é sinônimo de escritório provisório. "A gente entrou na sala e se deparou com uma mulher (Nina McIntyre, executiva de marketing da ATG) e dois indianos. Um deles na faixa dos 40 anos (Jags, da Object Edge) e um senhor careca de uns 70 anos (Ram Subramanian, mentor de Jags). Olhei para eles e pensei: 'São esses caras que vão montar minha loja nova?'", disse Marcio.

"No primeiro momento, a conversa foi estranha, pois eles não estavam seguros de que a história era para valer. Do nosso lado, o Marcio tinha receio de colocar uma fábula de dinheiro em um software que não fosse implementado corretamente. A coisa mudou de rumo quando Jags começou a se entender com Marcio, à medida que os dois começaram a falar do software e de suas funcionalidades. Aí a conversa evoluiu. Meu papel era ser o tradutor", diz Reiss. No fim, a Netshoes desembolsou 1 milhão de dólares pelo contrato com a ATG. No Brasil, a referência que a Netshoes tinha como excelência em plataforma de e-commerce custava entre 80 mil reais e 100 mil reais. "Por contrato, a Netshoes podia usar todos os recursos disponíveis no software ATG [esse tipo de benefício não é comum em contratos de venda de tecnologia]. Ao fim do primeiro ano, tudo o que tivéssemos instalado na plataforma, desde que estivesse sendo usado, poderia ficar com a gente. Foi um negócio muito generoso. A gente comprou 5, 6 milhões de dólares de software por 1 milhão", diz Marcio.

Jags desembarcou no Brasil em fevereiro de 2010 direto para o prédio da Netshoes, no bairro da Liberdade. Foram nove meses até o lançamento da nova loja, que passou a usar a plataforma da ATG. O projeto foi a prova de fogo de Walter, que substituiu Graciela como chefe de TI. Quando Roni foi à imprensa comunicar os benefícios da nova loja, disse que a Netshoes seria capaz de oferecer promoções exclusivas e pertinentes ao perfil de cada cliente. Por exemplo, as fashionistas poderiam receber ofertas de moda, e os apaixonados por futebol desfrutariam de um preço exclusivo nos produtos do seu clube de coração. "Se o cliente que acessa nosso site é torcedor de determinado clube, não deveríamos oferecer um produto do rival. Agora temos a tecnologia para isso, e cada cliente terá uma loja e um atendimento exclusivo".

No material que divulgou à imprensa norte-americana, a ATG informou que os visitantes do site netshoes.com.br agora teriam uma experiência completamente personalizada, impulsionada pela segmentação sofisticada e exposição dos produtos que permitem apresentar aos clientes conteúdo relevante, promoções e opções de compra para ajudar o consumidor a encontrar com rapidez o que está procurando. A implementação da plataforma ATG roubou noites de sono de todos os envolvidos no projeto. No final das contas, porém, todos se deram bem. Jags me contou que, depois de ter implementado a loja da Netshoes, conquistou novos clientes no Brasil, como a Natura e as Lojas Renner, além de ter se tornado alto executivo de operações da Object Edge. Nina e seu time de vendas na ATG foram todos reconhecidos por ter expandido o mercado de atuação da empresa para além dos Estados Unidos. Reiss ganhou mais de uma dezena de novos projetos de empresas que queriam modernizar suas plataformas de comércio eletrônico.

Em agosto de 2011, a Netshoes alcançou o posto de site mais acessado do comércio eletrônico brasileiro. Marcio e Hagop tinham finalmente ultrapassado os rivais Americanas.com e Submarino. Um ano depois, veio o grande marco. Em dezembro de 2012, a empresa quebrou mais uma vez seu recorde de faturamento e atingiu a marca de 1 bilhão de reais em vendas. Marcio havia conseguido colocar a Netshoes para operar a cauda longa.

CONTRAPARTIDAS

Em sua edição de novembro de 2009, a revista britânica *The Economist* publicou na capa uma ilustração do Cristo Redentor decolando com a chamada "Brazil Takes Off" (O Brasil decola). A reportagem trazia estatísticas que mostravam que em algum momento da década, após 2014, o Brasil se tornaria a quinta maior economia do mundo, ultrapassando a Grã-Bretanha e a França. Em 2025, dizia a reportagem, São Paulo seria a quinta cidade mais rica. O Brasil se tornou a bola da vez e o destino de muitos investidores que vinham ao país em busca de novos empreendimentos. Lee Fixel, da Tiger, era um desses investidores. Uma vez a cada quatro meses ele desembarcava em São Paulo. Nessas ocasiões, Marcio e Hagop iam jantar com ele. As conversas invariavelmente caíam nos planos de crescimento dos primos para a Netshoes. Lee, como bom investidor, fazia seu papel e puxava os primos.

Uma das provocações de Lee dizia respeito às estratégias para tornar a marca da Netshoes mais conhecida. Algo que estava no radar de Marcio e Hagop. Antes mesmo da entrada da Tiger, a Netshoes fez uma parceria com o canal Esporte Interativo, uma companhia multimídia que oferece conteúdo de esportes na TV aberta, na internet e no celular. "Quando desenhamos a parceria com eles, não tínhamos dinheiro para comprar espaço nos grandes canais de TV. Eram um canal novo e estavam ganhando projeção na internet. Anunciávamos nossos produtos enquanto o jogo era transmitido. Deu resultado por um tempo", diz Hagop. A Netshoes encerrou a parceria com o Esporte Interativo em 2009. Depois, com o dinheiro da Tiger, apostou no patrocínio de times, como já mencionado. A Netshoes ganhou projeção e se tornou conhecida. Porém, Lee queria mais. Hagop conta que, num desses jantares com o investidor, ele questionou: "Quanto vocês vão fazer no próximo ano?" Hagop respondeu qual era a projeção para 2011. Lee retrucou: "Por que só isso?".

A Netshoes continuava crescendo, mas não na mesma velocidade do período 2007-2010, quando a taxa de crescimento era de três dígitos. Os números já apontavam para uma desaceleração no período de 2011 para 2012. "A Netshoes bateu no teto. Não há como manter um crescimento de 130% ano após ano no Brasil. Não há mais mercado", respondeu Hagop. Lee propôs aumentar o número de categorias. Hagop argumentou que a Netshoes já tinha aberto todas as categorias rentáveis. "A solução então é ir para outros países", disse Lee. Marcio e Hagop se entreolharam e ficaram calados. Assim começou o processo de internacionalização da empresa. "Definiu-se que a Argentina seria o primeiro país, dada sua proximidade geográfica e o tamanho de seu mercado. O México foi considerado a segunda opção", diz Marcio.

Em dezembro de 2010, Marcio reuniu toda a diretoria e comunicou: "Quero informar a vocês que vamos abrir um novo país em 2011: a Argentina". A reunião que seria de confraternização pelo conjunto de realizações do ano rapidamente se tornou um encontro de trabalho para discutir a abertura do escritório da Netshoes em Buenos Aires. Cada executivo saiu da sala com uma missão. Hagop ficou responsável por informar as marcas (Nike, adidas, Puma), conversar com os seus executivos e apoiar Roni na consolidação de um estudo sobre o mercado argentino – um trabalho que Roni tinha começado em outubro. Luciana Machado, que havia sido recrutada para assumir o RH, ficou responsável por identificar uma consultoria que pudesse auxiliar a Netshoes no processo de contratação de mão de obra na Argentina. Walter era o responsável pelo TI; Graciela, por estruturar as operações, e Juliana Ferrite, contratada para gerenciar uma das áreas mais nervosas da Netshoes – o atendimento ao cliente –, ficou encarregada de montar um plano para apoiar do Brasil a expansão. Marcio informou a todos que se reuniriam dali a duas semanas para cada um comunicar seus avanços. A Netshoes começou com a Argentina, pois enxergou no país uma oportunidade de negócio baseada em uma realidade semelhante à brasileira. "Lá, como em outros países de industrialização tardia, os recursos ficaram em poucos lugares. As grandes cidades têm tudo de que as pessoas precisam, enquanto cidades menores, do interior, não têm lojas maiores ou especializadas", disse Roni.

Na avaliação da Netshoes, esse cenário era conveniente para o comércio eletrônico, que leva uma gama cada vez maior de produtos às cidades pequenas e médias e, ao mesmo tempo, oferece ao morador dos grandes centros urbanos a conveniência de comprar sem precisar enfrentar trânsito nem grandes deslocamentos. O estudo de mercado coordenado por Roni identificou carência de oferta em cidades como Córdoba, La Plata, Mendoza e Rosário, municípios com população de alto poder aquisitivo. O fato de o percentual de internautas entre os argentinos (32%) ser maior do que no Brasil (21%) incentivou os primos a iniciar a operação na capital portenha. Claro, havia barreiras a serem transpostas. O argentino é mais arredio que o brasileiro em relação ao hábito de comprar pela internet.

A taxa de "bancarização" da Argentina também é inferior à do Brasil. Isso significa que menos argentinos têm cartão de crédito. Assim como no Brasil, a logística também era um obstáculo, na medida em que não havia transportadores acostumados a operar na velocidade que o e-commerce exige. Era um problema, considerando que metade do mercado da Netshoes estaria no interior do país. Por esses motivos, o comércio eletrônico na Argentina ainda engatinhava, o que a Netshoes encarou como uma oportunidade. Luciana, do RH, foi a primeira a desembarcar em Buenos Aires, em janeiro de 2011. "Tive algumas conversas com escritórios de advocacia, contabilidade e consultoria para entender o mercado local do ponto de vista legal e tributário", diz.

De volta ao Brasil, Luciana começou a definir com Marcio e Hagop o perfil dos profissionais para o escritório portenho. Cada departamento da Netshoes estava mobilizado para, de alguma forma, apoiar o plano de expansão internacional. Na data combinada para a reunião em que cada executivo comunicaria seus avanços e alinharia os passos seguintes, Marcio mais uma vez surpreendeu a todos: "Boa tarde, senhores. Reuni vocês aqui para passar uma informação nova: vamos abrir o México". Fez-se o silêncio. "Como assim, vamos abrir o México?", questionaram os participantes. Segundo Roni, quando Marcio deu o recado, todos acharam que o plano de expansão na Argentina seria abortado. Foi aí que Marcio respondeu, de acordo com mais de um dos presentes à reunião: "Gente, não estou entendendo a estranheza de vocês. Eu só quero vender, e todo mundo aqui sabe fazer isso muito bem. Nós vamos abrir dois países ao mesmo tempo".

O presidente da Netshoes encerrou a reunião, saiu da sala, e nenhum dos executivos se levantou da mesa. "A gente tinha decidido que experimentaria um país, a Argentina. Se desse certo, daríamos o segundo passo e abriríamos o México. Porém, começamos a ouvir naquela mesma época que os grandes lojistas mexicanos iam se lançar na internet. Então, decidimos ir antes deles", conta Hagop. Passado o susto, os executivos voltaram a organizar a expansão – agora dupla. Encarregada de abrir o escritório argentino foi Tatiana Zamparini, uma ex-funcionária do banco Real, que participou do projeto do shopping virtual QualiVillas e foi contratada por Marcio em janeiro de 2007.

Tatiana começou cuidando dos catálogos de produtos, no departamento de produção, encarregado de disponibilizar todo o material de foto e cadastro de mercadorias que sobem para o site. Saiu da produção para se tornar gerente da área de crédito (que na Netshoes faz a análise das informações cadastrais e financeiras do cliente, recupera consumidores com informações duvidosas e analisa o risco de inadimplência do cliente). Essa unidade cresceu e foi desmembrada em três. A operação de crédito foi incorporada pelo financeiro, e as áreas de recuperação de clientes duvidosos e de análise de risco tornaram-se independentes. Quando recebeu o convite de Marcio para abrir o escritório na Argentina, ela liderava a área de risco e acumulava a gerência da área de produção.

Tatiana fez a sua primeira viagem para Buenos Aires em fevereiro de 2011. Em sete meses de trabalho, montou a operação do centro de distribuição, num galpão de 2 mil metros quadrados fora da região central da capital portenha; e contratou as empresas de logística. "Montar essa parte foi complicado. Eu tinha de explicar como funcionava no Brasil, pois eles estavam acostumados com o modelo de negócios do Mercado Livre e do Groupon, que não são parâmetros para a Netshoes". Tatiana arrumou o escritório da empresa em Belgrano, um bairro novo e descolado da região norte de Buenos

Aires, e recrutou, com o suporte de Luciana, os gerentes que iriam conduzir o negócio na Argentina. Enquanto isso, Graciela, Walter e Roni apoiavam Tatiana do Brasil, para que a loja subisse dentro do cronograma definido por Marcio.

A netshoes.com.ar foi lançada no primeiro dia de outubro de 2011, com uma oferta de 2 mil produtos em 21 categorias diferentes. Em seu primeiro ano de operação, o site teve uma média mensal de 1,5 milhão de visitantes. Em 2014, a loja on-line da Argentina já oferecia mais de 5 mil produtos e recebia uma média de 5 milhões de visitantes por mês. O centro de distribuição teve de crescer e foi transferido para 16 mil metros quadrados de armazenagem. Em meados de 2014, havia 120 profissionais trabalhando para a Netshoes na Argentina – a operação começou com 14 pessoas.

O site netshoes.com.mx foi lançado vinte dias depois da loja on-line na Argentina. Diferentemente do escritório de Buenos Aires, que foi montado por uma funcionária da Netshoes, no México, Marcio e Hagop optaram por recrutar um executivo mexicano, dadas as especificidades do mercado local. O escolhido para fazer o *start-up* da Netshoes mexicana foi Rafael Flores, um ex-gerente comercial da subsidiária da Nike, com quem Hagop tinha contato. Rafael contratou, sob a tutela de Hagop, os sete gerentes (logística, finanças, marketing, comercial, TI, RH e call center) que começaram a operação. A Netshoes México começou com 75 profissionais, com centro de distribuição próprio de 11 mil metros quadrados de armazenagem. Em 2015, o escritório mexicano tinha 100 funcionários que eram responsáveis pelo site e pela administração das lojas on-line dos clubes Chivas, Pumas, Cruz Azul, Club América, Santos Laguna e pelo e-commerce das subsidiárias das ligas de basquete NBA e de futebol americano NFL.

Tatiana regressou ao Brasil em março de 2013, pois já não aguentava ficar longe da filha. Durante os dois anos em que trabalhou na Argentina, sua filha ficou sob a tutela do ex-marido, no Brasil. A executiva passou o comando do escritório portenho para Alberto Calvo, vindo da Nike. Ao retornar ao escritório da Netshoes em março de 2013, Tatiana conta que se deparou uma nova realidade. "Quando retornei, Hagop tinha se transferido para os Estados Unidos e o Roni não trabalhava mais na Netshoes. Foi um choque!"

MUDANÇA DE RUMO

"No início de 2012, Marcio entra na minha sala e diz: 'O conselho de administração definiu que precisamos de um executivo de finanças para preparar a Netshoes para abrir o capital", diz Luciana, a gerente de RH. O conselho de administração da Netshoes foi criado a partir da entrada dos investidores e em 2012 era constituído por Marcio e Hagop, além de integrantes dos fundos de investimentos Tiger (2009) e Temasek (2012) – ao longo dos anos a formação do conselho foi alterada para acomodar executivos independentes escolhidos pelos sete fundos que têm capital investido na Netshoes. A empresa era cada vez mais questionada sobre quando iria dar lucro, algo que até então não tinha acontecido. Apesar de o faturamento ser crescente, Marcio e Hagop pagavam o preço do crescimento, que exigia novos investimentos em estrutura física, infraestrutura de tecnologia e cada vez mais gente.

O momento era de avançar nas questões de governança e no modelo de rentabilidade do negócio. Havia também a expectativa dos investidores de que a empresa planejasse sua abertura de capital na Nasdaq, bolsa norte-americana onde estão listadas as maiores empresas de tecnologia do mundo. "O IPO (abertura de capital) era uma das possibilidades de rentabilização, mas nunca foi a única solução para a empresa", diz Marcio. Luciana conta que entrou em contato com a Korn

Ferry, empresa especializada na contratação de altos executivos, que foi considerada a consultoria ideal para ajudar na busca do executivo.

Foram ouvidos mais de dez profissionais e chegou-se ao nome de José Rogério Luiz, que havia feito em 2006 o bem-sucedido IPO da Totvs, empresa brasileira de software. José Rogério tinha saído da Totvs e procurava emprego. Ele foi da primeira turma de trainees da Embraer e aos 24 anos era assistente do principal executivo de finanças da fabricante brasileira de aviões. Depois, passou pela área de finanças do Citibank e se tornou o executivo-chefe da área financeira da Companhia Antarctica Paulista, que mais tarde foi adquirida pela cervejaria Brahma, formando a Ambev.

Em uma palestra que fez na Endeavor, em outubro de 2011, quando ainda era o executivo de finanças da Totvs, José Rogério fez uma analogia para explicar a relação do financeiro com o dono da empresa. É pertinente citar a passagem, que ilustra bem sua visão e conta sobre o posicionamento que ele adotou principalmente na relação com Marcio. Embora na Netshoes tenha assumido a vice-presidência de planejamento, José Rogério teve participação fundamental no redesenho da estrutura de capital da Netshoes. A analogia, citada por José Rogério na Endeavor, é a seguinte: "Num rally, o piloto é o dono do carro. Ele tem a direção, acelera, breca e é quem decide o caminho. O piloto tem de estar concentrado para não deixar o carro sair da pista, para que possa atingir a meta. Trazendo para o mundo dos negócios, o piloto é o dono da empresa. Mas o piloto não está sozinho, ele tem um braço direito, o navegador. O navegador controla a velocidade, o combustível e dá as coordenadas para que o piloto não saia da trilha, para chegar à meta definida. O piloto não tem tempo de olhar os instrumentos, ele confia no navegador, que fica com uma prancheta e uma calculadora ditando o caminho à frente a ser percorrido. O piloto sabe que, sem um bom navegador, ele fica limitado. O navegador é o melhor amigo do piloto". Foi com essa visão que José Rogério ingressou na Netshoes em junho de 2012.

O jornal *Valor Econômico* deu uma nota em 18 de junho de 2012 informando sobre a entrada de José Rogério. O texto reportava que o executivo tinha sido contratado para assessorar o comando da empresa na definição da estratégia de expansão e que José Rogério se reportaria diretamente ao presidente da Netshoes, Marcio Kumruian. "O plano é fazer um acompanhamento e controle maiores das medidas que fazem parte do projeto de crescimento do grupo em médio e longo prazos", disse José Rogério ao *Valor*. Em seu perfil no LinkedIn, o executivo escreveu que foi "*hired to lead the strategic and structural reorientation of Netshoes, bringing a view of longevity to the business instead of the opportunistic approach existing in the majority of the other Brazilian e-commerces*". Traduzindo para o português: "contratado para liderar a restruturação estratégica e organizacional da Netshoes, trazendo uma visão de longevidade, em vez de uma abordagem oportunista existente na maioria dos e-commerces brasileiros".

Na palestra que fez na Endeavor, José Rogério explicou o que entende por longevidade: "É fazer com que a empresa tenha caixa daqui um mês, daqui dois anos, daqui três anos. Você pode ficar sem lucro por algum tempo, mas caixa é oxigênio, e não dá para viver sem oxigênio". A entrada de José Rogério deu início a um novo ciclo na Netshoes, que foi marcado pela busca por lucro, redução do endividamento e, no âmbito organizacional, pela saída de executivos que fizeram parte da história da empresa, entre eles, Roni Cunha Bueno. "José Rogério chegou com a missão de fazer a Netshoes dar lucro e, principalmente, de encontrar um modelo de negócio sustentável. Para isso, ele defendia, entre outras ações, que precisávamos reduzir o investimento em marketing. Roni tinha uma visão de que para crescer era preciso investir em mídia. Foi um choque de visões. Roni estava olhando o faturamento, e José, a rentabilidade da empresa", diz Bruno Yoshida.

Meses antes de sua demissão, em 4 julho de 2012, Roni teve sua foto publicada numa reportagem da revista *Veja* cujo título era "Eles estão atropelando". O subtítulo da matéria contava que "com o apoio de investidores estrangeiros e eficiência na entrega de produtos, a Netshoes rouba milhares de clientes das grandes redes de comércio". A reportagem trazia números que atestavam a eficiência logística da Netshoes; informava sobre os serviços inovadores criados pela empresa, como a personalização de chuteiras e camisas, o atendimento ao cliente 24 horas por dia sete dias por semana, o relacionamento com o consumidor via redes sociais – iniciado em 2009 –, e a contratação de atletas e nutricionistas para tirar as dúvidas de consumidores. A matéria relatava ainda o pioneirismo da plataforma de comércio eletrônico que "identifica o interesse do cliente e sugere produtos de acordo com seu histórico de navegação". Roni participou e teve papel de protagonista na consolidação da Netshoes no ambiente on-line.

No mesmo ano de 2012, Roni foi eleito um dos dez profissionais mais inovadores do mundo digital brasileiro pelo grupo Meio & Mensagem; pelo seu trabalho à frente do marketing da Netshoes, recebeu o prêmio Caboré, que expressa o reconhecimento do mercado brasileiro, e foi premiado pela Oracle em San Francisco, nos Estados Unidos, como o melhor líder de marketing dentre todos os executivos das empresas parceiras da multinacional norte-americana pelo mundo. Na semana em que retornou da viagem à Califórnia, Roni foi desligado por Marcio. "Quando viajei para os Estados Unidos, as coisas já não iam bem entre nós. De São Francisco, mandei um e-mail para ele pedindo para almoçarmos. Marcio me respondeu no ato, marcando o almoço. Quando sentamos para conversar, um olhou para o outro, e começamos a chorar. Naquele momento, eu saquei que já não pertencia mais à Netshoes", diz Roni.

Quando perguntei sobre os motivos de sua demissão, Roni disse: "Nos meses que antecederam minha saída, pela primeira vez, desde que entrei na empresa, percebi que os meus planos para a área de marketing eram totalmente diferentes dos do Marcio". A demissão de Roni aconteceu no momento em que a Netshoes começava a planejar o orçamento para o ano de 2013. Marcio estava sob forte pressão para cortar despesas. A Netshoes reportou um prejuízo no final de 2012 de 93,7 milhões de reais, segundo publicado pelo site de negócios Business Insider. No comunicado que fez à imprensa para anunciar a saída de Roni, a Netshoes informou que "diante do novo modelo de negócios que a empresa vem buscando, Roni Cunha Bueno deixa de integrar o quadro de colaboradores da companhia". "Foi dolorido, mas foi a melhor coisa que me aconteceu. Se eu continuasse, talvez tivesse enfrentado um processo de desgaste que arruinaria a amizade que tenho com Marcio e com Hagop. Continuamos bons amigos", diz Roni, que chorou por mais de uma vez, quando relatou o episódio de sua demissão. No lugar dele assumiu Andréa Dietrich e, mais tarde, Juliano Tubino. Nenhum deles permaneceu no cargo por mais de um ano e meio. Roni conseguiu uma boa negociação na saída, tendo adquirido uma pequena quantidade de ações da Netshoes. Depois, assumiu um cargo executivo em um dos maiores portais na internet brasileira, de onde saiu para montar a própria empresa – uma aceleradora de negócios digitais, cujos sócios são ex-Netshoes.

UM NOVO CONCORRENTE

Enquanto a Netshoes se ocupava de profissionalizar sua gestão, expandir seu negócio e encontrar um modelo rentável, um novo concorrente estrangeiro desembarcava em solo brasileiro. Em 26 de outubro de 2010, o empresário alemão Malte Horeyseck, de 30 anos, chegou ao Brasil para criar do zero a loja on-line Dafiti, um site de calçados, moda e acessórios de beleza e decoração. Logo que chegou a São Paulo, Malte e os três sócios – o também alemão Malte Huffmann, o francês Thibaud Lecuyer e o brasileiro Philipp Povel (que morava na Alemanha havia 20 anos) – alugaram um escritório de 20 metros quadrados na zona sul da capital paulista, onde ficaram por dois meses, com uma pequena equipe de auxiliares, disparando telefonemas para os maiores fabricantes nacionais de sapatos. Em menos de seis meses, Malte e os sócios criaram a Dafiti. O lançamento oficial do site aconteceu em 24 de janeiro de 2011, mas a operação ganhou corpo em maio, quando a empresa já tinha mais de quinhentos banners espalhados pela internet, e o tráfego do site começou a crescer.

Em menos de um ano de operação, a Dafiti já contava com mais de 140 marcas de calçados no catálogo e exibia 25 mil produtos à venda. Antes de 2011 acabar, a Dafiti já era a maior varejista on-line de moda e acessórios do país. "Tivemos de rever todos os nossos planos de investimento", disse Horeyseck à revista *Exame*, numa reportagem publicada em dezembro de 2011. O primeiro anúncio da Dafiti veiculado na TV aberta fez o número de visitantes do site dobrar para 3,6 milhões de acessos por mês. Em 2012, a Dafiti tomou o lugar da Netshoes de maior anunciante da internet brasileira. A Netshoes sentiu o golpe. O efeito na procura pela loja on-line de Marcio e Hagop foi imediato: o número de visitantes caiu de 6 milhões em junho de 2012 para 4,8 milhões em janeiro de 2013: uma queda de 20%. "A Dafiti veio declaradamente para roubar o mercado da Netshoes", defende Pedro Reiss.

Marcio, Hagop e equipe logo começaram a observar os passos da Dafiti e a monitorar o avanço do concorrente como não faziam com nenhum outro adversário. Pela primeira vez a Netshoes tinha um competidor à sua altura, que se movia rápido, era ágil e tinha bolso fundo, como se diz quando a empresa está respaldada por um grande volume de dinheiro no caixa. O fundo alemão Rocket internet é o grande financiador da Dafiti. O Rocket foi criado pelos irmãos Oliver, Alexander e Marc Samwer, em 2007, para ser a maior plataforma de negócios da Internet fora dos Estados Unidos e da China. Os irmãos Samwer são mundialmente conhecidos por replicar modelos bem-sucedidos de comércio eletrônico e criaram a Dafiti depois de adquirir o site MyBrands, fundado por Povel e Huffmann, que vendia roupas de grife com desconto. O poder do Rocket, segundo as palavras de Alexander Kudlich, diretor-geral do grupo na Alemanha, está no seu modelo de negócios, baseado em quatro pilares: infraestrutura, processos, tecnologia e network.

"Antes do Rocket, as empresas nasciam em garagens. Nós industrializamos o processo de criar *start-ups*", diz Kudlich. A fala é presunçosa, mas é fato que o Rocket se vale da sua infraestrutura de 30 mil funcionários, espalhados em mais de 110 países, para criar uma enorme força de trabalho que compartilha, em tempo real, recursos, conhecimentos e aprendizado. A empresa dos Samwer usa nas suas *start-ups* processos-padrão que já foram testados e validados em seus negócios – o que aumenta a chance de sucesso do empreendimento. A tecnologia é disponibilizada no modelo *plug and play*, o que agiliza o período de setup (preparação e início) da operação e torna menos dolorosas as modernizações de software. O "network global" permite ainda que as empresas do grupo tenham apoio de desenvolvedores e marqueteiros ao redor do mundo. A entrada da Dafiti alterou a dinâmica do jogo que a Netshoes vinha dominando até então. Qual seria a próxima jogada da Netshoes?

UMA NOVA RELAÇÃO DE TRABALHO

Em 2012, a Netshoes faturou 1,2 bilhão de reais nas suas operações do Brasil, Argentina e México. Para administrar esse gigante foi preciso instaurar processos, melhorar a governança e gerar resultado financeiro – pois as necessidades de investimento cresceram na mesma proporção do negócio. Alguns profissionais se adaptaram às mudanças e cresceram na empresa. Os melhores exemplos são os irmãos Chammas. Marcinho e Tchelo passaram a participar das decisões sobre o futuro da companhia e eram sempre ouvidos por Marcio, Graciela e, mais recentemente, por José Rogério. Marcinho administrava com maestria as operações nos centros de distribuição da Netshoes. Além do CD de Barueri, a Netshoes contava desde 2011 com o CD de Itapevi, para onde foram transferidos itens grandes como bicicletas, equipamentos de ginástica, mesas de pingue-pongue. Tchelo se tornou uma referência na área comercial e passou a ser o mentor dos profissionais que a Netshoes trazia das marcas para reforçar seu time. É dele também o mérito por a Netshoes ter aberto categorias que os concorrentes ainda não percebiam como grande oportunidade, como o MMA, esporte que projetou atletas brasileiros e conquistou uma legião de fãs no país. Em 2012, Tchelo, Paladino e equipe preparavam a Netshoes para o maior evento esportivo que o Brasil viria a sediar em anos: a Copa do Mundo de 2014.

Os irmãos Chammas continuavam tão engajados na missão de fazer a empresa crescer e prosperar quanto nos primeiros dias na rua Maria Antônia. Mas nem todos os funcionários que passavam pela empresa se adaptavam ao ritmo de crescimento da Netshoes. Quem não aguentou o tranco acabou saindo. Marcio costuma dizer que leva uma semana para saber se um funcionário novo "consegue jogar com a camisa 10", querendo dizer que nem todos são craques o suficiente para suportar o ritmo e a pressão de trabalho do e-commerce. Embora o ambiente seja descontraído, e as pessoas, cordiais, a quantidade de atividades e de projetos simultâneos é grande, e a frequência é a do ambiente on-line, 24 horas por dia, sete dias por semana. Por isso, de tempos em tempos, os profissionais da Netshoes, do presidente ao analista de marketing, refletem sobre suas prioridades de vida. Em um desses momentos, Hagop tomou uma das decisões mais difíceis de sua vida profissional: sair do dia a dia da Netshoes. Os motivos que o levaram a isso estão relacionados aos planos que ele tem para o futuro da sua família e a busca por qualidade de vida e segurança – para ele e para a família. No depoimento abaixo, ele explica as motivações que o levaram a mudar sua relação de trabalho.

> Desde a oferta de compra da empresa em 2007, ficou claro para mim que em algum momento alguma coisa iria acontecer. Depois desse evento, começamos a receber ligações de fundos de investimentos e compreendi que alguém ia comprar a Netshoes ou a Netshoes ia comprar outra empresa. No momento em que a Tiger se tornou investidora, percebi que havia a oportunidade de ter uma relação diferente com a Netshoes. Quando você é o dono, não tem como se desligar do negócio. Essa é a pura verdade. Mas eu acredito que é possível ter uma relação distinta com o negócio, na qual você não precise dar a vida ao empreendimento. Para mim, a empresa e o meu trabalho são meios para eu alcançar meus objetivos.

> E o meu principal objetivo é vencer na vida profissional para dar o melhor para a minha família. Eu me esforçava ao máximo para atingir esse fim. Duas questões, no entanto, me incomodavam muito: a falta de qualidade de vida e a insegurança. Certo dia, chamei Marcio para uma conversa. Eu imaginava essa reunião havia meses, mas até então nunca tinha tido coragem de sentar diante do meu primo para dizer o que eu pensava e queria fazer. Antes de encontrá-lo, eu ensaiava várias vezes tudo o que queria falar. Mas quando estava diante dele, minha voz não saía. Eu não conseguia falar. Esse dia, enfim, chegou. Eu me sentei com ele e disse: "Marcio, sei que a sua meta é diferente da minha. Não vou deixar você nem a empresa na mão, mas, quando for possível, quero ter uma relação de trabalho mais tranquila".

A partir dessa conversa, Hagop começou a viajar regularmente para os Estados Unidos e começou a considerar a possibilidade de viver fora do Brasil. "Tempos depois, eu disse ao Lee que continuaria tocando os negócios, mas que meu desejo era viver nos Estados Unidos. O Lee nos disse (Marcio participou da conversa): 'não tenho problema com isso, desde que a sua mudança não afete a Netshoes'. O Marcio afirmou que estava OK com a mudança", lembra Hagop. Numa sexta-feira, 7 de dezembro de 2012, no final da tarde, Hagop deixou a sua sala, no 11° andar da rua Vergueiro. Foi seu último dia de trabalho no escritório da Netshoes em São Paulo.

> Foi uma escolha muito difícil. Lembro que no começo, quando ainda estávamos na rua Maria Antônia, a diversão era ir para a lanchonete Mac Fil (na mesma rua, no número 269), depois de um dia bom de vendas, e ficar vendo as sacolas da Netshoes passarem na mão das estudantes do Mackenzie. Depois, a satisfação era ver o funcionário dos Correios entregando um pacote da Netshoes. Em cada

> momento enfrentamos dificuldades, houve muita superação e houve um tremendo crescimento. Amo meu trabalho e a empresa que construí, mas ela nunca vai estar na frente da minha vida. Nada é mais importante para mim do que estar com a minha família.

A saída de Hagop do dia a dia da Netshoes pegou a todos de surpresa, inclusive Graciela e Marcio, cujas salas ficavam ao lado da dele. "Quando o Hagop começou com esse papo de querer sair, a gente ouvia, mas acreditava que era o jeito que ele havia encontrado para extravasar o desconforto que tinha em relação a morar em São Paulo. Ele reclamava da sensação de insegurança. Houve um episódio em que ele e os pais tiveram a casa arrombada. Depois disso, Hagop começou a ter problemas no estômago por causa da tensão que o medo lhe causava. Viver no Brasil fazia mal para ele. A saída de Hagop era uma conversa que ninguém queria encarar. Até que ele se foi. Ele simplesmente deixou a sua sala, passou pela catraca que fica na recepção e foi embora. E não voltou mais. Talvez pelo instinto de defesa ou autopreservação, ele saiu sem arrumar as coisas. Sobrou para mim limpar as gavetas dele e encaixotar as coisas que estavam lá", diz Graciela.

No começo, ele tentou manter sua rotina de trabalho, despachando dos Estados Unidos por e-mail e telefone. As reuniões eram feitas por conferência, via telefone. "Quando o Hagop partiu, foi confuso para todo mundo. Tentamos experimentar diferentes formas para ele trabalhar de lá. No início, Hagop apoiaria a operação do México. Depois tentamos que ele abrisse novos negócios, com novas marcas", diz Tchelo. O plano de Hagop era retornar ao Brasil a cada dois meses para acompanhar a equipe comercial. As reuniões com as marcas aconteceriam nos Estados Unidos. "Foi muito difícil, no início, discutir as coisas sem ele. Marcio e eu tivemos de aprender a discutir a dois. Quando a dúvida era grande, a gente deixava a decisão para o dia seguinte. Ficar sem Hagop foi uma ruptura. Mas foi uma resolução dele que tivemos de respeitar", conta Graciela.

Hagop se mudou para os Estados Unidos com a esposa e as filhas no início de 2013. Os pais também os acompanharam. Os Chabab moram próximos uns dos outros e levam uma vida confortável na Flórida. Hagop assumiu uma posição de relações institucionais da Netshoes com as marcas que têm sede ou escritório no país. Ele também é um membro ativo do conselho de administração da empresa. Para Marcio, no entanto, esse papel não supre a lacuna deixada pelo primo. "A saída dele pesou. Ele faz muita falta", diz Marcio, que teve de assumir a área comercial até passar o bastão para Walter Andrade Fonseca. Walter foi contratado por Hagop em agosto de 2011. Os dois tinham se conhecido anos antes, quando Walter era executivo da Vulcabras e gerenciava a marca Reebok no Brasil. Ele foi informado da saída de Hagop com outros executivos em uma reunião de diretoria, convocada por Marcio. "Aí que caiu a ficha de que minha missão seria substituir um sócio-fundador, uma pessoa que sempre admirei pelo tino comercial e pela agressividade nas negociações. O primeiro sentimento foi de preocupação. Eu tinha de mostrar muito serviço, pois 'chefiaria' uma equipe de cinco líderes de categoria e sessenta funcionários; era um desafio", diz Walter. O executivo, porém, ficou subordinado a Marcio, que passou a ditar as diretrizes para a área comercial.

"A saída do Hagop foi muito impactante, e a tentativa de substituí-lo não se concretizou. Quando ele saiu, entrou Marcio, que tinha outro jeito de trabalhar, uma expertise totalmente diferente. Começou outro ciclo no comercial", diz Marcos Paladino, executivo que Hagop havia trazido da Nike em dezembro de 2009.

Paladino conta que em seu primeiro dia de trabalho, Hagop o chamou em sua sala para uma conversa e, a certa altura do bate-papo, disse:

> Paladino, você não foi contratado porque tem conhecimento de administração e gestão. Eu não sei exatamente se você tem, embora pareça ter. Você está aqui pelo seu comportamento neste um ano e meio de contato com a Netshoes [Paladino vinha, como foi dito, da Nike]. Eu não vou dar manual nem dizer para você meia dúzia de regrinhas. Só peço uma coisa: trate os nossos fornecedores da mesma forma que você, na Nike, conduziu o relacionamento com a Netshoes, de forma ética e transparente. Foi assim que a Netshoes chegou até aqui. Por favor, nunca se esqueça disso que estou pedindo.

Segundo Paladino, "escutar aquilo foi muito importante para mim, pois me fez ter certeza de que eu tinha tomado a decisão correta de vir para a Netshoes. O que ele estava me pedindo comungava com os meus valores".

Outro profissional que conheceu Hagop, recrutado por Tchelo de uma das marcas internacionais, foi Bruno Yoshida. Ele trabalhou um ano e meio com Hagop, antes de o chefe partir para os Estados Unidos. "No meu primeiro dia de trabalho, fui almoçar com Hagop e Tchelo. Nas multinacionais do esporte, há uma estrutura matricial, de forma que você sempre depende do escritório global, da sede. Há uma enorme dependência da subsidiária em relação à matriz. As equipes ficam esperando as definições serem 'cascateadas' para os escritórios regionais. No almoço com o Hagop, enquanto ele explicava como a Netshoes funcionava, parou e disse: 'Deixa eu contar uma coisa, aqui na Netshoes o global sou eu. Você tem liberdade para trabalhar do seu jeito. Só não faça nenhuma loucura, embora a gente goste de gente que traz a loucura para a mesa de reunião. Se você tiver qualquer dúvida, pega o elevador e aperta o 11". No final do expediente, Hagop gostava de se reunir com a equipe para saber como o dia de cada um tinha transcorrido. As conversas aconteciam em sua sala ou então ele descia até a área comercial. "A conversa ia longe, e você nem percebia. Quando se dava conta, eram dez da noite. Em qualquer outro lugar, você estaria incomodado de ficar no trabalho por tanto tempo. Ali, o tempo passava e você nem via. Jamais consegui contar uma coisa para o Hagop que ele já não soubesse. É uma pessoa muito conectada", conta Paladino.

Há um episódio que ilustra bem como Hagop acompanhava de perto o mercado de esporte e o desenvolvimento de produtos esportivos. Em uma viagem à sede da Nike, em Beaverton, nos Estados Unidos, para uma reunião em que seria discutido o planejamento dos próximos anos da parceria Netshoes-Nike, ele protagonizou uma cena que virou história entre os primos. Antes da reunião, Marcio e Hagop, que na visita à Nike estavam acompanhados por Lee, da Tiger, e Paul Tagliabue, ex-dirigente da liga estadunidense de futebol americano, que se tornou conselheiro da Netshoes em 2012, foram convidados a fazer uma visita guiada pelas instalações da empresa. Num dos prédios, em que estão expostos os produtos, documentos e artefatos que contam a história da multinacional norte-americana, o guia parou diante de um mostruário com diversos modelos do tênis AIR MAX, um ícone da marca, que estavam organizados por ordem cronológica de lançamento. Hagop parou, olhou o mostruário, virou para o guia e disse: "A ordem desses dois modelos está errada". O guia o olhou, espantado. Hesitou por alguns segundos e retrucou: "Você está correto, tem um erro na apresentação". Horas depois, já na reunião com os executivos da Nike, a conversa foi interrompida pela entrada do fundador da

Nike, Phil Knight, na sala de reunião. Knight deu as boas-vindas aos visitantes e cumprimentou os donos da Netshoes pela parceria e pelo profundo conhecimento do mercado em que atuavam.

Hagop é o responsável pelo sucesso comercial da Netshoes. Mais do que isso, é o responsável, ao lado de Marcio, pelas sucessivas inovações introduzidas pela Netshoes em áreas tão distintas como compras, marketing e relacionamento com o consumidor. Seu jeito provocador e bastante lógico funcionou como um contraponto ao jeito por vezes intempestivo de Marcio. Os dois estabeleceram uma relação de irmandade, em que ambos se respeitavam, mas também eram muito competitivos – o que os fazia, o tempo todo, buscarem se superar, com a melhor ideia, a solução mais original, a decisão mais inteligente. Esse jeito de trabalhar motivava ambos e também os que estavam em torno deles. "A gente nunca teve rivalidade, mas sempre foi aquela coisa de um puxar o outro para o extremo. Um dos motivos do sucesso da Netshoes é o encaixe perfeito entre nós. A gente é completamente diferente, mas toda vez que nos juntamos deu coisa boa", resume Hagop. No ano da saída de Hagop a Netshoes foi apontada como o maior e-commerce de artigos esportivos do mundo pelo conceituado guia Internet Retailer, publicação on-line norte-americana.

NOVAS IDEIAS

A saída de Hagop deu o tom do que viria a ser o ano de 2013, que foi marcado por uma série de grandes mudanças. "Foi aí que começou de fato a gestão José Rogério", diz um executivo que não trabalha mais na Netshoes. Marcio e José Rogério começaram a trabalhar na revisão do modelo de negócios da Netshoes. O objetivo era tornar o negócio rentável. Uma das alternativas para o futuro da Netshoes era a abertura de capital. Quem chegava à recepção da empresa no início de 2013 podia ver pilhas de crachás ao lado do computador da recepcionista. Os crachás identificavam consultores e assessores financeiros de bancos de investimento nacionais e estrangeiros como Morgan Stanley, Merrill Lynch, Itaú BBA e Bradesco. A mídia especializada citava analistas de mercado cuja expectativa para a abertura de capital da Netshoes era em torno de 2 a 4 bilhões de reais.

Internamente, a orientação da presidência era cortar custos, pois a empresa perseguia com obstinação o lucro. As áreas de finanças e de marketing vinham sentindo a mudança desde o ano anterior. Como consequência, a Netshoes perdeu em 2012 o posto de maior anunciante da internet para a concorrente Dafiti. A sensação dos funcionários era de que, de uma hora para outra, a empresa tinha se tornado processual e extremamente focada no resultado numérico. Na área comercial, o impacto começou a ser sentido no segundo semestre.

"Sempre tivemos um bom controle do orçamento, mas não perdíamos um bom negócio. De repente, veio uma cultura de trabalho baseado em premissas que não podiam ser alteradas. Passamos a ter um planejamento muito rígido. A mudança de cultura foi sofrida", conta um funcionário.

Essa sensação vinha da velocidade com que as transformações estavam sendo realizadas. A Netshoes estava deixando de ser uma empresa informal para se tornar um negócio de governança estruturada. "O problema é que esse processo foi feito no atropelo, e todos sentiram muito", diz Luciana, do RH. Nesse período, muitos funcionários pediram para sair. "Muita gente entrava, olhava a empresa familiar faturando 1 bilhão de reais e pensava: esses dois (Marcio e Graciela) vão pescar em breve, vou me colocar à disposição. Era muita gente pensando mais na carreira que no negócio. Foi uma fase muito desgastante", conta Bruno, que atuava agora no planejamento comercial, cuidando de todas as categorias. Nesse período, três líderes começaram a ganhar projeção na empresa toda, pois passaram a administrar os conflitos mais espinhosos. "Havia muitas brigas entre partidários da antiga gestão e os adeptos da nova gestão, formada basicamente pelos novos diretores e gerentes. Esse grupo novo vivia em um jogo de egos, pois cada um que chegava queria impor o seu jeito de fazer, e isso 'cascateava' para a gente", conta Marcos Paladino.

Graciela, Marcinho e Tchelo começaram a assumir o papel de gestores de crise. Graciela e Marcinho tinham fama de tocar as áreas mais elogiadas da Netshoes – operação e logística. Graciela assumiu o vácuo deixado por Hagop na cúpula da empresa e passou a ser o contraponto de Marcio nas decisões mais críticas para o negócio. Dada a proximidade com o irmão, ela passou a facilitar todos os processos dentro da empresa. "Ela tem uma visão de simplificar as coisas e conseguiu estabelecer uma relação serena com Marcio", diz Luciana, do RH. Tchelo passou a ser o responsável por formar a nova geração de compradores na área comercial ao mesmo tempo em que cuidava da relação com as marcas e do desenvolvimento de novas categorias. "Não importava a área, quem era o funcionário e qual era o problema. Os três (Graciela, Marcinho e Tchelo) resolviam tudo. Eles passaram a ser a 'Santíssima Trindade' da Netshoes", diz Bruno.

Mesmo com os conflitos que apareciam, a Netshoes continuava pensando em novos projetos. Alguns surgiam de conversas informais. Em uma ocasião, quando os funcionários e executivos saíram para comemorar o resultado das vendas da Netshoes no México em uma cantina italiana, Marcio fez um breve discurso exaltando a ousadia e o ineditismo de um e-commerce brasileiro estar desbravando as fronteiras das América Latina. Estavam todos orgulhosos das lojas no México e na Argentina. Até que num determinado momento Marcio vira para Walter Andrade, que, ao lado de Tchelo, liderava a área comercial, e dispara:

– Andrade, como você vê a Netshoes daqui a alguns anos?

Todos dirigiram o olhar para o diretor comercial. Andrade hesitou por alguns segundos, pois sabia que era mais um dos testes de Marcio, que gosta de pegar os executivos de surpresa para saber como eles compreendem a empresa e qual e a sua visão do mercado. Andrade respondeu:

– No futuro, dado o tamanho da empresa e seu volume de vendas, vejo a Netshoes desenvolvendo sua própria marca.

Marcio o encarou com o semblante demonstrando curiosidade. Não esperava essa resposta.

– Marca própria? – questionou.

A Netshoes só vendia marcas "premium".

– Marcio, tem muito dinheiro no mercado de moda e sapatos. A Netshoes tem de um dia criar outra Netshoes para vender calçados masculinos, femininos e moda na internet.

Graciela, que estava do lado de Andrade, estalou os dedos e disse:

– Boa, Andrade! Esses podem ser nossos próximos projetos. Vamos desenhar isso!

De volta ao dia a dia da Netshoes, José Rogério começou a compartilhar com os diretores e gerentes sua visão para a Netshoes, que até então só era dividida com Marcio – esse movimento ajudou a esfriar os ânimos, pois deu aos executivos a sensação de que havia um plano por trás das súbitas mudanças que estavam sendo conduzidas por Marcio na empresa. Lembrando que José Rogério foi contratado para "assessorar o comando da empresa na definição da estratégia de expansão". Segundo ele, seu papel era liderar a restruturação estratégica e organizacional da Netshoes. Para isso, o executivo fez uma análise minuciosa da evolução do comércio eletrônico nos Estados Unidos para entender quais eram os gargalos de crescimento do varejo on-line no Brasil. Ele sabia que as empresas de e-commerce nacionais tinham como referência o *modus operandi* das gigantes do varejo on-line norte-americano, mas desconfiava que houvesse outra forma de operar no Brasil para ter lucro.

Nas reuniões de diretoria, José Rogério passou a argumentar que no Brasil o comércio eletrônico tem três fases bem distintas e compreendê-las era essencial para ajustar o modelo de negócio da Netshoes.

A primeira fase compreende o período que vai de meados dos anos 1990 até meados de 2000, e é marcada pelo surgimento do varejo on-line no país. Os empreendedores dessa fase se juntaram a investidores para criar empresas inspiradas na Amazon. Os pioneiros desbravaram o mercado on-line ao criar o hábito de compra virtual e incentivar o uso do cartão de crédito na internet. A partir de 2005, algumas das empresas da primeira fase se tornaram empresas de capital aberto. De acordo com José Rogério, o que caracterizou esse novo grupo é o fato de terem aberto o capital sem apresentar lucro líquido nos demonstrativos de resultado. "Esse grupo de empreendedores sacrificou o lucro e investiu tudo no crescimento exponencial de suas operações on-line", diz José Rogério.

Na segunda fase, de 2006 a 2010, os grandes varejistas, inspirados pelos pioneiros do comércio eletrônico, começaram a lançar suas lojas on-line. Para ganhar participação de mercado na internet, essas empresas adotavam uma prática de guerrilha e muitas vezes ofereciam preço mais baixo que o praticado na própria loja, com pagamento em 12 vezes sem juros e frete grátis. A estratégia se mostrou um desastre. Na busca por lucratividade, essas empresas começaram a cortar os custos fixos. Como consequência, a qualidade do serviço caiu drasticamente. O resultado dessa fórmula de operação se tornou público no Natal de 2010, quando uma parcela dos grandes varejistas da internet deixou de entregar os produtos na casa dos clientes. Muitas dessas empresas, entre elas a B2W (criada em 2006 pela fusão de Americanas.com, Submarino e Shoptime), foram multadas em milhões de reais e penalizadas pelo Procon e Ministério Público, que suspenderam temporariamente os sites, impedindo-os de vender na internet. Naquele ano de 2010, a Netshoes foi alvo de 279 notificações, uma média mensal de 23 queixas. A Dafiti teve 36 queixas ao longo do mesmo ano. E, no mesmo período, a B2W motivou 22.280 reclamações de clientes (1857 por mês), segundo levantamento do Sistema Nacional de Informação de Defesa do Consumidor. Esse episódio contribuiu para uma transformação no comportamento de compra do consumidor.

A terceira fase do varejo on-line começa em 2011 e é marcada justamente por uma mudança no hábito de consumo das pessoas. O preço deixa de ser o item prioritário na decisão de compra. Depois do fiasco do Natal de 2010, a qualidade do serviço da loja on-line passou a ser um ponto tão valorizado pelo consumidor quanto o preço. "O sortimento (diversidade de produtos) passa a ser o segundo aspecto de relevância para o cliente. É a variedade que cativa o consumidor e o atrai de volta ao site", conta José Rogério. Essa mudança de comportamento do consumidor iria beneficiar a Netshoes, pregava o executivo. "O cliente tende a procurar na internet as lojas especializadas, que oferecem conveniência e consultoria na compra", diz. Por consultoria, José Rogério entendia o conjunto de serviços oferecidos pela Netshoes para auxiliar o cliente na compra ou troca rápida de mercadorias. Entre esses serviços estavam a central de relacionamento, planejada para simplificar o contato dos clientes, o atendimento 24 horas e os desportistas e nutricionistas contratados pela Netshoes para tirar as dúvidas dos consumidores.

José Rogério concluiu que diante desse cenário a Netshoes deveria reduzir radicalmente o investimento em marketing. "Para mim é muito claro que na fase de crescimento inicial, o alto investimento em marketing para se tornar conhecido é compreensível. A partir de um determinado patamar de faturamento e tamanho, é inaceitável que se continue investindo muito dinheiro nisso", defendia. A Netshoes investia de 30% a 40% do que faturava em marketing. José Rogério justificava sua tese com base no ciclo do capital de giro da Netshoes. "Nos Estados Unidos, o varejista recebe à vista pela compra do produto na internet e paga o fornecedor em até 120 dias. O e-commerce trabalha com o capital do fornecedor. Por causa disso, uma exigência do investidor norte-americano é que as empresas de internet cresçam rápido. Quanto mais rápido a empresa crescer, maior o volume de reservas financeiras para continuar crescendo. Como o custo de logística e de marketing on-line é muito menor do que no Brasil, mesmo empresas que não têm lucro líquido são geradoras de caixa. No Brasil, o varejista não recebe à vista e não tem um 'prazo elástico' para pagar o fornecedor, que é pressionado por uma taxa de juros que faz seus custos de produção e distribuição serem elevados. Sendo assim, é preciso cortar o orçamento de marketing".

Parte do dinheiro economizado em marketing seria direcionada para as áreas de tecnologia e logística. O investimento em tecnologia permitiria aperfeiçoar a loja on-line para que a Netshoes conhecesse ainda melhor seu cliente e pudesse oferecer no site exatamente o que ele queria e, muitas vezes, aquilo que nem o consumidor sabia que precisava. Já em logística, a partir de 2012, a Netshoes desenvolveu categorias de entrega (Entrega Expressa, Entrega Esportiva, Entrega no Mesmo Dia) e passou a cobrar do cliente um valor para levar a mercadoria do centro de distribuição até a casa do consumidor. Foi uma quebra de paradigma em relação ao modelo de frete grátis – opção que continua existindo. "No comércio eletrônico, as barreiras de entrada são muito baixas, mas a barreira de escala (para crescer) é altíssima. O segredo para criar valor para o negócio é investir em projetos que melhorem a experiência do cliente na loja, que permitam saber quem é o cliente, o que ele quer, e que reforcem a noção de conveniência da compra on-line", diz José Rogério.

Em resumo, Marcio e José Rogério criaram um corolário que passou a fazer parte da estratégia da Netshoes e estava baseado na disciplina financeira, investimento em tecnologia e serviço e na construção da boa reputação da Netshoes. "O mercado de capitais recompensa as empresas de boa reputação", diz José Rogério. Nesse sentido, algumas iniciativas realizadas por Juliana Ferrite e Luciana Machado exemplificam como a Netshoes era capaz de desenvolver seu negócio em áreas tão distintas quanto a central de atendimento e a área de recursos humanos para construir uma boa imagem no mercado.

Em 2010, um terço de todos os funcionários da Netshoes trabalhava para Juliana, que tinha sob sua tutela 200 jovens, com idade entre 18 e 22 anos. Ela conta que, quando foi contratada por Marcio para assumir a central de atendimento, a área era desacreditada dentro da empresa. Juliana então reviu todos os processos do call center e começou a trabalhar com a equipe de TI para automatizar parte das funções de atendimento. Uma inovação desse período é o chat robô. Metade dos clientes que acionam o call center da Netshoes têm seus problemas resolvidos por um robô, e muitas das trocas de produtos são feitas via site. Esses procedimentos reduziram pela metade o tempo médio de atendimento, de 8 minutos em 2010 para 4 minutos, em 2015. Essas iniciativas permitiram à Netshoes atender de maneira satisfatória mais de 10 mil contatos por dia em sua central.

Juliana também criou, com o apoio de Luciana do RH, um sistema de contratação específico para a área de atendimento e montou o plano de carreira para sua equipe. Com isso, a rotatividade caiu de 6% para 2%, um índice excepcional no mercado de call center (o número de faltas por funcionário também é muito baixo). Todo jovem contratado passa pela central de treinamento, onde, durante 23 dias, recebe formação teórica e prática, por meio da "célula baby" (que simula uma célula de atendimento real) e jogos on-line que exigem que o jovem replique algumas práticas e procedimentos do dia a dia no atendimento. A partir de 2011, a central começou a receber prêmios pela excelência em atendimento de associações de telesserviços e dos sites que contam com a avaliação dos consumidores.

Enquanto apoiava Juliana na criação dos programas de gestão de pessoas para a área de atendimento, Luciana trabalhava para melhorar as práticas de recursos humanos da Netshoes. O plano de carreira, com descrição dos cargos, atribuições e requisitos de cada função foi posto em prática no início de 2012. A Netshoes também passou a fazer pesquisa salarial e, mais tarde, equiparou com o mercado o salário de empregados que reclamavam de baixa remuneração. Com a estratégia de formar profissionais dentro de casa, a companhia passou a investir na formação dos funcionários, que passaram a receber bolsas de estudo para graduação e pós-graduação. Iniciativas como essa levaram a Netshoes a figurar, a partir de 2011, no ranking de melhores empresas para trabalhar produzidos pela revista *Exame/ Você S/A*. Iniciativas como essas contribuíram para construir sua boa reputação.

Um dos profissionais que melhor trabalhou para transformar esses e outros méritos da Netshoes em prestígio no mercado foi Renato Mendes, contratado como gerente de comunicação por Marcio em 2011. Renato tinha bom trânsito nas redações de sites, revistas e jornais e em pouco tempo conseguiu colocar Marcio e a Netshoes nas capas dos principais veículos de comunicação do Brasil e do exterior. "A Netshoes era uma empresa 'low profile'. O que fiz com a equipe de comunicação foi montar um plano para levar o Marcio para falar nos principais eventos de negócios do país, nas discussões de associação de classe e até em fóruns do governo. Deu muito certo. Todo mundo amava a história da Netshoes", diz Renato. Em pouco tempo, a empresa ganhou projeção no mercado e não demorou a divulgar a melhora de seus índices financeiros: fechou o ano de 2014 com geração positiva de caixa e, no ano seguinte, teve pela primeira vez margem de lucro positiva no Brasil. Ainda que os analistas do mercado e os concorrentes continuassem questionando a capacidade da Netshoes de gerar lucro, esses índices financeiros eram os primeiros sinais de que encontrar um modelo de negócio sustentável não era uma missão impossível.

LIÇÕES DE UMA HISTÓRIA PECULIAR

Poucas histórias de empreendedorismo são tão impressionantes e instigantes quanto a da Netshoes. Em menos de 15 anos, os primos Marcio Kumruian e Hagop Chabab passaram de donos de uma lojinha de sapatos na região central de São Paulo a presidente e acionistas da mais vibrante varejista on-line do Brasil. "Primeiro, brigamos para explicar o que era a loja física, uma sapataria de calçados femininos que vendia alguns poucos modelos de tênis. Depois, batalhamos para conseguir ter acesso ao portfólio das marcas e poder comprar seus produtos. Então, brigamos para comprar em maior quantidade, para convencer as marcas a vender na internet e, finalmente, para abrir categorias e ter produtos especializados", diz Hagop. O sucesso da Netshoes é fruto dessa lida e também da soma de algumas variáveis. No entanto, um ponto central que explica a trajetória bem-sucedida da empresa é a excepcional parceria que se estabeleceu entre Marcio e Hagop.

Os primos têm personalidades e habilidades muito distintas – em alguns casos, diametralmente opostas –, mas por isso, muitíssimo complementares. "Hagop é extremamente focado, racional e tem uma visão de processo, que muitas vezes equilibra o ímpeto visionário do Marcio, um obstinado que quer ir, ir e ir. Ele instiga quem está à sua volta a querer fazer, a crescer e a perseguir seus sonhos", diz Marcinho, o primeiro funcionário contratado pelos primos e que se tornou um dos profissionais que mais entende de logística para comércio eletrônico no Brasil. Claro, Marcio e Hagop tiveram ajuda. No começo, contaram com a experiência de Ovsanna e Zareh Chabab, pequenos empreendedores que conheciam o malicioso jogo dos negócios. Os pais de Hagop plantaram a ideia do empreendimento na cabeça do filho e do sobrinho, financiaram o investimento inicial e apoiaram ambos nos momentos de frustração e decepção – que não foram poucos. O primeiro fracasso da dupla foi o fechamento da loja do Shopping Ibirapuera, um ano depois da abertura da primeira Netshoes, na rua Maria Antônia, em fevereiro de 2000.

A decisão de fechar a loja do Shopping Ibirapuera, antes que ela dragasse todo o dinheiro que a loja da Maria Antônia gerava, foi uma solução radical. De uma hora para outra, os primos estavam endividados, tinham quase 5 mil pares de calçados em estoque e um único ponto de venda. Para fazer o estoque virar dinheiro os primos tiveram de duplicar a loja da rua Maria Antônia em um final de semana. Em seguida, veio a ideia de criar uma loja no Mercado Livre – primeira experiência de venda on-line da Netshoes. "No princípio, éramos 'os loucos'. Porque era assim que eram vistos aqueles que ousavam vender pela internet. Como os loucos eram poucos, ficava mais fácil trocarmos figurinhas sobre fornecedores, sistemas de pagamento, logística e outros tantos temas que permeiam um negócio on-line", escreveu Marcio, quando precisou recapitular os primórdios da empresa na internet. O fracasso da loja do Shopping Ibirapuera rendeu uma importante lição. Enquanto uma loja tradicional precisa aumentar sua estrutura e o número de vendedores no mesmo ritmo de crescimento da clientela, uma empresa de e-commerce pode concentrar recursos na melhoria dos serviços de logística, tecnologia e atendimento.

Ao mesmo tempo em que decidiram que o futuro da Netshoes seria on-line, Marcio e Hagop definiram que trabalhariam apenas com artigos esportivos. Os primos perceberam que o consumidor da internet tinha maior propensão a comprar tênis, um produto cuja numeração de cada marca ele conhece e pode comparar os preços facilmente, algo que não acontece com os sapatos, cujo padrão de numeração varia muito, além da variedade de marcas. Os itens de esporte têm baixo peso – a maioria dos produtos em estoque na Netshoes tem menos de 2 quilos –, o que torna possível utilizar vários meios para a entrega, inclusive o serviço dos Correios, que tem uma capilaridade nacional. O ciclo de reposição de produtos esportivos também é uma vantagem. As pessoas compram tênis, a camisa do time de futebol do coração, bolas de tênis, várias vezes ao ano. Quando esses aspectos são sobrepostos às mudanças de comportamento do consumidor, que tende cada vez mais a comprar on-line e a valorizar a saúde, conclui-se, dizem os primos, que o e-commerce de artigos esportivos tem vida longa. Ainda assim, o começo da venda on-line foi muito difícil.

De saída, as multinacionais do esporte eram contra a venda pela internet, pois viam o canal como um ambiente dominado por comerciantes de produtos piratas. Também faltava dinheiro para investir na loja on-line. Não era possível contar com o dinheiro dos bancos, que cobram taxas impeditivas para financiar o capital de giro das empresas. Durante anos a loja da Maria Antônia bancou a operação on-line até que a loja virtual pudesse andar com as próprias pernas. Mesmo assim Marcio e Hagop persistiram e foram adiante. A Netshoes inaugurou um modelo de negócios único no mundo. Sua loja virtual vendia apenas artigos esportivos, nada mais. Até a abertura de seu site, ninguém acreditava que fosse possível comprar produtos esportivos na internet, sem ver, sem tocar. "Quantas vezes não nos perguntaram: 'Vocês vão vender tênis pela internet? Como a pessoa vai experimentar o produto?' Os desafios foram muitos e foram enormes", diz Hagop.

Nos Estados Unidos, a grande referência no varejo virtual, a Amazon, vendia de tudo. No Brasil, não existia uma empresa grande que guiasse as menores. "Éramos todos pequenos e crescemos juntos", diz Marcio. Do ano de sua fundação em 2000 até 2012, a Netshoes praticamente dobrou de tamanho a cada 12 meses. E desde que fechou sua loja-mãe, na rua Maria Antônia, e suas sete lojas de academia, para se tornar exclusivamente um e-commerce em 2007, seu faturamento cresceu 40 vezes, batendo a marca de 1,2 bilhão de reais em 2012. "Não havia mão de obra qualificada para trabalhar no varejo eletrônico. Formar equipe era uma coisa demorada, pela falta de gente que conhecesse o e-commerce. Não havia um concorrente de quem pudéssemos 'roubar' um profissional. Contratar era um baita problema", conta Hagop. O segundo funcionário da Netshoes, Tchelo, se tornou seu braço direito. Juntos eles formaram muito profissionais de e-commerce, principalmente na área comercial – não só para a Netshoes, mas para o varejo on-line brasileiro. Tchelo se tornou executivo dessa mesma área na Netshoes e abriu diversas categorias de artigos esportivos – muitas delas introduziram projetos pioneiros no mercado esportivo brasileiro.

No mesmo ano em que entrou para o restrito clube das organizações bilionárias (apenas 0,02% das empresas brasileiras pertencem ao clube do bilhão), a Netshoes foi reconhecida por uma publicação norte-americana como o maior e-commerce de artigos esportivos do mundo. No ano seguinte, a empresa foi novamente reconhecida, por uma segunda publicação norte-americana, como o comércio eletrônico mais inovador da América do Sul, pelo impacto das inovações que promoveu

nos cenários culturais e industriais do Brasil, da Argentina e também do México e por registrar uma grande expansão em suas operações nesses mercados. Qual é a mágica da Netshoes? São quatro os ingredientes que a fizeram brilhar e liderar no segmento em que atua: qualidade do serviço, tecnologia, inovação e a cultura que construiu ao longo dos anos. Jeff Bezos, fundador e presidente da Amazon, diz que as companhias da economia tradicional dedicam 30% de seus esforços a melhorar o serviço, e o restante, a divulgar o que fazem. Na internet, sustenta Bezos, as proporções precisam ser invertidas. Para serem bem-sucedidas, as lojistas on-line devem investir 70% de seu tempo e recursos na melhoria dos serviços.

Na Netshoes a qualidade do serviço se traduz na busca obstinada pela excelência no atendimento do cliente. No início, na loja da rua Maria Antônia, Marcinho e Tchelo trocavam o papel de seda amassado que embrulhava os sapatos por folhas novas para dar a impressão ao cliente de que o calçado estava sendo manuseado pela primeira vez. Quando se tornou uma loja on-line, a Netshoes investiu muito dinheiro na integração eficiente de seus vários sistemas de informação. Esses sistemas mantêm a logística de entrega funcionando para que a mercadoria chegue à casa do cliente em perfeito estado e no prazo correto. A empresa conta com mais de uma dezena de transportadoras, a fim de agilizar as entregas e contornar imprevistos. No centro de distribuição, em Barueri, foi instalada uma agência dos Correios, algo até então inédito no setor. Outro ponto crucial para o bom atendimento ao consumidor é a central de atendimento, planejada para simplificar o contato dos clientes. A Netshoes foi pioneira no atendimento ao cliente 24 horas por dia, sete dias por semana, e contratou de treinadores de corrida a nutricionistas para tirar as dúvidas dos consumidores.

A tecnologia permeia absolutamente tudo na Netshoes, mas é no site e na operação por trás de cada clique que ela se materializa para o consumidor. Um dos movimentos mais acertados da Netshoes foi investir nas sucessivas melhorias de sua plataforma de comércio eletrônico. A visão de Marcio, de que era possível ter uma vitrine on-line para cada cliente, permitiu à Netshoes surfar a cauda longa, termo que descreve a estratégia de vender uma grande variedade de itens para um conjunto segmentado de consumidores, em vez de vender poucos itens populares para um público de massa. Os baixos custos de distribuição e armazenamento de empresas com a distribuição digital permitem que obtenham uma quantidade significativa de lucro vendendo produtos de nicho para várias pessoas. A Netshoes investiu no conceito de uma loja on-line inteligente, cujo algoritmo aprende sobre os hábitos de compra e preferências do cliente, oferecendo uma vitrine customizada cada vez que ele acessa o site. Essa tecnologia permitiu à Netshoes bater sucessivos recordes de faturamento. Claro, o marketing também trabalhou muito para que isso acontecesse.

A Netshoes inovou em basicamente todas as áreas em que atua. Do modelo de negócio – e-commerce de nicho – à operação; do atendimento à estratégia comercial e de marketing. A Netshoes explorou o Orkut (quando ainda era relevante) como poucas empresas brasileiras, criando na rede social do Google um tipo de anúncio conhecido como "logout", em que o display da Netshoes com uma promoção aparece quando o internauta decide sair da rede. Esse recurso foi depois utilizado no Facebook, dando excelentes resultados de venda. Em junho de 2009, o marketing da Netshoes começou a utilizar o Twitter para realizar ações de vendas. No mesmo ano, ela lançou sua página no Facebook e depois fez seu perfil no Google+, no Instagram e no LinkedIn (neste último para realizar ações de marca e atrair talentos). No final de 2012, praticamente uma a cada dez mercadorias que a Netshoes vendia era comercializada por meio das redes sociais, que apoiam também o relacionamento da empresa com os clientes. Muitas das queixas que chegam por Twitter ou Facebook são solucionadas on-line, sem a necessidade de abrir um protocolo na área de atendimento.

Ao longo dos anos, a Netshoes construiu uma cultura forte, com valores praticados no dia a dia. Esses valores passam pela Simplicidade (#Descomplica), uma ideia que faz parte do jeito de trabalhar de Marcio e Hagop e pela Paixão (#TesãoporFazer), que serve de combustível para superar os desafios aparentemente intransponíveis. O Olhar de dono (#DonodoNegócio) se traduz na maneira como cada funcionário é instruído a cuidar do seu pedaço. Na Netshoes ninguém tem tolerância para profissional "braço curto", como eles chamam os preguiçosos – esses têm vida breve na empresa. Quem compreende esse jeito de trabalhar costuma se dar bem. Isso porque um dos pilares é a Valorização de pessoas (#GenteValorizada). Não faltam exemplos de profissionais que começaram de baixo e ocupam posições de destaque na empresa. A Agilidade (#RapidocomoumClique), o Foco no Resultado (#FoconoResultado), a Inovação (#RomperPadroes) e, claro, Sem Limites (#AquiEuPosso) são os outros valores que fazem parte da cultura da Netshoes.

Marcio e Hagop conseguiram transformar a lojinha de sapatos no maior e-commerce de esportes do Brasil. Mas até bem pouco tempo atrás, navegavam sozinhos num "oceano azul". Desde que a Dafiti foi fundada, isso não é mais verdade. Além disso, antigos competidores da Netshoes continuam lhe mordendo os calcanhares. A varejista esportiva Centauro relançou sua loja virtual em 2012. A meta de seu fundador Sebastião Bomfim é equiparar o faturamento a Netshoes, utilizando a rede de lojas como um trunfo para ganhar agilidade e reduzir os custos da loja on-line. Atualmente, Marcio tem três grandes desafios: manter a chama da inovação acesa num cenário de disciplina de custos, manter a liderança na venda on-line de artigos esportivos e, talvez o mais importante: tornar a Netshoes economicamente sustentável. Apesar dos recordes de faturamento ano após ano e de já ter atraído mais de 600 milhões de reais de fundos de investimento, a empresa nunca deu lucro líquido. Por isso, de tempos em tempos, uma pergunta vem à tona: até onde vai o fôlego da Netshoes?

A resposta de Marcio para essa questão é: "Uma companhia só é verdadeiramente reconhecida quando consegue provar que para em pé." Nos últimos anos, a Netshoes tenta moderar sua estratégia agressiva de expansão, em busca de rentabilidade. Algumas práticas sinalizam essa postura. A empresa renegociou prazos e condições comerciais com seus fornecedores em acordos de longo prazo. O grupo mudou a política de fretes e criou diferentes modalidades de entregas pagas. Há novas formas de rentabilizar sua plataforma de comércio eletrônico. Com isso, a Netshoes vem reduzindo seu prejuízo líquido. A preocupação com o lucro está na cabeça de Marcio, mas se engana quem acredita que isso lhe rouba o sono. O varejo on-line representa menos de 10% do total do comércio e cresce 25% ao ano no Brasil. A expectativa é que a participação do varejo on-line no total do comércio dobre na próxima década. Marcio está de olho nesse crescimento, pois acredita que a Netshoes vai se beneficiar dele.

No começo de 2012, o principal grupo de compradores na loja on-line da Netshoes era formado por jovens de 26 a 35 anos. Em seguida, vinha a faixa de clientes de 36 a 45 anos. Em meados de 2013, o grupo de 26 a 35 anos continuava sendo o que mais comprava no site. No entanto, o segundo grupo passou a ser o de jovens com idade entre 13 e 18 anos. Esse é o segmento que, ano após ano, registra as maiores taxas de crescimento entre os clientes recorrentes na loja da

Netshoes. É uma geração que percebe o valor da conveniência do e-commerce e para a qual o tempo e o cuidado com a saúde são valores muito preciosos. É por isso que, na Netshoes, as pessoas acreditam que há muito trabalho pela frente. O empresário e investidor Jorge Paulo Lemann costuma dizer que "para construir algo duradouro, você tem de pensar sempre no que vai dar resultado no longo prazo, e não simplesmente no próximo semestre ou no próximo ano". Na Netshoes, o foco é o longo prazo, e o projeto é conquistar o globo terrestre.

Este livro foi impresso
pela gráfica Paym
em papel norbrite 66,6 g.

DAVI
LAGO

MARCELO
GALUPPO

#UM DIA SEM ODIAR

#umdiasemodiar

1ª edição: Agosto 2024

Autores:
Davi Lago
Marcelo Galuppo

Revisão:
Debora Capella
Equipe Citadel

Projeto gráfico e capa:
Jéssica Wendy

DADOS INTERNACIONAIS DE CATALOGAÇÃO NA PUBLICAÇÃO (CIP)

Lago, Davi
#Um dia sem odiar : descubra como o perdão pode mudar a sua vida / Davi Lago, Marcelo Galuppo.
— Porto Alegre : Citadel, 2024.
160 p.

Bibliografia
ISBN 978-65-5047-497-3

1. Autoajuda 2. Perdão I. Título II. Galuppo, Marcelo

24-3581 CDD 158.1

Angélica Ilacqua – Bibliotecária – CRB-8/7057

Produção editorial e distribuição:

CITADEL Grupo Editorial
contato@citadel.com.br
www.citadel.com.br

DAVI
LAGO

MARCELO
GALUPPO

#UM DIA SEM ODIAR

Descubra como o perdão pode mudar a sua vida

CITADEL
Grupo Editorial

2024

SU MÁ RIO

PARA COMEÇO DE CONVERSA...

O ódio é um sentimento básico do ser humano, encontrado em todos os lugares e conhecido por todas as pessoas. Existe um consenso científico de que a disposição humana para sentir ódio em determinadas situações é benéfica em termos de adaptação biológica. Graças ao ódio, podemos defender a nós mesmo e aqueles que amamos,

garantindo nossa autopreservação. Em diversas culturas, existe a compreensão de que sentimentos como a ira e o ódio, se canalizados corretamente, podem ser benéficos não só para pessoas individualmente, mas também para comunidades inteiras. Até a Bíblia afirma que "há tempo de amar e tempo de odiar". Contudo, a experiência humana também revela que o ódio pode ser extremamente danoso e prejudicial, caso não seja adequadamente controlado. Como compreender os diferentes tipos de ódio?

O filósofo Owen Flanagan, que estudou a moralidade do ódio, afirma que há sete tipos principais de ódio:

- *Ódio de vingança*: quando pretendo causar dor física ou mental, dano e sofrimento a uma pessoa que me causou dor, dano e sofrimento.

- *Ódio transmissor de dor*: quando pretendo causar dor a outra pessoa, simplesmente porque estou sentindo dor, mas a dor que sinto não foi causada por essa pessoa.

- *Ódio instrumental*: quando estou com raiva da pessoa e expresso essa raiva com o objetivo de que ela peça desculpas ou conserte as coisas, sem o objetivo principal de fazer a pessoa sofrer.
- *Ódio por reconhecimento e respeito*: quando demonstro raiva para que alguém me reconheça e respeite, sendo uma forma de restaurar minha autoestima.
- *Ódio fingido*: quando me comporto "como se" estivesse com raiva de verdade, fazendo ameaças e proferindo palavras ofensivas para obter algo.
- *Ódio político ou institucional*: quando manifesto raiva contra leis ou estruturas que são injustas, racistas, sexistas ou de outra forma prejudiciais ao ser humano ou desumanizantes.
- *Ódio impessoal*: quando expresso horror e fúria contra o Cosmo, o "destino", a "maldade humana", dentre outras abstrações e entes genéricos.

Flanagan afirma que os dois primeiros tipos de ódio (vingança e transmissão de dor) são as duas variedades compreendidas como as mais problemáticas moralmente, porque são manifestações cujo objetivo principal é ferir outra pessoa. Quando esses tipos de ódio se manifestam, podem até envenenar as manifestações de ódio consideradas "boas" ou "aceitáveis", como o ódio instrumental, o ódio por respeito e o ódio institucional.

O objetivo deste livro é examinar como podemos superar os dois tipos de ódio prejudiciais, isto é, os ódios voltados para a vingança e a destruição de outras pessoas, que chamaremos de *ódio rancoroso*.

Infelizmente, vivemos dias que o romancista Pankaj Mishra denomina "*A Era da Raiva*". De fato, não falta ódio nas manchetes dos jornais e em nossas conversas diárias. Falamos de *haters*, crimes de ódio, ódio político, ódio gratuito, gabinetes do ódio, assassinato de reputações, ódio do diferente e assim por diante, e a afirmação implícita de odiadores rancorosos parece ser: "Odeio, logo existo".

MAS E SE PUDÉSSEMOS PASSAR **UM DIA SEM SENTIR ÓDIO?**

COMO SERIA VIVER **SEM O ÓDIO RANCOROSO?**

Como fizemos em *#Um dia sem reclamar,* iremos seguir um roteiro que acreditamos que possa levar-nos a compreender melhor como nos livrar do ódio que nos sufoca. Primeiro, é preciso compreender o que é o rancor, para só então compreender o que é o perdão. Os passos seguintes serão analisar por que deveríamos perdoar alguém e por que, ao mesmo tempo, é tão difícil fazê-lo. Esse percurso criará a oportunidade para, com base nele, propormos sete exercícios para desenvolver nossa disposição a perdoar.

1

O RANÇO DA VIDA

Um misto de indignação e de raiva brota em cada um de nós quando vivenciamos uma experiência de injustiça: um "colega" de trabalho que rouba nossa boa ideia e recebe os créditos; um ente familiar que mente a nosso respeito para levar alguma vantagem; um comerciante desonesto que engana; um sócio irresponsável que nos leva ao prejuízo financeiro; um romance que se desfaz pela infidelidade da outra pessoa; uma ofensa gratuita que

sofremos de alguém que sequer nos conhece. Tudo isso sem falar dos invejosos... um invejoso fala mal de você simplesmente porque jamais poderá ser quem você é. As injustiças podem vir de qualquer pessoa, mas machucam mais quando partem daquelas que estimamos e amamos. Não por acaso se diz que um inimigo honesto é melhor que um amigo falso. Quanto maior o amor envolvido na relação, maior a dor que sentimos ao sermos traídos, ofendidos, agredidos ou injustiçados de alguma forma.

A RAIVA É TRAIÇOEIRA

Diante das injustiças, a raiva pode nos levar a espelhar o comportamento do ofensor: respondemos uma trapaça com outra trapaça, uma traição com outra traição e assim sucessivamente. De fato, buscamos quase que instintivamente uma compensação pela dor que sentimos, desejando que o ofensor "pague" pelo mal que nos causou. O problema é que o revide raivoso pode nos levar a cometer erros de avaliação e ações imprudentes que apenas agravam nosso próprio sofrimento. A raiva, enquanto emoção humana fundamental,

precisa ser sabiamente administrada porque nos torna impulsivos e gera alterações biopsíquicas, como:

- Diminuição da capacidade de raciocinar e de se precaver contra o perigo.
- Modificação da percepção das coisas.
- Distorção da interpretação dos acontecimentos.
- Aumento da agressividade.
- Sensação de estar no controle.
- Aumento da pressão arterial.
- Aceleração do ritmo dos batimentos cardíacos.
- Pico de adrenalina.
- Tensão dos músculos do peito, das costas e dos braços.

Por isso, não é sábio tomar decisões importantes com raiva, pois não estamos na plenitude de nosso discernimento. Há pessoas que colocam tudo a perder por causa de uma atitude impensada, cometida no

calor da ira. Sêneca, filósofo romano do século I da era cristã, um dos principais nomes do estoicismo, pensava que nada de bom há na cólera, ou ira, a mais violenta das paixões, porque, uma vez instalada, tira-nos do controle de nossa própria vida. Ao contrário das outras paixões, que se iniciam brandas e vão crescendo e tomando conta de nós aos poucos, a ira percorre o caminho contrário: começa como um ímpeto gigantesco e avassalador e vai abrandando-se aos poucos, e é exatamente por isso que ela é tão difícil de ser contida no momento em que é mais destrutiva, quando surge.

Infelizmente, a história humana revela que o desejo de vingança inflamado pela raiva pode descambar em agressividade desmedida, transformando vítimas em algozes: alguém que foi injustiçado em uma situação passa a cometer novas injustiças, ferindo até mesmo quem não tem nada a ver com a situação inicial. Ao invés de uma retaliação proporcional (olho por olho, dente por dente), o comportamento enervado pode resultar em uma vingança totalmente desproporcional (uma vida por causa de um ferimento superficial). Por isso não é muito sensato alguém dizer: "Ah! Eu

sou do tipo que explode, mas logo depois passa e fico calmo de novo". Um míssil também explode muito rápido, mas veja o estrago que ele causa em segundos! A reconstrução de um lugar devastado não é fácil, e não ocorre na mesma velocidade de uma explosão. O mesmo ocorre com relacionamentos, vínculos profissionais e a própria reputação das pessoas. Portanto, quando sofremos a dor de uma injustiça, precisamos ser sábios para não deixar que nosso ímpeto de retaliação seja plenamente conduzido pela raiva e produza ainda mais destruição ao nosso lado.

DA RAIVA AO ÓDIO RANCOROSO

Há pessoas que até conseguem controlar a raiva nas situações de injustiça, mas não conseguem superar o ímpeto de vingança. O calor da ira passa, mas o desejo de retaliação permanece. É nesse ponto que começa o *ódio rancoroso*. O francês René Descartes, um dos primeiros filósofos da modernidade (século XVII), percebeu a diferença entre esses dois tipos de comportamento. Em uma das páginas mais memorá-

veis de seu livro *As paixões da alma*, Descartes afirma que existem aqueles que ficam vermelhos de raiva, ou seja, passam por uma explosão (que leva o sangue a ruborizar suas faces), descarregam sua cólera e esquecem a ofensa que pensavam ter sofrido, mas há também aqueles que ficam brancos de raiva, ou seja, empalidecem de tanta raiva, abafam seu sentimento, que vai crescendo, fermentando, contaminando todo seu ser até que surja uma ocasião propícia para a vingança. Da mesma forma, os psicólogos Raymond DiGiuseppe e Raymond Chip Tafrate, referências acadêmicas em distúrbios de raiva, ensinam que o ódio é caracterizado pelo forte desejo de efetuar vingança ou ferir um oponente, mas sem as alterações fisiológicas normalmente associadas à raiva. O ódio pode até se transformar em raiva quando a pessoa realmente confronta o objeto de seu antagonismo, mas não está necessariamente associado à raiva no restante do tempo. Ou seja, o ódio pode ser frio e duradouro.

Há três consequências muito nocivas nesse tipo de ódio:

1. *Distanciamento*: odiar algo implica a convicção de que o alvo do ódio não merece proximidade, compreensão ou intimidade.

2. *Emoção negativa:* o ódio é marcado por um sentimento negativo, associado a algum tipo de paixão como medo, nojo ou raiva.

3. *Crença justificadora*: o ódio é caracterizado pelo compromisso com um sistema de crenças que desvaloriza o indivíduo ou grupo odiado. Isso pode assumir a forma de encorajar outros a adotarem a mesma visão de ódio por meio do uso de propaganda.

A compreensão do sentimento de ódio é ampliada quando também examinamos a noção de rancor. O filósofo André Comte-Sponville apresenta uma definição assertiva: "[Rancor é o] ranço invejoso por um bem que não nos foi feito. [...] Uma vingança reprimida, que ficou rançosa. Queremos mal a al-

guém pelo mal que nos fez, mal do qual guardamos a lembrança e, por não lhe podermos dar resposta, o ressaibo [ou seja, o ressentimento]. É um ódio presente, por um sofrimento passado. O mal que nos fizeram nos faz mal por muito tempo".

A definição do filósofo francês contém alguns elementos em que vale a pena prestar atenção. Em primeiro lugar, há a associação entre rancor e ranço, que é a decomposição da gordura em contato com o ar, que lhe dá gosto azedo e cheiro de coisa estragada. É uma boa metáfora: o rancor deixa um cheiro rançoso no ar, algo que nos incomoda sobretudo quando não podemos identificar sua origem, um cheiro que indica que há algo se decompondo, se perdendo. Por isso o rancor nos afasta das pessoas.

Em segundo lugar, sentimos rancor porque não temos algo que gostaríamos de ter ou porque recebemos algo que não gostaríamos de ter recebido. Existe, portanto, uma reivindicação nossa de que teríamos direito a algo que, injustamente, não recebemos (e um problema adicional é que nosso rancor pode também ser injusto, ou seja, fruto de inveja e soberba).

Em terceiro lugar, o rancor está ligado à ideia de que teríamos direito de nos vingarmos de algo que outra pessoa fez, e que, por alguma razão, essa resposta não ocorreu na hora certa. O rancor é sinal de que achamos que perdemos a oportunidade de fazermos algo, e aguardamos uma nova ocasião para dar a resposta. O problema é que, no caso do rancor, e diferentemente da tolerância, em que abrimos mão voluntariamente de revidar uma ofensa recebida (e de que vamos falar mais à frente), essa *ideia fixa* vai fermentando em nosso coração, propagando, contaminando tudo o que existe em nós, como um germe. Por isso o rancor nos afasta da possibilidade de perdoar os outros, de perdoar a vida e de sermos pessoas mais bem resolvidas.

O sentimento de ter sido vítima de uma ofensa, a memória amargurada e o desejo de vingança misturam-se no rancor para revelar seu quarto elemento: o rancor prende-nos ao passado em um círculo vicioso, impedindo-nos de viver o presente. A tragédia do rancoroso é que, em vez de libertá-lo, o rancor o escraviza. O rancor nos afasta do fluxo da vida e da (boa)

transformação que o tempo pode trazer para nós. O ódio rancoroso, portanto, é uma estranha patologia da alma, um veneno que se toma na expectativa de que o outro seja intoxicado.

DO ÓDIO RANCOROSO AO PERDÃO

O ódio rancoroso não compensa porque nos aprisiona em todo tipo de sofrimento, incluindo sofrimento físico. Dentre os diversos problemas de saúde causados pelo ódio prolongado, podemos citar: sistema imunológico enfraquecido; gastrite e outras doenças gastrointestinais; acidentes vasculares cerebrais (AVC); doença renal; pressão arterial elevada; dores de cabeça; distúrbios respiratórios; doenças de pele; artrite; deficiências no sistema nervoso; distúrbios circulatórios.

O ódio também nos leva ao cárcere da amargura e da autocomiseração, prejudicando nossa saúde mental. Podemos viver dizendo "isso só acontece comigo" ou "eu nasci para sofrer", o que não resolve nossos problemas e ainda drena nossa energia. Esse sentimento

rancoroso pode abalar nossa autoestima gerando um comportamento defensivo, queixoso e, muitas vezes, um quadro depressivo. Tudo isso sem falar na contaminação dos relacionamentos e da sociedade como um todo. Conforme o ditado atribuído a Mahatma Gandhi, se imperar a lógica da retaliação, do olho por olho, todos nós acabaremos cegos.

Um caminho diferente é o caminho do perdão, como examinaremos nesta obra. É um caminho mais difícil, mas um caminho melhor. Considere, por exemplo, a famosa parábola do filho pródigo, no Evangelho de Lucas. Um homem tinha dois filhos. Um dia, o mais moço deles exigiu de seu pai a parte que lhe cabia em sua herança, e partiu para longe. Jovem e imaturo, ele gastou rapidamente tudo o que tinha, e começou a passar necessidade, porque a fome assolara a parte do mundo em que vivia. Um homem o contratou para cuidar de seus porcos, provavelmente em troca apenas de um lugar para dormir e de alguma comida, que devia ser insuficiente para aplacar sua fome. Cuidar de porcos, considerados pelo judaísmo animais impuros e imundos, era

uma grande humilhação. Ele então cai em si e pensa: "Quantos empregados de meu pai têm pão de sobra, enquanto eu, aqui, morro de fome! Vou ter com meu pai e lhe direi: 'Pai, pequei contra o céu e contra ti. Já não mereço ser chamado teu filho. Trata-me como a um dos teus empregados...'", e partiu para a casa de seu pai. Quando seu pai o avistou ao longe, correu em direção a seu filho, de braços abertos, feliz por reencontrá-lo. O filho iniciou então o discurso que preparara: "Pai, pequei contra o céu e contra ti. Já não mereço ser chamado de teu filho...". O pai então interrompe o filho e grita para seus servos: "Parem tudo! Tragam a melhor roupa que encontrarem para vesti-lo, um anel para seu dedo! Matem o bezerro mais gordo que encontrarem e preparem um churrasco! Precisamos celebrar! Eu pensava que este filho querido havia morrido, e vivia amargurado por isso, e agora Deus o trouxe de volta para mim!". A festa começou na casa do homem, e o filho mais velho, que estava trabalhando no campo, chegou em casa. Antes de entrar na casa, passou por um dos servos e perguntou o que estava acontecendo. O servo ex-

clamou: "Seu irmão voltou! Seu pai está dando uma grande festa para celebrar isso!". E o Evangelho de Lucas diz: "Então ele se encheu de cólera e não quis entrar. O pai saiu para pedir-lhe que entrasse; mas ele replicou ao seu pai: 'Já faz tantos anos que eu te sirvo sem ter jamais desobedecido às tuas ordens; e, a mim, nunca deste um cabrito sequer para festejar com meus amigos. Mas quando chegou esse teu filho, que devorou teus bens com prostitutas, mataste o bezerro gordo para ele!'".

Nós já analisamos esse texto em nosso livro *#Um dia sem reclamar*, mas vale a pena retomar o que dissemos lá sobre o irmão mais velho. Em primeiro lugar, ele cobra do pai o que pensa ser seus direitos, e diz que eles não foram reconhecidos, enquanto seu irmão mais novo, que não teria direito a mais nada, recebe novos presentes e benefícios do pai: ele se vê como injustiçado (ainda que, de fato, não o seja). Em segundo lugar, ele diz que quer celebrar algo não com sua família, mas com seus amigos. Isso é um indício de que ele não sentia prazer na convivência com a família, e só obedecia ao pai por dever (os comentaristas notam

que ele não estava em casa quando o irmão chegou, o que indicaria seu distanciamento, pois matar um novilho e assá-lo é algo demorado; para ele não ter percebido, não poderia ter se afastado apenas pelo tempo razoável demandado pelo trabalho no campo). Em terceiro lugar, o rancor que contamina seu ser (que deve ter surgido quando o irmão recebeu sua herança e partiu e foi crescendo aos poucos) faz com que ele chame seu irmão de "esse teu filho". Ele despreza o irmão, mas, ao mesmo tempo, o inveja, e nisso reside a essência do rancor.

Mas ainda há algo impressionante na Parábola do Filho Pródigo: o comportamento do pai. O filho mais jovem havia preparado um discurso de auto-humilhação para quando encontrasse o pai, e até ensaiou dizê-lo, mas antes que chegasse na parte das consequências que justamente recairiam sobre seus atos passados, ser tratado como um servo, o pai interrompeu o filho: "Pare, filho! Eu te perdoo! Não se humilhe, porque você é importante para mim!".

É isso que o perdão faz: descola as consequências do ato do próprio ato, solta as amarras do passado, que

nos impedem de seguir em frente, e dá início a uma nova vida. O oposto do perdão, por outro lado, que é fruto do rancor, é a vingança, que nos prende para sempre ao passado.

2

O QUE É O PERDÃO

O conceito de perdão desenvolveu-se historicamente como um termo técnico do direito. O *Dicionário Houaiss* o define como "remissão de pena ou de ofensa ou de dívida", o que significa que, diante da ofensa de alguém, em vez de alimentarmos o ódio vingativo ou tentarmos fingir que nada aconteceu, podemos perdoar, isto é, cancelar a dívida e buscar a paz.

O caminho do perdão certamente não é fácil. Como indica sua própria etimologia, perdoar significa doar-se totalmente (do latim *perdonare,* em que a partícula *per* indica a perfeição de algo que se realizou completamente, e *donare* significa doar). O termo se difundiu na época carolíngia (séculos VIII a X) e expressa a ideia de doar até o extremo, doar até o fim, abrir mão totalmente de algo, abrir mão de si. Outros idiomas apresentam ideias próximas. Por exemplo, em hebraico a palavra mais utilizada é *nassah,* que significa primordialmente levantar, carregar, levar embora; em grego, a palavra mais utilizada é *aphienai,* com o sentido primordial de mandar embora, libertar, colocar de lado. As duas palavras indicam que perdoar é uma decisão diante de uma ofensa injusta: cancelar a dívida do ofensor. Ao perdoarmos, deixamos quem nos ofendeu corrigir seu erro e seguir em frente, levantamos o peso que recai sobre essa pessoa, mas também colocamos de lado aquilo que nos impedia de viver em paz com essa pessoa, libertamo-nos do peso de termos que viver o ódio rancoroso. Talvez nos ajude

a compreender melhor o perdão pensar também no que ele não é.

***Perdoar não significa ser indiferente a algo*:** a indiferença é um sinal de que não se é afetado por algo, de que algo não importa para alguém. O perdão, ao contrário, implica que consideramos que a ação de alguém é um mal dirigido a nós, e por isso nos afeta de algum modo. Se consideramos que a ação de alguém nos é indiferente (por exemplo, ligar a televisão no cômodo em que nos encontramos, sem que isso nos incomode), não há o que perdoar nela.

***Perdoar não é resignar-se*:** resignar-se é aceitar um mal que é inevitável, conformar-se a ele. Se alguém visita a casa do chefe e ele liga a televisão quando se quer ficar em silêncio, só lhe resta resignar-se. O perdão, ao contrário, não é aceitar um mal, mas restringir o poder de a ação de alguém continuar a nos fazer mal, restringir o mal apenas ao momento da ação.

***Perdoar não é ser tolerante*:** a ideia de tolerância, como lembra Andrew Cohen, implica a avaliação de um comportamento como moralmente criticável,

mas que, ainda assim, permitimos que ocorra porque se preza algo mais importante do que nossos valores e cosmovisão (que avaliam essa ação como nociva) porque se preza a convivência com a pessoa que faz algo que desaprovamos e o benefício mútuo decorrente dessa convivência. Perdoar não é não reagir a um comportamento que consideramos nocivo, mas reinterpretar a própria ação que nos ofendeu e, sobretudo, separar essa ação da própria pessoa que nos ofendeu.

Perdoar não é exercer a clemência: a clemência, como observou Sêneca, diz respeito à justa medida de reação a uma falta que, no entanto, é contida por magnanimidade e brandura de um superior em relação a um inferior. O perdão, ao contrário, não é fruto de uma contenção de nossa ira, mas da transformação dela em outra coisa, de sua transformação na capacidade de se reiniciar uma relação sob novos termos (quando perdoamos alguém, estamos dando uma chance a essa pessoa de reiniciar uma relação conosco, mas também estamos nos dando uma chance de reiniciarmos uma relação com ela: estamos dando uma chance à vida).

Perdoar não é absolver**:** existem dois tipos de perdão no Direito: do próprio crime, pelo ofendido (no caso em que o Direito o permite), e da pena, pelo juiz (como no caso de um pai que, por acidente, leva seu filho à morte, e o juiz considera que já foi suficientemente punido pela própria vida e suspende a aplicação da pena pelo homicídio). O perdão judicial não se confunde com a absolvição. Quando um juiz absolve alguém, não está perdoando, longe disso: está afirmando que não encontrou culpa na ação da pessoa. O perdão significa que uma pessoa foi considerada culpada, mas alguém está renunciando a puni-la por isso (ou a puni-la ainda mais do que a vida já o fez). Por isso, como diz Paul Ricoeur, que alguém seja culpado, ou ao menos considerado culpado, é a condição necessária para que se desvele o horizonte do perdão. Perdoa-se alguém quando essa pessoa é culpada, não quando é inocente; perdoa-se alguém apesar de sua culpa (a culpa não é cancelada: ela deixa de ser invocada como causa para reagir ao mal que alguém lhe fez). Isso nega tanto a ideia de que perdoar é absolver

alguém quanto a ideia de que perdoar é esquecer-se de uma ofensa, como veremos com mais detalhes.

***Perdoar não é anistiar*:** perdoar e anistiar são atitudes distintas. Perdoa-se em nome próprio. Nenhuma violência se produz nesse ato. A anistia, pelo contrário, traz sempre em si uma violência. Anistia é a suspensão por terceiros do direito de o ofendido exigir a justa reparação da ofensa a seu direito. Anistia traz, também, a ideia de esquecimento, pois é essa sua origem etimológica. Em grego, *amnestía* é esquecimento, e anistia é palavra da mesma família de *amnésia*. O perdão, ao contrário, é um trabalho da memória.

***Perdoar é conceder remissão, e não remição*:** essas duas palavras são muitas vezes trocadas uma pela outra, mas enquanto remição vem do verbo remir, remissão vem do verbo remitir. Remir é pagar, indenizar, compensar, ressarcir. Remitir é perdoar, dar uma dívida por satisfeita. Remir é um ato do devedor, do ofensor. Remitir é um ato do credor, do ofendido. Em alguma medida, o perdão deve ser concedido apenas àqueles que querem reparar a ofensa, mas ele não é

uma forma de o devedor pagar sua dívida, e sim de libertá-lo de sua dívida.

Perdoar é, então, transformar o desejo de vingança em desejo de estabelecer a paz entre as pessoas. A mitologia grega tem uma história interessante sobre o poder destruidor da vingança e o poder libertador do perdão: é a história das *Erínias*.

O PERDÃO NO MITO DAS FÚRIAS

As Erínias são deusas terríveis, que os romanos chamavam de Fúrias. Elas nasceram do sangue de Uranos, o Céu, que foi derramado por seu filho Chronos, o Tempo, quando este o destronou e assumiu o lugar de governante do Universo. Por isso, essas deusas exigem que o sangue derramado por um parente seja vingado. Há várias histórias da mitologia grega que envolvem as Erínias, mas a que nos interessa diretamente é a de Orestes, contada por Ésquilo.

Orestes é filho de Clitemnestra e do general Agamênon, líder da expedição dos gregos contra os troianos. Quando Agamênon reuniu as tropas para partir

para Troia, nas praias da cidade de Aulis, os ventos não sopravam, e os barcos não podiam deixar o porto. Agamênon acreditou que os gregos haviam ofendido a deusa Ártemis e, para aplacar sua ira, seria preciso realizar um sacrifício humano. Ifigênia, sua filha, ofereceu-se para ser sacrificada e morreu em uma pira (outra versão diz que Ártemis a substituiu por uma corça no momento final). Após o sacrifício, o vento voltou a soprar, Agamênon partiu com seus homens, e a guerra de Troia se iniciou, durando dez anos.

Enquanto isso, as Erínias convenciam Clitemnestra a vingar o sangue derramado de Ifigênia. Quando Agamênon retornou, Clitemnestra o matou. Novamente as Erínias entraram em cena, e convenceram Orestes a vingar a morte do pai. Quando Orestes matou sua mãe, mais uma vez as Erínias entraram em cena, e exigiram a morte de Orestes.

Orestes então se refugiou na cidade de Atenas e pediu auxílio à deusa Atena, que os romanos chamavam de Minerva. Atena então disse que a justiça dos homens, em que eles vingam as ofensas sofridas com as próprias mãos, era insuportável aos deuses: toda

vez que alguém faz justiça assim torna-se, no mesmo ato, criminoso. Daquele momento em diante os crimes passariam a ser julgados por um tribunal. Mas os jurados, em número par, empataram seus votos no caso de Orestes, e a deusa que criou o tribunal foi chamada a desempatar o julgamento, que ela decidiu a favor do filho de Agamênon.

Nesse momento, as Erínias, iradas, ameaçaram destruir a cidade de Atenas: elas tinham direito ao sangue de Orestes, que lhes estava sendo negado. A deusa Atena, então, disse: "Erínias, vocês são desprezadas e temidas por toda a gente. Ao contrário de mim e dos deuses olímpicos, queridos e adorados pelos homens, vocês são odiadas por eles. Tenho uma proposta: de hoje em diante, eu, que sou a deusa desta cidade, dividirei esse direito com vocês. Vocês serão amadas pelos atenienses e chamadas de Eumênides (que quer dizer benfeitoras, benfazejas, benevolentes), haverá sacrifícios em seu nome, e o sangue dos animais sacrificados será seu, para que aplaque sua sede por justiça". As Erínias, então, abandonaram sua exigência de vingança e converteram-se em deusas protetoras da cidade.

O mito tem muito a dizer sobre o poder do perdão. Em primeiro lugar, ele fala do principal problema inerente à vingança: nela, quem realiza a justiça torna-se, por isso mesmo, criminoso. Em segundo lugar, desde o início da peça, mesmo antes de ser julgado, foi anunciado que Orestes seria perdoado apesar de sua culpa. O perdão não significava que ele não era culpado, mas que sua culpa não contaria mais contra ele. Em terceiro lugar, a estratégia de Atena para serenar a ira das Erínias é impressionante. Atena era a única deusa da cidade de Atenas e dos atenienses. Ela não precisava dividir essa honra e esse direito com ninguém. E foi exatamente isso, a surpresa desse ato, que desarmou as Erínias e as venceu: que Atena propusesse dividir esse lugar com elas, quando o que se esperava era que ela recrudescesse na posição de ser a única deusa da cidade. Quando isso ocorreu, a natureza dessas deusas mudou, de nocivas para benfazejas, de destruidoras para protetoras. É assim que o perdão opera: ele interrompe o ciclo de alternância e de reatividade que instaura a guerra e a destruição: o perdão instaura a paz.

Mas como o perdão faz isso? Ao desligar o agente do ato que ele praticou, o perdão permite ressignificar a pessoa que nos ofendeu e a própria memória, não a apagando, mas a transformando.

OS FILÓSOFOS E O PERDÃO

Um dos filósofos que mais se dedicaram ao tema do perdão foi o francês Paul Ricoeur (1913-2005), e seu principal texto sobre o tema é "O perdão difícil" (que integra a obra *A memória, a história e o esquecimento*). Ricoeur pensava que, quando alguém, o ofensor, se arrepende de uma ofensa (primeiro passo na dialética do perdão), ele se torna o acusador de si mesmo: finalmente se vê como um criminoso, um pecador, um monstro, enfim. Agora, o ofensor parece possuir pelo menos dois acusadores (o ofendido, que sofreu por sua ação, e ele próprio), e a justiça exige que alguém assuma sua defesa. Não há justiça sem defesa (mesmo os mais torpes criminosos só podem ser condenados se contarem com uma defesa, e por isso o Estado provê defensores públicos para quaisquer criminosos que não possam arcar com os custos da defesa, e mesmo para os chama-

dos réus revéis – criminosos que não são localizados pelo Poder Judiciário para se defenderem). Para que o ofendido possa defender o ofensor, o primeiro passo é "separar o agente de sua ação". Nesse ponto, Ricoeur retoma o filósofo Immanuel Kant (1724-1804).

Em seu livro *A religião nos limites da simples razão*, Kant diz que a razão (ainda que a partir de pressupostos judaico-cristãos) revela que o *mal radical* caracterizaria toda dimensão da história humana. Kant afirma, no entanto, que o mal não é *originário* do ser humano, ao contrário, temos uma disposição originária para o bem. Contudo, a disposição para o mal é *radical* (pense, por exemplo, na história da queda da criação que ocorreu no paraíso, descrita nos capítulos 2 e 3 do livro de Gênesis, na Bíblia: o homem foi criado para o bem – originariamente bom –, mas também livre. Uma vez que tenha desobedecido às leis de Deus, instaurou-se em seu coração uma propensão *radical* – na raiz de seu ser, já que raiz, em latim, é *radix*, de onde vem a palavra *radical* – para o mal, para o *pecado*).

Isso significa que, na base do ser humano, existe uma disposição boa, que foi encoberta por uma ação

má, por uma má escolha. O que o perdão faz é lavar essa lama que nos impede de ver como a pessoa verdadeiramente é. É preciso descolar a pessoa que realiza a ofensa da ofensa que ela praticou, se quisermos avaliá-la para além das aparências. No perdão, vemos a pessoa como ela realmente é, não como a vida a tornou. É nosso conhecimento de quem aquela pessoa é (e também de quem somos) que se amplia, e, por isso, saímos em defesa do ofensor que acusa a si mesmo, dizendo que sua falta não contará mais contra ele, como no caso do pai, na Parábola do Filho Pródigo, que analisamos no primeiro capítulo.

Por isso a dialética do perdão inicia-se pelo arrependimento, mas ele, ainda que seja condição para o perdão, não é suficiente, porque somente a graça, que por definição vem de fora do ofensor, é que pode suspender o efeito da sua natureza radicalmente má sobre si e sobre os outros. Como diz Paul Ricoeur, "sob o signo do perdão, o culpado seria considerado como capaz de outra coisa além de seus delitos e faltas. Ele seria devolvido à sua capacidade de agir, e a ação, [devolvida] à [capacidade] de continuar. É essa

capacidade que seria saudada nos mínimos atos de consideração nos quais reconhecemos o incógnito do perdão encenado na cena pública. Finalmente, é dessa capacidade restaurada que a promessa que projeta a ação para o futuro se apoderaria. A fórmula dessa fala libertadora, abandonada à nudez de sua enunciação, seria: tu vales mais que teus atos". Isso explica a etimologia de perdão, como vimos antes: nós nos doamos completamente no perdão, ao reconhecermos o valor do outro acima de seus atos.

É claro que o perdão coloca um problema: é que o passado pode às vezes ser remediado, mas o mal realizado deixa sempre marcas, há uma parcela da ofensa que deixa sua cicatriz em nós, há uma parcela do mal realizado que, apesar do arrependimento do ofensor, é irreversível. Sempre haverá cicatrizes no perdão. Mas sem o perdão, o que existe são feridas abertas, muito piores que as cicatrizes.

Sobre isso, a filósofa Hannah Arendt afirma, em *A condição humana:* "A única solução possível para o problema da irreversibilidade [da ação de alguém ...] é a faculdade de perdoar. [...] Perdoar serve para desfa-

zer os atos do passado, cujos 'pecados' pendem como espada de Dâmocles sobre cada nova geração [...]. Se não fôssemos perdoados, eximidos das consequências daquilo que fizemos, nossa capacidade de agir ficaria, por assim dizer, limitada a um único ato do qual jamais nos recuperaríamos; seríamos para sempre as vítimas de suas consequências, à semelhança do aprendiz de feiticeiro que não dispunha da fórmula mágica para desfazer o feitiço".

Não perdoar lança os efeitos da agressão mais uma vez sobre a vítima, é o que pensa Hannah Arendt, e isso se reflete nas duas metáforas que ela utiliza para explicar por que é assim.

Cícero, filósofo romano do final do século I a.C., contava que Dionísio, tirano de Siracusa, era invejado por seus cortesãos, mas eles geralmente dissimulavam sua inveja elogiando a vida que Dionísio aparentemente levava: elogiavam sua vida, quando queriam, na verdade, criticá-la. Dâmocles era um desses cortesãos, e sempre parabenizava e elogiava o governante por tudo o que ele fazia. Dionísio, então, propôs que Dâmocles trocasse de lugar com ele por um dia, e Dâmocles

aceitou. Quando se sentou no trono, olhou para cima e viu que, sobre ele, pendia uma espada afiadíssima, presa por um único fio de crina de cavalo. Dâmocles, então, implorou a Dionísio que trocasse de lugar com ele novamente, pois não desejava mais ser "tão feliz como o monarca".

Com essa metáfora, o que Hannah Arendt quer dizer é que as ofensas que não são tratadas, das quais cuidamos de esquecer (e vamos falar novamente sobre a diferença entre esquecimento e perdão no capítulo 4 deste livro), podem reaparecer a qualquer momento e ferir-nos. Mas a punição não é a única (nem a melhor) forma de cicatrizar o passado: é possível perdoar, restabelecendo a paz e a confiança que caracterizam a vida humana.

A história do *Aprendiz de feiticeiro,* que foi transformada maravilhosamente em um poema sinfônico por Paul Dukas (1865-1935) e adaptada fantasticamente em uma passagem do filme *Fantasia,* de Walt Disney (1940) – aponte seu celular para o QR Code ao lado para ver esse trecho do filme –, foi originalmente con-

tada por Johann Wolfgang von Goethe, em 1798. Era uma vez um poderoso feiticeiro. O feiticeiro tinha um aprendiz, que devia realizar atividades enquanto seu mestre dormia. Ele devia limpar tudo e, especialmente, lavar o chão da caverna em que moravam. O aprendiz, que não queria realizar o trabalho exaustivo, abriu então o livro com os encantamentos de seu mestre e descobriu um que convertia vassouras em servas. Ele realizou o encantamento, e a vassoura adquiriu braços e saiu com baldes a buscar água, passando a jogá-la no chão da caverna para lavá-lo. Mas o aprendiz, que lhe deu vida, não sabia fazê-la parar, e a caverna foi perigosamente transformando-se em uma piscina, que foi se enchendo e enchendo de água. O aprendiz, então, pegou um machado e destruiu a vassoura, partindo-a em muitos pedaços. A situação só piorou: cada parte da vassoura continuou cumprindo as ordens, e eram várias vassouras que inundavam de água a caverna. Já completamente alagada, quando o aprendiz perdia as esperanças, o feiticeiro apareceu, desfez o feitiço, e drenou a caverna com sua mágica.

Se, para Hannah Arendt, o exemplo de Dâmocles fala do esquecimento como oposto ao perdão, o exemplo do aprendiz de feiticeiro fala da vingança como também oposta ao perdão. A vingança nos dá uma satisfação momentânea, a impressão de que estamos no controle de tudo, mas, progressivamente, a angústia que carregava o coração do ofensor transfere-se para o ofendido que se vinga (e, se não se transfere, há algo errado com ele, um indício de sua desumanidade, de que ele é ainda pior que o ofensor). Quando nos vingamos, rapidamente a situação sai de controle, e começamos a sofrer mais do que quando fomos ofendidos. A vingança traz em si um problema (como vimos no mito das Erínias): é uma "re-ação a uma ofensa inicial, e assim, longe de pôr fim às consequências da primeira transgressão, todos os participantes permanecem enredados [ou presos] no processo, permitindo que a reação em cadeia contida em cada ação prossiga livremente". A vingança, por ser uma reação *previsível* (o *normal* é a vingança), não pode nos libertar do passado, porque nos prende eternamente ao momento da ofensa pela antecipação de um resultado esperado.

Assim, René Dentz afirma que "O perdão pode ser pensado como o uso poético da memória, que propicia a superação da falta de memória ou do esquecimento excessivo, bem como do excesso de memória, o que permite o trabalho da lembrança e a narrativa das histórias do passado de outra forma. Perdoar passa a ter a função de ressignificar um trauma ou uma dívida do passado. O perdão dirige-se não aos acontecimentos, cujas marcas devem ser protegidas, mas à dívida cuja carga paralisa a memória e, por extensão, à capacidade de se projetar de forma criadora no porvir". Se o rancor, como vimos, nos paralisa no passado, o perdão faz com que passado, presente e futuro se reconectem, faz o tempo fluir novamente.

É por isso que André Comte-Sponville define o perdão da seguinte forma, sintética, poética e profundamente filosófica: o perdão "não é uma absolvição, que suprimiria ou apagaria a falta, o que ninguém pode nem deve fazer. Não é o esquecimento, que seria infiel ou imprudente. Perdoar não é nem esquecer nem apagar: é renunciar, conforme os casos, a punir ou a odiar e até, às vezes, a julgar. Virtude de justiça (já que

é preciso julgar sem ódio) e de misericórdia". Não é absolvição porque absolvição é o reconhecimento de que alguém não possui culpa, o que não seria verdade, já que o próprio ofensor, para merecer o perdão, reconhece sua culpa e se torna seu próprio acusador. O perdão não tem o poder de mudar o passado, suprimindo a culpa, ainda que tenha o poder de ressignificá-lo. Também não é esquecimento, porque o perdão é um trabalho da memória em busca da felicidade, é uma busca pela memória feliz, que pode instaurar a paz e reconectar o passado com o futuro por meio do presente. Trata-se, portanto, de renunciar à vontade de vingar, porque reconhece ao mesmo tempo que o ser humano, mesmo o ofensor, é valioso, e que também nós somos propensos ao erro. Perdoar é tornar-se o defensor do inimigo, e, assim, transformá-lo em amigo, ao permitir que o julgamento recaia sobre seus atos, não sobre sua pessoa.

3

COMO O PERDÃO TRANSFORMA NOSSA VIDA

Era uma manhã de verão, no ano de 1922. Walter saiu de casa, como fazia todas as manhãs, entrou em seu carro e dirigiu-se para a sede do governo. Havia muito a fazer para evitar o pior, era preciso checar as fontes, era preciso acelerar

o processo, era preciso convencer todos. De repente, de uma travessa, apareceu um carro, que bloqueou a rua Wilhelm, impedindo Walter de prosseguir para a Königsallee. Seu carro freou bruscamente. Walter não sabia o que estava acontecendo e tentou abrir a porta do próprio carro. Em segundos, três homens saíram do outro carro portando metralhadoras. Uma rajada cortou o carro de Walter. Foi assim que Walter Rathenau, ministro das Relações Exteriores da Alemanha, morreu. Rathenau tentava convencer os alemães e seu governo a assinarem o Tratado de Rapallo com a União Soviética, para evitar uma nova guerra na Europa. Rathenau era um rico industrial. Ele era também judeu: foi uma das primeiras vítimas do antissemitismo que crescia na Alemanha na mesma proporção que crescia a adesão ao partido nazista. Dos três conspiradores, dois, Erwin Kern e Hermann Fischer, suicidaram-se durante a perseguição aos criminosos. O terceiro, Ernst Werner Techow, um jovem de vinte anos, foi preso, denunciado por seus próprios parentes, e condenado a quinze anos de prisão. Sua culpa era menor, ele era somente o moto-

rista, e alegou no tribunal que agira sob forte coação. Mas algo iria transformá-lo na prisão. Pouco depois do julgamento, a mãe de Techow recebeu uma carta, vinda da pessoa mais improvável de todas. Era uma carta de Mathilde Rathenau, mãe de Walter. Ela dizia: "Com uma imensa dor, eu lhe dou minha mão. Você, de todas as mulheres, é a mais digna de piedade. Diga a seu filho que em nome daquele que ele assassinou, eu o perdoo, assim como Deus pode perdoá-lo, se, diante da justiça dos homens, ele confessar sua culpa plena e francamente e se arrepender diante do tribunal de Deus. Se ele tivesse conhecido meu filho, o homem mais nobre que já existiu na Terra, teria preferido voltar a arma contra si próprio a matar Walter. Que estas palavras possam dar paz a sua alma".

Sua mãe lhe entregou aquela carta, e ela permaneceu com Ernst durante o cumprimento de sua pena, e transformou seu coração. Ele saiu em cinco anos por bom comportamento e mudou de vida. Durante muito tempo, ninguém teve notícias dele. Mas um dia, um jornalista americano, George W. Herald, que servia como mercenário na Legião Estrangeira na África, um

braço do Exército Francês em suas colônias, presenciou algo estranho: no ano de 1940, durante uma reunião, um novo recruta foi apresentado aos oficiais. Seu sobrenome também era Rathenau, ele era sobrinho do ministro assassinado pelos nazistas. O comandante da guarnição, um oficial chamado Tessier, ficou lívido ao saber quem era o recruta. Ele se levantou, foi até o jovem Rathenau, apertou sua mão e disse: "Eu sou o assassino de seu tio". Todos ficaram atônitos, sem compreender o que se passava. O comandante Tessier, então, contou sua história. Quando Techow saiu da prisão, mudou-se para a França. Por causa da sua ascendência suíça, seu francês era perfeito. Ele então trocou seu nome para Tessier e entrou para a Legião Francesa, onde acabou conseguindo obter a nacionalidade francesa. Tessier então disse: "Assim como a senhora Rathenau dominou a si mesma quando escreveu aquela carta de perdão, eu tentei fazer o mesmo comigo. Eu apenas gostaria de ter uma oportunidade para corrigir o erro que cometi". No ano seguinte, o jornalista George Herald o encontrou novamente, e disse que parecia que, finalmente, Techow havia en-

contrado uma forma de redimir-se: ele teria salvado mais de setecentos judeus que queriam fugir da França à medida que ela era ocupada pelos alemães.

A história de assassinos sendo perdoados por parentes de suas vítimas parece fantasiosa demais, se não fosse tão comum. No dia 19 de novembro de 2011, o jovem Carlos Eduardo Mendes de Jesus foi baleado ao sair de um bar em Realengo, no Rio de Janeiro. Mais uma vez uma rajada de metralhadora tirava a vida de alguém. As balas não eram destinadas a ele, mas a alguém que estava com ele. Carlos Eduardo chegou a ser atendido em um hospital, mas morreu horas depois. Seu pai, que estava longe de casa, postou a seguinte mensagem no X, antigo Twitter: "DOR! Insuportável perder quem amamos! Perco meu filho brutalmente. Estou em Caxias do Sul tentando voltar o quanto antes". Seu pai era famoso, uma pessoa condecorada com a Ordem do Mérito Cultural, a medalha brasileira mais importante concedida pelo Presidente da República a artistas e intelectuais. Seu pai era o dançarino Carlinhos de Jesus. No dia do julgamento do criminoso, durante um intervalo, Carlinhos foi a uma

cantina no prédio do tribunal e viu a mãe do assassino de seu filho, constrangida. Carlinhos a abraçou e disse: "Boa noite. Deus está olhando por nós". Depois comentou, em uma entrevista: "Eu senti a dor que ela estava sentindo. Assim como eu perdi meu filho, ela estava perdendo o dela, né?".

Nem Mathilde Rathenau, nem Carlinhos de Jesus estavam propriamente perdoando os criminosos pela morte de seus filhos, eles não teriam poder ou direito para fazê-lo: vimos que o perdão sempre é dado em nome próprio. Mas eles estavam sentindo uma dor imensa pela morte violenta de seus filhos, e é dessa dor que eles podiam conceder o perdão. Ao fazê-lo, duas coisas ocorreram. Mathilde e Carlinhos conseguiram cicatrizar suas feridas. Elas continuavam lá, e é provável que ainda doessem quando alguém esbarrasse nelas. Mas uma ferida cicatrizada, por mais feia que seja, é ainda melhor que uma ferida aberta. Com isso, conseguiram se desprender do passado e permitir que a vida fluísse, trazendo novas alegrias, recobrando, e isso é o mais impressionante, a fé na humanidade. Não podemos afirmar isso do assassino de Carlos Eduardo

(e é possível que ele não tenha se transformado, nem todos aceitam a graça do perdão, esperamos que esse não seja o caso), mas certamente Techow foi transformado a ponto de mudar seu nome para Tessier. O perdão dá uma nova oportunidade para quem erra e permite que essa pessoa revele todo o seu potencial, que foi obscurecido pela vida e por suas amarguras.

COMO CURAR FERIDAS

Há duas estratégias para tentar curar as feridas que o passado produz em nós. A primeira consiste em retribuir. É o que fazem tanto a condenação quanto a vingança. Delas, a vingança é a pior, porque instaura na vida de quem se vinga o peso que a prática da violência traz sobre nós. A história sobre Orestes e as Erínias, da qual falamos no capítulo anterior, tem a ver com isso.

Mas a condenação, por mais justa que seja, e inclusive por mais necessária que seja do ponto de vista social (alguém que comete um crime, como Techow, deve ser punido, se queremos que a justiça prevaleça, mas tal condenação não é incompatível com o perdão, porque

eles se desenvolvem em planos distintos), também é insuficiente, também não pode curar a ferida, cutuca-a o tempo todo, impedindo o corpo (ou a mente) de agir para fechar a chaga. A condenação por um juiz de alguém que matou seu filho dificilmente trará paz ao coração de uma mãe. Ao contrário: pode impedir que a ferida produza sua própria cura, se ela não perdoar o agressor por sua própria dor. Talvez por isso o profeta Ezequiel tenha anunciado no Antigo Testamento o seguinte juízo de Deus sobre os que pecaram: "Não sinto prazer na morte do que morre – oráculo do Senhor Deus: voltai, pois, e vivei!". Deus não quer punir o pecador, quer perdoá-lo, se ele se arrepender, porque isso restaura a paz entre o homem e Deus.

A segunda estratégia para curar o passado é a estratégia da memória. Mas aqui, também, há duas formas de a memória operar: com o esquecimento e com o perdão. O esquecimento não é uma boa estratégia, estando na base do rancor, porque o esquecimento é tudo, menos o apagamento do fato e da dor sofrida. O rancoroso pensa poder manter algo afastado de sua consciência, mas, ao esforçar-se para fazê-lo, ele se

lembra exatamente do que quer esquecer (e se lembra o tempo todo), reativando a lembrança dolorosa. Uma vez que, por alguma razão, o ofendido não pode reagir, ele pensa que, ao esquecer, anularia a dor, mas trata-se de um equívoco: o esquecimento se apresenta como uma estratégia neurótica, que, como toda neurose, frustra-se na sua própria origem, pois instala um recalque, uma repressão, em que a experiência traumática, não podendo aparentemente receber uma resposta compatível com o princípio da realidade (o esquecimento é incompatível com o princípio da realidade porque finge que nunca aconteceu o que de fato aconteceu), refugia-se no inconsciente, escondendo-se como pode, deformada, manifestando-se como sintoma; por exemplo, na ansiedade, nas fobias, e assim por diante. Mas nada pode se esconder no inconsciente, que não conhece passado, presente, futuro, e aquilo que foi reprimido não pode então permanecer no passado, portanto retorna como sofrimento para o ofendido. A ofensa que se quer esquecer se transforma em rancor, sempre presente, que passa a acusar o ofensor, mas também a acusar o próprio ego do ofendido,

pelo fato de o recalque, ao impedir o fluxo da pulsão, causar dor em si próprio. Como no caso da cicatriz, estar curado, possuir uma memória curada, não é se esquecer, mas poder se lembrar de algo sem sentir dor. O esquecimento, ademais, é uma desvalorização da pessoa do ofensor, o apagamento de uma parte de sua biografia, exatamente naquele ponto em que ela toca a biografia do ofendido.

Mas a experiência traumática pode ter outra resposta da memória, compatível com o princípio da realidade: trata-se do perdão. O perdão, como vimos no capítulo anterior, ressignifica o passado ao colocar a pessoa do ofensor acima da ofensa que ela realiza. Perdoar é produzir a paz por meio da recusa de exigir a justa punição (ou seu prolongamento) de quem violou seu direito, e o perdão salva ao mesmo tempo a pessoa do ofensor, a memória e, sobretudo, a pessoa do ofendido, preservando sua sanidade mental e reinstalando o fluir do tempo (passado-presente-futuro) sem o que nem ele, nem o ofensor, podem viver. Esse é o principal benefício do perdão. Não perdoar, ou mesmo tentar esquecer ou se vingar, prende-nos ao passado, enre-

da-nos no passado, como pensavam Hannah Arendt e Paul Ricoeur. Perdoar, ao contrário, nos liberta e liberta também quem nos ofendeu e se arrependeu.

OUTROS BENEFÍCIOS DO PERDÃO

A partir daí, há múltiplas transformações que o perdão também pode realizar em nós:

- ***Pode melhorar nossa saúde física e mental*:** pesquisas mostram que a resolução de conflitos por meio do perdão pode reduzir o risco de ansiedade, depressão, hipertensão, dor crônica, distúrbios do sono e problemas cardiovasculares. Um dos estudos mais interessantes sobre isso pedia que pessoas imaginassem ser ofendidas por outros, enquanto seus parâmetros vitais e bioquímicos eram medidos. O que se observou foi aumento de sua pressão arterial e de seu ritmo cardíaco. Da mesma forma, quando se pedia que elas pensassem em como perdoar os agressores, observava-se uma dimi-

nuição da pressão arterial e do ritmo cardíaco: o perdão é um medicamento poderoso, não só para a alma, mas também para o corpo.

- ***Pode auxiliar na superação de situações difíceis***: além de ajudar a vencer o passado, o perdão contribui para superar obstáculos reais ou exagerados em nossas mentes, sobretudo em relação a outras pessoas. Com o poder do perdão, outras situações difíceis passam a ser consideradas menos problemáticas ou até irrelevantes: a realidade, antes desproporcional, adquire uma perspectiva correta.

- ***Pode aumentar sua capacidade de empatia***: guardar rancor é viver de modo claustrofóbico, angustiado, triste, isolado dos demais. O ódio rancoroso drena nossa energia e tira nosso interesse pelos outros e pela própria vida. Por outro lado, o perdão nos torna mais sensíveis e capazes de ajudar pessoas necessitadas. Quando perdoamos, somos vistos como mais simpáticos, menos antipáticos, mais empáticos, e, com

isso, a confiança que os outros depositam em nós aumenta. Além disso, a neurociência, por meio de imagens obtidas por ressonância magnética, mostrou-nos que pessoas com tendência a perdoar possuem uma atividade neuronal menor em uma região do cérebro chamada de ínsula, e que pessoas com maior atividade da ínsula são mais propensas a sentir nojo, o que significa que pessoas mais rancorosas sentem mais nojo daquilo que as desagrada: são pessoas a quem tudo desagrada.

- ***Pode tornar seu espírito mais pacífico*:** pessoas mais bem-humoradas vivem melhor seus dias, com mais disposição, ânimo e leveza na alma. Pessoas pacíficas tendem a perder menos tempo com atividades improdutivas, porque, ao contrário dos rancorosos e dos belicosos, presos ao passado, o tempo flui para elas, e o futuro traz sempre esperança, e não angústia e ingratidão. Não por acaso, uma das bem-aventuran-

ças do Sermão do Monte: "Bem-aventurados os mansos, seu quinhão será a terra".

- ***Pode canalizar seu foco e sua energia para aquilo que é importante*****:** o perdão nos libera para vivermos nossa vida, nossos sonhos, nossos projetos, nos libertando de uma vida amargurada, preocupada mais em nos vingar e destruir outros do que em construir e promover beleza e justiça.

4

PERDOAR PODERIA SER FÁCIL, SE...

Não, perdoar não é fácil, mas também não é impossível: trata-se, como disse Ricoeur, de algo difícil, porque exige a transformação tanto do ofensor quanto do ofendido, porque exige o trabalho dialético da memória, porque exige a ressignificação da história.

Em primeiro lugar, perdoar é difícil porque temos uma tendência ao rancor. Mas existe algo por trás do rancor que explica também por que é tão difícil perdoar: nosso egoísmo, que cria em nós dificuldade para nos colocarmos no lugar de quem nos ofendeu (e, portanto, de sermos empáticos), o que nos impede de perceber adequadamente seu valor para além da ofensa. O grande escritor russo Liev Tolstói (1828-1910), em seu romance *Guerra e paz,* afirmou que "Temos que nos colocar no lugar do outro. Tudo compreender é tudo perdoar": se compreendêssemos profundamente por que alguém age como age, seríamos levados inevitavelmente a perdoá-lo.

O filósofo Friedrich Nietzsche (1844-1900), no entanto, acreditava que apenas os *desiludidos* pensariam assim. Talvez o que ele quisesse dizer é que os desiludidos, aqueles que se desencantaram como o mundo, vissem na frase um óbice para o perdão, porque apenas alguém que conhecesse tudo sobre outra pessoa poderia perdoá-la, o que é efetivamente impossível: podemos nos colocar ao lado do outro, assumir seu ponto de vista, podemos até viver o *pá-*

thos (a emoção e o impulso) com o outro, mas não podemos ser outra pessoa, pelo menos não por todo o tempo. Os desiludidos, então, são avessos ao perdão, são os rancorosos da história, porque se recusaram a compreender. É verdade que, se fosse possível conhecer tudo para perdoar, reconheceríamos, afinal, que ninguém é estritamente culpado por seus próprios atos. Mas isso não é possível. E, de fato, se fosse necessário conhecer tudo para perdoar, ninguém poderia perdoar ninguém, a não ser de maneira cínica: a culpa seria o ponto obscuro da vida de outra pessoa, que nos impediria de perdoá-la. Mas Nietzsche parece cometer um erro aqui: o perdão, como vimos, não diz que alguém não é culpado, não requer a inexistência da culpa; o que ele diz é que a pessoa que nos ofendeu ainda possui valor, apesar de sua culpa.

SÓ OS BOBOS PERDOAM

É claro que nem todos que nos ofenderam deveriam receber nosso perdão. Em primeiro lugar, quem não tenta reparar o mal que nos fez, e nem mesmo se ar-

repende, não deve ser perdoado, porque a ofensa, nesse caso, não é uma exceção, mas uma confirmação de sua natureza, e seria um erro perdoar quem não aprendeu com seu erro nem transformou seu caráter. Em *Ética a Nicômaco,* Aristóteles escreveu algo que nos interessa para pensarmos isso: um homem justo tende a praticar ações justas, e um homem injusto tende a praticar ações injustas, mas mesmo um homem injusto pode eventualmente praticar ações justas, e um homem justo pode eventualmente praticar ações injustas *por acidente* (acidente é um termo da Filosofia que designa uma qualidade de um ente que não interfere em sua substância. Por exemplo: um Fusca não deixa de ser um Fusca por ser amarelo ou azul – a cor é um *acidente* –, mas, se não possuir uma forma arredondada, ele pode ser qualquer carro, menos um Fusca – dizemos que isso é da sua *substância*). O mesmo ocorre com a coragem, a temperança e qualquer outra virtude: um homem corajoso pode, por acidente, praticar um ato de covardia, e um homem temperante pode, por acidente, exceder-se no consumo de álcool, por exemplo. Isso significa

que uma ação isolada não pode revelar se a pessoa é justa ou injusta, corajosa ou covarde, temperante ou intemperante. Se não é por uma ação isolada que identificamos quem é justo, corajoso ou temperante, e uma vez que, com exceção de nossos familiares mais próximos, não passamos todo o tempo ao lado de uma pessoa para ver como ela age na maioria das vezes, como avaliar o caráter de alguém? Aristóteles respondia: por sua *reação* à falta. Enquanto uma pessoa justa, ao praticar um ato injusto, sente-se culpada e pergunta-se como foi capaz de agir assim, a pessoa injusta conclui que era mesmo a injustiça que ela queria praticar; enquanto uma pessoa corajosa sente vergonha por ter agido com covardia, uma pessoa covarde pensa que fugir, agir de modo covarde, era a melhor forma de se comportar naquela circunstância; enquanto uma pessoa temperante se arrepende por ter se excedido na noite anterior, o intemperante anseia pela próxima noite de ainda mais excessos.

É por isso que quem não se arrepende do que fez não é merecedor do perdão: essa pessoa é capaz de nos

ofender ainda mais no futuro, pois a ofensa não foi um acidente em sua conduta; na verdade, revela sua natureza.

Há muitos indícios de que alguém não tenha se arrependido do que fez. Alguns são óbvios, outros são mais velados. Em primeiro lugar, há o que o ofensor diz: a pessoa que se arrepende de algo deveria procurar aquele a quem ofendeu e dizer-lhe isso. No entanto, uma vez que dizer que se arrependeu é mais fácil do que realmente se arrepender, é preciso tomar cuidado com aqueles que dizem que se arrependeram sem tê-lo feito: o que importa realmente não é o que a pessoa diz, mas seu comportamento, como indicou Aristóteles.

Essa ideia também está presente na Parábola dos Dois Filhos, que Mateus conta em seu Evangelho. Jesus disse que um pai pediu a seus dois filhos que fossem trabalhar em seu vinhedo. O primeiro falou que iria, mas não foi. O segundo disse que não iria, mas arrependeu-se, e foi. Jesus então perguntou: qual dos dois fez a vontade do pai? Obviamente o segundo. É assim também com o perdão: o que ele exige para ser concedido não é propriamente um pedido de desculpas (se bem que isso seja naturalmente o primeiro

passo, e é provável que dizê-lo seja mais difícil para alguém que realmente se arrependeu do que para aquele que finge se arrepender), mas uma mudança de comportamento, em que ocorre aquilo que, em alguns trechos da Bíblia, é chamado de *metanoein* (palavra grega geralmente traduzida como arrependimento, mas que, de uma maneira mais profunda, quer dizer mudar o coração, mudar um ponto de vista ou a compreensão de algo, mudar de mente). Essa é a palavra que aparece na Parábola dos Dois Filhos para descrever o comportamento do segundo filho: ele se arrependeu verdadeiramente.

Há outro indício de que alguém não se arrependeu do que fez: é o traço rancoroso de quem sempre invoca o passado. "Nós já tivemos um problema", essa é a frase usual de tal pessoa, que a usa para iniciar qualquer conversa sobre qualquer tema, muito tempo depois do ocorrido, com quem já lhe perdoou. Tal comportamento indica que a mente dessa pessoa não mudou, e que ela continua remoendo o acontecido, só não tendo reagido porque as circunstâncias impediam-na de agir assim. O problema de tais pessoas é que elas não são

orientadas sabiamente pelo passado, mas governadas tiranicamente por ele, e é preciso temê-las. Com relação a elas, infelizmente é preciso se afastar, para poder continuar a viver sem ser enredado por sua fixação ao passado. Isso quer dizer que, com essas duas exceções (pessoas que não se arrependem e pessoas que invocam continuamente o passado), devemos confiar em quem parece ter se arrependido e perdoá-lo? Sim, esse risco vale a pena! Sem isso, como restabelecer a paz que se almeja no perdão? O perdão não pode ser tido como uma forma estratégica de se lidar com a realidade, em que apenas se finge perdoar porque se desconfia de que quem pede perdão, no fundo, não se arrependeu. Isso desconectaria o fluxo passado-presente-futuro, necessário para a vida e, sobretudo, para a vida feliz.

"Mas esse é o comportamento dos ingênuos, dos tolos, dos bobos!", pode responder alguém. Bem, de um ponto de vista ético, talvez valha mais a pena ser bobo do que ser esperto, pelo menos no que diz respeito à vida dos outros. Clarice Lispector escreveu sobre isso na crônica *Das vantagens de ser bobo*: "Os espertos estão sempre tão atentos às espertezas alheias que se

descontraem diante dos bobos, e estes os veem como simples pessoas humanas. O bobo ganha liberdade e sabedoria para viver. [...] a vantagem de ser bobo é ter boa-fé, não desconfiar e, portanto, estar tranquilo. Enquanto o esperto não dorme à noite com medo de ser ludibriado. O esperto vence com úlcera no estômago. O bobo nem nota que venceu".

QUANDO PERDOAR?

Há mais uma advertência importante sobre o perdão na Mishná, a lei oral dos judeus. Não precisamos conceder o perdão na primeira vez que alguém nos procurar pedindo por ele. Também não precisamos conceder o perdão da segunda vez que o fizer, se a ofensa foi muito grave. Mas *não podemos deixar de conceder o perdão na terceira vez que a pessoa procurar-nos* pedindo por ele: isso seria crueldade, pois o fato de alguém humilhar-se procurando-nos três vezes deveria ser indício suficiente da mudança de seu coração. E, uma vez concedido o perdão, nunca mais devemos invocar o mal que ela fez no passado contra nós para acusá-la. Até Deus age assim, prometendo

que nunca mais se lembrará dos pecados perdoados (não no sentido de se esquecer deles, o que seria impossível, mas de não mais os invocar contra o pecador arrependido). Por isso o tratado *Yoma,* também do Talmude, estabelece que "os pecados que confessamos em um Yom Kipur não devem ser confessados novamente em outro [Yom Kipur]".

O Yom Kipur é o dia do perdão no judaísmo, o dia no qual os pecados cometidos contra Deus são cancelados na vida dos penitentes, e a proibição de solicitar novamente o perdão pelos pecados cancelados no passado se dá porque quem pede perdão novamente pelo que já foi perdoado ou pressupõe que o perdão de Deus pode não ser completo, ou possui um desejo doentio e um prazer mórbido de reviver as faltas cometidas, "como um cão que volta ao seu vômito". Como diz Joseph Telushkin, "o objetivo do arrependimento é purificar a alma; assim que isso for alcançado, não se deve continuar a pensar nos atos que a mancharam". Devemos afastar de nós a obsessão pelos males que causamos a alguém, pedindo-lhe perdão continuamente depois de tê-lo obtido.

Existe outro motivo que explica por que é tão difícil para nós perdoarmos: é que, de alguma forma, nosso egoísmo, que nos coloca no centro do mundo, nos torna muito sensíveis (na verdade, produz uma distorção na maneira como percebemos a realidade) e nos leva a ver como uma ofensa qualquer comportamento dos outros, mesmo que não seja sua intenção ofender-nos. Tendemos a pensar que tudo o que os outros fazem e que entra na esfera de nossa percepção diz respeito a nós: se o cachorro late de madrugada debaixo de nossa janela, queria nos acordar, e se alguém pisa em nosso pé no ônibus, é com a intenção de nos ferir. Depor-se da posição egoica de pensar tudo como girando em torno de si levaria a pessoa a nem sequer considerar como ofensa o que a maioria dos seres humanos consideraria como ofensa, blindando-a e permitindo-lhe levar sua vida em frente, em lugar de ser imobilizada por cada infortúnio, sofrimento ou ofensa que receba. Mas, efetivamente, algumas pessoas parecem querer ofender-nos. Como agir diante delas? Talvez a forma mais sensata de agir nesses casos seja como recomenda Sêneca, pensando

assim: “Alguém me ofendeu. Mereci? Se não mereci, isso é uma desonra para a pessoa que me ofendeu, não para mim. Se mereci, não devo tomar como ofensa, mas como uma advertência”. A vida oferece oportunidades de sobra para evoluir, tanto ao ofendido quanto ao ofensor.

5

COMO DESENVOLVER UM ESPÍRITO DE PERDÃO: SETE EXERCÍCIOS

O perdão é a única possibilidade de superar o ódio rancoroso e sua tendência autodestrutiva. Vimos que não é fácil nem banal perdoar, mas é possível e benéfico fazê-lo, não

somente para quem é perdoado, mas especialmente para quem perdoa.

A neurociência parece indicar que haja pessoas mais propensas a perdoar que outras (aquelas que sentem menos nojo), mas acreditamos que as disposições humanas, inclusive a disposição para o perdão, são tendências de comportamento que podem ser desenvolvidas, porque podemos ser treinados a agir de modo diverso de nossa disposição original, e por isso elaboramos sete exercícios que visam a estimular a disposição para o perdão naqueles que desejam perdoar com mais facilidade.

Não existe fórmula rápida para perdoar, pois o processo do perdão é dialético e não ocorre nem se manifesta de forma linear. Portanto, os exercícios propostos podem ser praticados em diversas ordens e combinações. Nosso objetivo é apresentar comportamentos e estratégias que têm se revelado eficazes no curso dos milênios, em diversos contextos e culturas humanas, para toda pessoa que deseja viver sem ser prisioneira do ódio. O foco desses exercícios é desen-

volver em você a percepção de que o perdão é possível e contribui para uma vida melhor.

1º EXERCÍCIO
Identifique seus ofensores e as ofensas sofridas

Este exercício está associado ao autoconhecimento e à capacidade de discernimento. Não podemos perdoar sem reconhecer a realidade da dor que sofremos. Perdoar não significa fingir que a afronta não ocorreu, e a mera negação das dores não gera perdão. Negar o ultraje recebido é muitas vezes uma reação de defesa enganosa e ineficaz. O autor italiano Enzo Bianchi afirma que a negação das ofensas sofridas pode até mesmo ser patológica: "negando o mal, não se deve assumir a fadiga do perdão, renunciando assim à própria emotividade, a uma parte de si mesmo, a um comportamento humanizante". Portanto, o ato de perdoar não consiste em encontrar desculpas para o comportamento do agressor, elaborar truques mentais para fugir da realidade ou praticar a deso-

nestidade emocional. Perdoar envolve genuíno confronto com a realidade.

Todos se magoam em algum momento da vida, isso é um fato universal: a dor é inevitável. Não faltam tristezas e decepções na vida. Há situações difíceis de superar. Pais negligentes. Cônjuges indiferentes. Filhos desrespeitosos e ingratos. Pessoas invejosas. Adversários gratuitos. Relacionamentos rompidos. Manifestações aleatórias de violência. A lista parece interminável. Se jamais nos feríssemos, não haveria necessidade de perdoar. Contudo, ao longo da vida, somos todos feridos de algum modo. É justamente na ferida aberta pela ofensa que o perdão se coloca como uma possibilidade.

Examinamos nos capítulos precedentes os efeitos nocivos do ódio rancoroso. Pessoas feridas têm a tendência de ferir outras pessoas – que podem ser os ofensores ou mesmo quem nada tem a ver com a ofensa (e aqueles perto de nós correm muito risco se não conseguimos perceber claramente quem nos ofendeu e como o fez). Alguém já disse que o animal mais perigoso da floresta é o animal ferido. As mágoas

escondidas que se enraízam em nossas vidas cedo ou tarde podem nos surpreender negativamente. Você pode estar com ódio infiltrado em todos os cantos dos seus pensamentos, palavras e atitudes há tanto tempo que nem percebe mais sua presença.

A pergunta-central neste exercício é: *quem ofendeu você e como o fez?* Neste ponto recomendamos muita atenção: não se trata de realizar uma introspecção para trazer à tona sofrimento e lixo emocional do passado. Não há proveito algum em tentar recuperar lembranças (reais ou imaginárias) de dores superadas. O passado pode ser um lugar difícil de visitar, cheio de memórias tristes daqueles que nos deixaram marcas, e para cicatrizar as feridas do passado é preciso não as cutucar o tempo todo. Para vencer o ódio rancoroso que nos corrói a saúde biopsíquica, é necessário simplesmente identificar com precisão quem nos ofendeu e a ofensa que sofremos. O perdão ajuda a memória a se curar, não a esquecer.

Qual é a situação que reaparece de tempos em tempos abrindo as comportas do ódio infernal em seu interior? Seus colegas de trabalho perseguem você?

Seus sócios nunca têm prioridades alinhadas com as suas? Seus amigos foram indiferentes em um período em que você precisou de ajuda? Seus encontros de família se transformaram em uma tarefa desagradável por causa de rancores não resolvidos? Algumas pessoas simplesmente nos odeiam por causa da maneira como outras pessoas nos amam.

Um ponto de partida seguro para uma vida com menos rancor e mais perdão é identificar as pessoas que o ofenderam e a ofensa que cometeram contra você. Trata-se de um exercício de escrita, no qual você deve anotar três itens, em três colunas diferentes: (1) ofensores: o nome das pessoas que ofenderam você; (2) ofensas: o que lhe fizeram; e (3) como você reagiu.

OFENSORES	OFENSAS	COMO VOCÊ REAGIU

Faça anotações específicas. Quais são os nomes das pessoas que o ofenderam? Se há alguém que você

precisa perdoar, provavelmente não terá que se esforçar para identificar quem é essa pessoa e o que ela fez.

Em seguida, procure refletir: de que modo você foi prejudicado? Se existe o ofensor, existe a ofensa. O que especificamente foi feito pela pessoa que o machucou? Como você sofreu uma ferida? A pessoa roubou o crédito por algo que você realizou? Quebrou sua confiança ao tornar público algo que você lhe confidenciou? Fez um comentário maldoso? Falou mentiras a seu respeito? É apropriado avaliar também os danos de fato sofridos pela ofensa. De que forma você sofreu prejuízos e em quais áreas: reputação? Finanças? Relacionamentos? Vida profissional? Vida amorosa? Vida familiar? Essas perguntas também podem auxiliar no contraste entre a objetividade da ofensa e seu impacto em nossa subjetividade.

Uma vez identificados ofensores e ofensas, reflita: sua consciência está tranquila em relação a cada uma das pessoas da lista? Como você reagiu? Pagou o mal com mal? Iniciou uma vingança e perdeu a razão? Tentou fazer justiça com as próprias mãos e cometeu injustiças ainda piores do que as recebidas? Guardou

rancor? Tentou fingir que nada ocorreu, mas permanece com a alma perturbada?

É muito importante refletir sobre as suas reações. Não há como perdoar se sua consciência não estiver limpa em relação à pessoa que o feriu. Você não é responsável pelos dois primeiros itens da sua lista: você não pediu para isso acontecer, não provocou a situação, não mereceu a ofensa. No entanto, você é a única pessoa responsável pelo terceiro item.

A autora Nancy Leigh DeMoss apresenta algumas perguntas que podem auxiliar nesse processo:

- Há alguma pessoa ou circunstância que você culpe por aquilo que aconteceu em sua vida?
- De que maneira você pode se libertar assumindo responsabilidade por sua atitude em relação a essa pessoa ou situação?
- Você procura castigar alguém que o tratou de modo injusto? Como você faz isso? O que o impede de perdoar essa pessoa e cancelar tal dívida?

- Há em sua vida alguma tensão ou pressão crônica que talvez tenha origem em um espírito amargurado e rancoroso?

Quando você identifica as feridas que são continuamente reabertas, é possível encará-las e questioná-las para, depois, curá-las. Ao encarar e identificar suas dores, é crucial questionar-se: *essas feridas precisam definir minha identidade, meus objetivos e meus planos de vida?*

O destino de nossa vida não é determinado por aquilo que acontece conosco, mas pelo modo como reagimos àquilo que acontece conosco. Somos evidentemente afetados pelas circunstâncias que formam nossa vida, mas não somos necessariamente reféns das circunstâncias. Enquanto crermos que as circunstâncias são onipotentes e que não temos liberdade alguma, seremos sempre vítimas da vida. Não por acaso, DeMoss afirma que perdoar é uma jornada para a liberdade.

Lembre-se, por fim, de que, como sugeriu Sêneca, aquilo que pode parecer uma ofensa, em um momento de maior sensibilidade nossa, analisado pela razão pode

se revelar uma crítica construtiva a nós, ou mesmo um acidente, em que aquele que aparentemente quer nos ofender deseja, na verdade, outra coisa (como o passageiro que, ao se desequilibrar, pisa em nosso pé no transporte público, não para nos ofender, mas por acidente, ou o cão que de noite late sob nossa janela, não para nos acordar, mas para afugentar um invasor).

2º EXERCÍCIO
Decida perdoar a dívida e renuncie ao direito de revide

Perdoar não é uma atitude natural ou um sentimento espontâneo nos seres humanos, pelo contrário: nosso impulso natural diante das ofensas é revidá-las na mesma moeda, de maneira imediata ou, o que é pior, planejada friamente. O ódio incubado pode tornar a pessoa obsessiva, profundamente ressentida. A memória do passado exacerba o sofrimento, e o planejamento do futuro é dominado pela possibilidade de executarmos a vingança. Guardar mágoa é, assim, um convite ao tormento. O grande problema é que o caminho da vingança tende a multiplicar a

agressividade e a violência em uma espiral de ódio que aniquila as relações humanas. Um exemplo famoso é o cântico de Lameque, que aparece nas primeiras páginas da Torá: "Sim, eu matei um homem por um ferimento, uma criança por uma contusão. Sim, Caim será vingado sete vezes, mas [Lameque] setenta e sete vezes". Perceba: o revide de Lameque é totalmente desproporcional à ofensa. Ele sofreu um ferimento e revidou matando o agressor. A vingança recorrentemente obscurece a razão de quem a persegue e se torna uma força destruidora fora de controle. A ofensa que sofremos pode não nos destruir, mas o ódio rancoroso certamente o fará. A experiência humana comprova que o rancor tem um alto preço, transformando o ofendido em ofensor.

O perdão, por outro lado, significa doar-se totalmente. Como já vimos, perdão expressa a ideia de doação total, doar até o extremo, doar até o fim. De certo modo, perdoar é perder. O perdão requer um sacrifício de si mesmo em relação ao outro.

O perdão não é um sentimento, é uma decisão. Todo longo caminho começa com um primeiro passo,

e o caminho do perdão começa com uma decisão de abandonar o desejo de vingar-se do ofensor: perdoar significa, portanto, optar pela suspensão da vingança. É como cancelar uma dívida, abrir mão de receber algo que lhe é devido. É como apertar a tecla "delete" no direito de cobrar justiça da pessoa ofensora. A psicóloga Andréa Lima do Vale Caminha afirma que perdoar significa exatamente livrar-se do peso da dívida, possibilitando uma experiência efetiva de libertação tanto daquele que perdoa como daquele que é perdoado: "O que é anulado, na atitude de perdoar, é a dívida que o ofensor tem para com o ofendido, e não a memória. Na memória irá ocorrer um trabalho de elaboração e ressignificação com relação ao sentido dado aos fatos traumáticos do passado". A autora destaca que a anulação da dívida é a marca de libertação que o perdão proporciona àquele que oferta e àquele que recebe o perdão. Assim, o perdão é um compromisso de não reivindicar a justiça e de demonstrar misericórdia. O rabino David Wolpe ressalta que renunciar ao "direito" de revidar é também renunciar à "vantagem moral" adquirida em relação à pessoa ofensora. Quando você

é ferido, tem uma espécie de "crédito moral" naquele relacionamento. O verdadeiro perdão renuncia a esse *status*. Quem de fato perdoou não pode mais dizer, com despeito: "Sabe, eu te perdoei" – porque "jogar o perdão na cara" de alguém não é perdoar verdadeiramente. O perdão é a promessa de nunca mais cobrar da pessoa a ofensa que ela cometeu. Na mesma linha, o filósofo Javier Sábada afirma que expressar o perdão é diferente de expressar clemência porque a clemência opera "de cima para baixo", já o perdão se dá entre iguais. Quem perdoa se coloca no mesmo nível de igualdade com o perdoado, não reivindica mais para si um "direito de revidar" ou qualquer "saldo moral". A equivalência moral entre os indivíduos é restabelecida. Quem perdoa deixa de cobrar as dívidas e para de falar depreciativamente sobre aqueles que o machucaram.

Assim, o perdão incondicional envolve uma decisão pessoal, voluntária, consciente, misericordiosa. A decisão é *pessoal*, porque ninguém pode perdoar em seu lugar. Afinal, foi você quem sofreu a ofensa, e é você quem pode renunciar ao direito de revide. A pessoalidade dessa decisão também realça a diferença

entre perdão e reconciliação. Enquanto a reconciliação exige que ambas as partes (ofensor e ofendido) trabalhem juntas, o perdão incondicional requer uma ação unilateral do ofendido. A decisão é *voluntária*, porque não faz sentido perdoar alguém de modo obrigado. Perdoar incondicionalmente é sempre um ato de graça e liberalidade. É uma escolha e uma opção possível, não uma opção forçada. O ressentimento e o direito de revide são outras opções possíveis e compreensíveis. Em terceiro lugar, a decisão é *consciente*, isto é, a pessoa tem consciência de tudo o que está envolvido: a ofensa sofrida, a dor, a possibilidade de retaliação, a renúncia à possibilidade de retaliação. A decisão do perdão envolve, portanto, uma elaboração interna que pode levar certo tempo para ocorrer. Respeite seus processos internos, não seja precipitado. Quando você está com ódio, pode tomar decisões mais afoitas do que quando se sente feliz. Finalmente, em quarto lugar, o perdão é uma decisão *misericordiosa*, pois não espera nada em troca, não há expectativa de retorno. Perdoar plenamente não requer esperar que a outra pessoa mude. O perdão sempre é uma expressão de

misericórdia, de um lugar de bondade. Do contrário, ele não durará nem será tão eficaz. O perdão incondicional é unilateral e vence o mal com o bem. O Papa Francisco afirmou que é impossível vencer o mal com o mal, porque o mal é um vazio do bem, e um vazio não pode ser preenchido com outro vazio. Somente o bem pode preencher o vazio do mal.

Uma prática que pode auxiliar neste exercício é anotar em um papel seus sentimentos, como você poderia se vingar da pessoa ofensora e, depois, *rasgar esse papel*. Colocar os sentimentos em palavras nem sempre é fácil, mas pode ajudar a tornar seus pensamentos mais nítidos. O próprio ato de escrever pode ser terapêutico, reduzindo a intensidade de seus sentimentos e o desejo de vingança. Pense em todas as maneiras possíveis de se vingar do ofensor, como minar seus esforços, enviar textos maldosos anonimamente, envergonhá-lo etc. Reflita sobre cada opção de retaliação e procure antecipar como você se sentiria depois de praticar tais ações violentas. Terminado o processo reflexivo, rasgue o pedaço de papel, transferindo para esse ato o valor simbólico de desligar-se do sentimento contido no

papel. Lembre-se, no entanto, que renunciar ao "direito" de revidar não significa que você irá ignorar o que aconteceu sem aprender nenhuma lição. Na verdade, é crucial aprender com a experiência dolorosa e estar mais preparado em todos os sentidos para novas etapas na caminhada da vida, mas canalize seu ódio de forma propositiva em outra direção. Aprimore seus próprios talentos, aperfeiçoe seus próprios projetos e realize-os com excelência. O perdão liberta-nos para seguirmos nosso próprio caminho. A vingança deixa o problema original sem solução e não reverte o dano causado a você. Em vez de curar feridas antigas, ela as mantém frescas. Assim, o exercício de decidir perdoar e renunciar à possibilidade da vingança é importante para virar a página e iniciar um novo momento na sua caminhada. Você se torna uma pessoa liberta ao libertar. Você passará a viver uma vida emocionalmente mais saudável e sem amargura.

3º EXERCÍCIO
Manifeste seu perdão aos ofensores

É necessário manifestar o perdão àqueles que decidimos perdoar. É preciso usar palavras, gestos, atitudes, comportamentos, expressões que comuniquem o ato do perdão.

Armando Bispo, pastor batista e conselheiro experiente, afirma que comunicar o perdão é algo valioso para aquele que está disposto a perdoar: a manifestação do perdão implica que a ofensa é devidamente comunicada ao ofensor não para acusá-lo ou fazê-lo sentir-se mal, mas para informar que você não apenas foi ofendido ou prejudicado, mas que está concedendo perdão e, desde já, escolhendo matar a raiz da amargura e do rancor. Com amor, comunique a ofensa dos atos e as consequências deles sobre sua vida. É preciso falar. A comunicação é uma das bases do perdão. Portanto, se você decidiu perdoar, anuncie o perdão.

Bispo, no entanto, adverte que, em muitas situações, os ofensores não estão mais presentes. O que

fazer nesses casos? Ou seja, como anunciar o perdão quando a pessoa que o assombrou não está mais por perto? Ele propõe uma ação simples e eficiente para esses casos: "Coloque uma cadeira vazia ao seu lado e, como se a pessoa ofensora estivesse ali, diga: 'Você me ofendeu, me machucou. Você fez isto e isto, e não deveria ter feito. Porém, neste momento, renuncio ao meu direito de revide, e libero perdão'".

É importante manifestar o perdão sem humilhar a pessoa que o ofendeu: uma boa comunicação é aquela que alinha as palavras com os sentimentos, como parece pressupor Rosenberg. Por isso, o exercício de comunicar o perdão envolve o desenvolvimento de empatia, isto é, o processo de considerar a perspectiva e as experiência das outras pessoas e como elas são diferentes das suas próprias vivências. Empatia é a capacidade de compreender e compartilhar os sentimentos dos outros. Significa se colocar no lugar de outra pessoa e sentir o que ela está sentindo. Ser empático envolve ser gentil, atencioso e solidário com outras pessoas, e nos ajuda a vencer ódios rancorosos e destruidores. Isso significa que perdoar é abraçar

em uma pessoa toda a humanidade. Não por acaso, a escritora Suzy Kassem afirmou: "a empatia abre a porta da sabedoria; a apatia abre a porta da ignorância".

Levando tudo isso em conta, a empatia pede que, antes de manifestar o perdão, você reflita sobre determinados pontos acerca da pessoa ofensora, tais como:

- *Pressões*: essa pessoa pode estar passando por problemas graves em sua vida.
- *Preparo*: essa pessoa não tem preparo adequado para enfrentar suas próprias frustrações.
- *Puerilidade*: essa pessoa é muito nova e imatura.
- *Personalidade*: essa pessoa tem traumas e traços de caráter complicados.
- *Propósito*: essa pessoa pode ter uma motivação distorcida para sua ação.
- *Passado*: essa pessoa tem antecedentes que ajudam a explicar suas ações ruins.

- *Provocações*: essa pessoa pode ter agido em resposta a uma provocação.

O exercício da empatia não anula a ofensa cometida pelo ofensor, mas insere a situação em um contexto maior. Desse modo, a comunicação do perdão pode abrir portas para um estágio de superação: a reconciliação. Especialmente em casos de perdão entre amigos ou familiares, a manifestação do perdão com empatia é desejável e benéfica. É crucial um momento de conversa, no qual você possa expressar seu perdão. Afirmar que nada ocorreu, quando, em vez disso, a ofensa ocorreu, significa restabelecer uma relação na mentira. Portanto, a manifestação do perdão, temperada com empatia, pode ser um verdadeiro bálsamo para a alma de todos os envolvidos.

Pode ser que lhe faltem as palavras corretas ao comunicar sua decisão de perdoar. Por isso, separamos algumas expressões que podem auxiliar:

- *"Não posso esquecer, mas posso te perdoar"*: é difícil perdoar, especialmente quando você ama

a pessoa e se sente profundamente ferido pelo que ela fez ou disse. Essa frase, no entanto, é realista e reconhece o impacto duradouro da ofensa, mas expressa ao mesmo tempo o seu desejo por reconciliação – ainda que seja uma reconciliação cautelosa. É uma frase apropriada para estabelecer limites saudáveis de responsabilização da pessoa ofensora.

- "*Obrigado pelo pedido de desculpas*": agradecer a alguém pelo pedido de desculpas alivia o clima, comunicando que você está agradecido, mas não está justificando as ações do ofensor. É melhor do que dizer "está tudo bem", como se nada de mal tivesse ocorrido. Nessa frase você honestamente expressa sua indignação e seu perdão pelo que a pessoa fez.

- "*Eu escolho deixar o passado para trás*": expresse deliberadamente que você está virando a página, abrindo mão de ruminar obcecadamente o que aconteceu. O seu compromisso com um novo começo é uma mensagem central a ser transmi-

tida para a outra pessoa. Aqueles que perdoam verdadeiramente destroem a lista de ofensas que poderiam usar para acusar um ofensor.

- "*Estou escolhendo a cura e a paz em vez do conflito*": essa frase enfatiza seu desejo explícito por paz e tranquilidade. Então, se esse for o caso, expresse que você está perdoando não por obrigação, mas porque genuinamente não tem interesse em escalar o conflito. Lembre-se de que perdoar não significa que a outra pessoa mudará seu comportamento – você não pode controlar isso: significa apenas que você está abandonando a raiva, a dor, o revide, e seguindo para um lugar melhor.

- "*Eu entendo. Todos nós cometemos erros*": compreender e perdoar andam de mãos dadas. Paul Auster afirmou que basta olharmos para o rosto de alguém por um tempo para termos a sensação de estarmos olhando para o espelho. Assim, expressar sua compreensão de que todos os seres humanos são falhos, inclusive você mesmo,

transmite uma sensação de solidariedade em vez de uma sensação de julgamento. Essa é uma das frases mais difíceis de dizer porque exige que você sinta empatia autêntica. Se não for o caso, evite dizer essas palavras.

- *"Não entendo, mas escolho perdoar você"*: há situações nas quais não é possível compreender os motivos pelos quais alguém nos machuca. A profunda decepção nesses casos pode dificultar a decisão de perdoar. Contudo, ao decidir perdoar, é importante expressar o perdão, ainda que sinceramente você não compreenda as razões da ofensa que sofreu.

Manifestar o perdão é um modo prático de transformar o que pode ser transformado depois que uma agressão já ocorreu. Esse é um caminho sábio, já que não podemos desfazer a agressão. A expressão do perdão pode conduzir à total reconciliação e reconstrução de conexões empáticas com outras pessoas. Javier Sábada fez uma comparação interessante baseada nas obras de Shakespeare e Cervantes: um personagem

de Shakespeare disse que o ofensor é encorajado pelo perdão a ofender de novo. Sem dúvida, esse é sempre um risco ao perdoarmos. Contudo, preferimos focar o pensamento de Cervantes, e dizer com ele que quem vence e perdoa vence duas vezes.

4º EXERCÍCIO
Perdoe rápido as pequenas ofensas e poupe energia para o que importa

Nem todas as ações que causam sofrimento são injustas. Por exemplo, você não precisa perdoar seu filho ou cônjuge por ser imperfeito, mesmo que suas imperfeições sejam inconvenientes para você. A vida é difícil, não podemos ser melindrosos ou implicantes. Lembre-se: seu direito de ser chato termina quando começa o direito do outro de ser chato. Se coisas pequenas tiram sua paz, talvez seja porque você está se tornando uma pessoa de espírito pequeno.

Mesmo diante de ações injustas que nos causem sofrimentos, precisamos desenvolver um espírito mais

resiliente, perseverante e equilibrado. Às vezes estamos levando para o fundo da alma algo que deveríamos repelir com maior agilidade ou perdendo tempo e energia confrontando pessoas tolas por ofensas estúpidas a nós. Não esqueça que suas energias biopsíquicas são limitadas, e não é adequado desperdiçá-las com coisas insignificantes. Concentre sua atenção e energia naquilo que realmente importa.

Por não saberem lidar com pequenas ofensas, muitas pessoas se perdem na ruminação autodestrutiva. A ruminação é um processo de pensamentos repetitivos que cria afastamento mental da realidade (dissonância cognitiva). Através da ruminação, uma pequena bobagem pode ganhar uma escala completamente desproporcional em nossas preocupações. Perdoar envolve identificar o dano e a dor gerados por alguém que nos agrediu, e perdoar pequenas ofensas envolve processar rápido o incômodo que sofremos, e seguir em frente para o bem de nossa própria saúde mental e daqueles que amamos e convivem conosco.

Como é possível realizar esse processo? Como criar resiliência para perdoar as pequenas ofensas mais

rápido? Neste exercício, você pode desenvolver três habilidades para avaliar e perdoar atitudes mesquinhas e estúpidas cometidas contra você por outras pessoas:

- *Meça*: é muito importante questionar a magnitude da ofensa que você sofreu. Vale a pena o esforço de levar a sério a pequena ofensa sofrida? Se você se apegar a essa ofensa, o que pode estar perdendo? Trata-se realmente de um problema grande e importante? Caso você tenha dúvidas, pode ainda perguntar a opinião de outras pessoas em quem confie. Muitas vezes, quando estamos cansados, não conseguimos mensurar adequadamente a gravidade de um ataque sofrido.

- *Verifique sua resposta emocional*: quais foram as emoções despertadas pela ofensa? Há ecos de mágoas passadas? Há tristezas submersas que vieram à tona? Por que você ficou com a mente tão desestabilizada pelo que essa pessoa lhe fez? Será que você deposita uma expectativa exagerada de aceitação dessa pessoa e nem per-

cebe? Será que você tenta cativar a aprovação dos outros a todo custo? Sua tristeza exagerada com pequenas ofensas talvez indique que você precisa se libertar da tentativa tola de agradar todo mundo. Desequilíbrios emocionais constantes por situações bobas podem ser indício de que outras áreas de sua vida precisam de uma atenção especial, como a área elementar do descanso físico e mental.

- *Deixe para lá*: uma vez identificado o grau de estupidez da atitude da pessoa ofensora e a insignificância dos resultados em revidar ou exigir sua satisfação, siga seu próprio caminho com determinação. Você pode processar em sua mente: "Eu escolho não me apegar a essa ofensa. Estou deixando-a". Faça isso o mais rápido possível. Por que deixar um pensamento ruim apodrecer dentro de sua mente?

Ao desenvolvermos o hábito de ignorar as pequenas coisas que incomodam, economizamos mais energia para o que vale a pena: trabalhar em proje-

tos que realmente nos importam, realizar atividades prazerosas, cuidar de quem amamos, cuidar de nossas próprias demandas. Aliás, uma das chaves para nos tornarmos pessoas menos irritadiças e menos propensas a se ofenderem facilmente é praticando o autocuidado. É importante salientar que autocuidado é muito mais do que mimar a si mesmo ou tirar um dia no spa. Autocuidado envolve ações que podem até ser desagradáveis, mas contribuem para a preservação do nosso bem-estar mental e emocional, tais como estabelecer limites no trabalho, comparecer a consultas médicas necessárias, alimentar-se melhor, hidratar-se mais, alongar o corpo e praticar exercícios. É importante descobrir também o que contribui para recarregar suas energias. Organize sua rotina com mais momentos de renovação emocional. Por exemplo, você pode passar mais tempo com entes queridos, ler mais, praticar um *hobby*, aprender novas habilidades, viajar mais. Em vez de perder tempo odiando os outros, cuide melhor de você mesmo e de quem você ama.

Desse modo, você pode criar um círculo virtuoso: com mais energia mental e emocional, você não se

importa tanto com ataques mesquinhos que venha a sofrer, e supera mais rápido essas pequenas ofensas; perdoando mais rápido pequenas ofensas, você poupa mais energia mental e emocional para o que importa. Com mais energia, você pode desenvolver melhor sua capacidade de perdoar. Como afirmou Daniel Abdallah, "a capacidade de perdoar é como um músculo que precisa ser exercitado".

Abdallah e sua esposa, Leila, enfrentaram uma tragédia extrema que abalou a Austrália em 2020: seus três filhos (Antony, Angelina e Sienna) e sua sobrinha Veronique foram fatalmente vitimados em um acidente de carro. O casal Abdallah, entretanto, decidiu perdoar o motorista embriagado do veículo responsável pelo acidente. Em memória dos "quatro anjos", o casal iniciou em seu país uma campanha chamada "Semana Eu Perdoo" (i4Give Week), para incentivar outras pessoas a praticarem o perdão. O casal enfrentou um processo agudo de luto e revolta, mas saiu vitorioso da devastação emocional por meio do perdão. Daniel ensina que, sem a prática contínua, não somos capazes de perdoar: "É como um músculo.

A primeira vez que você usa esse músculo é doloroso, mas fica cada vez mais fácil à medida que você pratica. Ao praticar nas coisas menores, você pode fazer também nas coisas médias. E depois das coisas médias, qualquer coisa maior que venha, o que é muito raro, é mais fácil perdoar". A lição do casal Abdallah é direta: quem pratica perdão nas pequenas coisas se torna forte o suficiente para perdoar as maiores.

5º EXERCÍCIO
Divida sua mágoa com as pessoas certas; não perca tempo com vampiros de energia ou com haters

Cerque-se de pessoas que possam apoiá-lo nos processos de perdão. Os amigos podem ser uma valiosa fonte de conforto, compreensão e encorajamento nos momentos difíceis. Ao compartilhar aquilo que o está afligindo, você pode pensar melhor em tudo. Além de amizades maduras, você pode procurar a ajuda de um terapeuta ou conselheiro. Se a ferida é muito profunda, buscar ajuda profissional pode contribuir muito no

processo do perdão. Conversar com quem sabe escutar com inteligência nos liberta da sensação de solidão.

Seja uma pessoa disposta a construir relacionamentos e amizades no longo prazo: não espere resultados imediatos, relações profundas entre os seres humanos demanda tempo. Leva tempo para estabelecer um vínculo forte entre duas pessoas. Conforme a psicóloga Amber O'Brien, pesquisas sugerem que possam ser necessárias de dez a quinze conversas antes que duas pessoas se sintam amigas. Como afirmou a escritora Lois Wyse, "um bom amigo é uma conexão com a vida – um vínculo com o passado, um caminho para o futuro, a chave para a sanidade em um mundo totalmente insano". Caso você esteja com o coração machucado por aquilo que um amigo fez e o ofendeu, não deixe que tristezas de ontem comprometam seus relacionamentos de amanhã.

Escolha bem as pessoas com quem convive e abra-lhes seu coração. Infelizmente, a mentalidade de muitos não apenas tolera, mas também incentiva o ressentimento. Há pessoas tão amarguradas que são chamadas por alguns psicólogos de "vampiros

de energia". Cuidado com pessoas assim, pois elas podem sugar suas energias emocionais por meio de sua negatividade crônica, crises sem fim e dramas de vida contínuos. Pessoas assim raramente têm algo de bom a dizer sobre alguém ou alguma coisa, vivem reclamando e contaminando ambientes com mágoas e rancores. Portanto, fique atento para identificar pessoas que podem afundá-lo no ressentimento. Esteja vigilante quando:

- sentir sua alma vazia ao lado de uma pessoa;
- perceber que certa pessoa nunca lhe retribui um favor, nem mesmo as pequenas gentilezas com que você a trata;
- sentir-se exausto emocionalmente depois de estar com certa pessoa;
- sentir um aperto no coração quando estiver perto de uma pessoa;
- perceber as tentativas de uma pessoa manipular sua opinião;

- sentir vontade de sair de perto de certa pessoa;
- reparar que certa pessoa reclama de tudo frequentemente;
- perceber que certa pessoa faz drama por razões fúteis;
- perceber que certa pessoa só tem problemas e só fala sobre si mesma.

Os vampiros de energia são aqueles que não se importam com você ou sua família. Só lhes interessam seus próprios desejos, vontades e desafios. De você, eles só querem aquilo que lhes seja vantajoso. São pessoas que raramente demonstram empatia. Você acabou de trabalhar por dezesseis horas? Seu filho está muito doente? Você sofreu um revés na vida profissional? Nada disso importa para ladrões de energia: eles querem se alimentar de você, e não se identificar com você. Portanto, evite que pessoas negativas esgotem suas energias, ou, pelo menos, limite sua exposição a elas tanto quanto possível.

O mesmo vale para os *haters*, aquelas pessoas feridas, magoadas, que descontam continuamente suas próprias frustrações falando mal de outras. Os *haters* estão sempre prontos a ofender e agredir, com uma sanha insaciável. É uma verdadeira dor de cabeça quando você se torna alvo do azedume de um deles. O que fazer nessas ocasiões?

Primeiro, não se surpreenda com isso. Especialmente quando você realiza grandes coisas, e ganha alguma visibilidade, realmente está sujeito a atrair a atenção deles. Saiba que isso é inevitável: há *haters* que podem te odiar e ofender simplesmente por você ser quem é. Em segundo lugar, não revide ou perca tempo debatendo com um *hater*. Aquilo que alimentamos cresce, aquilo que ignoramos morre. Portanto, não entre em discussões com *haters*, porque é exatamente isso que os alimenta. Lembre-se também que, se for enfrentá-los, a conta nunca fecha: *haters*, além de serem mesquinhos e chatos, são desocupados com tempo de sobra para ofender os outros. Quem está cuidando da própria vida e família não tem tempo para perturbar os outros. Portanto, não vale a pena

parar nosso caminho para discutir e responder pessoas que se colocam em um ponto moralmente tão baixo. Tenha consciência de que as palavras dos *haters* falam muito mais a respeito deles próprios do que de você. Pessoas bem-sucedidas não precisam colocar outras para baixo para se sentirem bem consigo mesmas.

Saiba quem é quem na sua vida, construa amizades verdadeiras e deixe falando sozinho quem demonstra querer apenas perturbar. Como disse Jesus: "Não lance pérolas aos porcos". Não vale a pena ser refém da opinião de pessoas que não têm nenhum compromisso, relacionamento e preocupação conosco. É a velha lição, que muitos infelizmente só compreendem aos sessenta anos de idade: "Aos vinte anos de idade me importava muito com o que pensavam de mim; aos quarenta anos não me importava com o que pensavam de mim; aos sessenta anos entendi que algumas pessoas nunca estiveram nem aí para mim". Siga seu caminho com determinação.

6º EXERCÍCIO
Canalize seu ódio de forma positiva

Utilize seu ódio como combustível para ações positivas. Vimos que nossa ira, em grande parte das ocasiões, surge a partir de uma situação em que experimentamos alguma injustiça. A grande finalidade da ira é nossa autodefesa, ou a defesa de nossos entes e grupos próximos. A ira nos enche de energia, e podemos canalizá-la para enfrentar todo tipo de maldade e injustiça, gerando transformações positivas. Alguns pontos podem auxiliar nesse processo.

Primeiro, considere a razão da sua raiva. Você pode escrever seus sentimentos para visualizá-los. Não ficamos com ódio no vazio, geralmente há um gatilho, um incômodo, um ponto de irritação. Quando paramos para refletir adequadamente sobre nossa própria raiva, podemos entender melhor as razões pelas quais estamos completamente irritados. Muitas vezes, não precisamos sequer perdoar alguém, pois descobrimos que nossa raiva foi resultado de uma frustração pessoal, e não

das ações de uma pessoa específica. Refletir sobre as causas do seu ódio é um exercício poderoso de autoconhecimento, porque você pode entender melhor seus gatilhos emocionais. Compreender seus próprios pontos sensíveis é importante para aprender a evitá-los e até mesmo a superá-los.

Segundo, procure o que você pode mudar. O ódio pode ser um catalisador para desenvolvimento e progresso. O que o irrita profundamente e precisa ser transformado? Seu relacionamento amoroso tornou-se tóxico e doentio? A gestão de suas finanças está sempre descontrolada? Não importa o quanto você ganhe, sempre gasta mais do que recebe? Ou você está insatisfeito com seu desempenho profissional? Sente-se uma pessoa acomodada, que parou de aprender, crescer e aprimorar suas aptidões? Faça um inventário de possibilidades de mudanças positivas em sua vida.

Terceiro, crie e execute novos projetos. O ódio pode ser altamente motivador no replanejamento de algo que deu errado, ou na criação de novas estratégias. Pesquisas científicas sugerem que a raiva pode nos levar a ser mais criativos. Um conjunto de estudos que

examinou a relação entre criatividade e raiva descobriu que as pessoas irritadas eram mais propensas a fazerem *brainstorming* de uma forma não estruturada, consistente com a resolução criativa de problemas, e geraram ideias mais originais do que as pessoas que se sentiam tristes ou sem emoção. Além da capacidade de criar, a raiva pode ser motivadora para a execução dos projetos. Não por acaso, costumamos dizer que realizamos certas coisas "na força do ódio". Por exemplo, a história das grandes inovações tecnológicas está repleta de reviravoltas ocasionadas por frustrações e muita raiva. Em 1947, Bing Crosby, o mais popular astro do rádio e do cinema dos Estados Unidos na época, odiava a pressão das transmissões ao vivo por causa da má qualidade sonora oferecida pelos equipamentos. Crosby abandonou temporariamente as apresentações, tamanha a sua indignação. Profundamente irritado, ele conheceu o gravador de fita desenvolvido pelo desconhecido oficial do exército Jack Mullin e investiu uma vultosa quantia de dólares no protótipo. Com isso, Crosby viabilizou uma profunda mudança total na indústria do rádio. A introdução da tecnologia de gravação de fita de rolo

simplificou a edição de som, aumentou a qualidade da transmissão e possibilitou o uso irrestrito de materiais pré-gravados em programas de rádio. Crosby tornou-se ainda mais influente e quebrou todos os recordes do *showbiz*, liderando vendas de discos, audiência de rádio e bilheteria de filmes de 1926 a 1977.

Quarto, melhore seu condicionamento físico. Exercício físico é uma boa maneira de liberar sua raiva, certamente melhor do que sentar-se e deixar a cabeça ferver. O ódio gera uma onda de adrenalina. Portanto, aproveite a raiva para correr na esteira, fazer aulas de kickboxing ou nadar. Você pode também limpar a casa, cortar a grama, lavar o carro, ou fazer qualquer atividade que exija esforço físico. O condicionamento respiratório necessário para as práticas atléticas, em especial, pode ajudar a restaurar a sensação de calma.

7º EXERCÍCIO
Peça perdão

Muitas vezes, somos dominados pelo ódio rancoroso e temos dificuldades de perdoar porque nós mes-

mos jamais reconhecemos ou pedimos perdão pelos nossos próprios erros. Muitas vezes exigimos de outras pessoas aquilo que nós mesmos não estamos dispostos a fazer. Desse modo, para desenvolvermos um espírito perdoador, precisamos reconhecer também as ocasiões em que nós mesmos fomos os ofensores. Neste exercício, você pode refletir mais e melhor sobre seu próprio comportamento com as outras pessoas. É necessário coragem para encarar a si mesmo com um olhar lúcido. Quando paramos para examinar nossa própria consciência e nosso comportamento com outras pessoas, percebemos que muitas vezes não fomos tão íntegros como gostaríamos.

Charles Griswold afirma que um pedido de perdão deve cumprir seis condições: (1) reconhecer o agente responsável; (2) repudiar suas ações e a si mesmo por cometê-las; (3) expressar arrependimento à pessoa ofendida; (4) comprometer-se a mudar de atitude; (5) mostrar que compreende a dor da pessoa ofendida; (6) apresentar uma explicação que mostre como a ofensa que você cometeu não expressa a totalidade da sua pessoa.

No processo de pedir perdão a alguém, você pode considerar os seguintes pontos:

- *Confesse seu erro sem desculpas*: diga que errou e especifique o mal que você cometeu.
- *Expresse sua tristeza e seu arrependimento*: ofereça um pedido de perdão genuíno, no qual você assuma a responsabilidade e expresse arrependimento, vergonha, culpa e desapontamento.
- *Demonstre compreensão da tristeza da pessoa ofendida*: expresse que você compreende a dor da outra pessoa. Você pode descrever o que percebe que ela está vivenciando e sofrendo.
- *Valorize o relacionamento*: demonstre que resolver a dificuldade no relacionamento é importante para você, indicando que está disposto a realizar sacrifícios se for necessário.
- *Acerte sua parte*: é importante, em seguida, acertar a nossa parte em relacionamentos em que causamos alguma ofensa. Por mais desconfor-

tável que seja, precisamos perguntar se há algo que se possa fazer para compensar o erro. Não tente impor sua própria sugestão de restituição.

- *Comprometa-se a não cometer o mesmo erro novamente*: um pedido de perdão parte do arrependimento genuíno e do compromisso de não mais ferir a pessoa da mesma maneira.
- *Seja explícito no pedido*: busque o perdão de modo direto. Diga: "Você pode me perdoar por tê-lo machucado?".

PALAVRA FINAL

Como afirmou o pastor Martin Luther King Jr.: "Eu decidi ficar com o amor. O ódio é um fardo grande demais para carregar". Como exercício e palavras finais, propomos algumas perguntas para reflexão:

ATÉ QUE PONTO VOCÊ ESTÁ PERMITINDO QUE O RANCOR DOMINE SUA VIDA?

- Penso diariamente na pessoa que me feriu?
- Penso constantemente que minha vida seria diferente se essa pessoa não me causasse dor?

- Desejo o mal para essa pessoa?
- Falo mal dessa pessoa tanto com aqueles que a conhecem como com aqueles que não a conhecem?
- Tenho elaborado planos para que essa pessoa "pague" pelo que me fez?
- Procuro me inteirar – por meios distintos – de como essa pessoa está vivendo, na expectativa de ela estar muito mal?
- Sinto que não consigo seguir em frente na minha própria vida?

Quem chegou a perdoar sabe que o perdão é um caminho que exige paciência e discernimento. Quando perdoamos, liberamos a pessoa ofensora, mas muito mais a nós mesmos. Há graça, beleza e força no perdão. Não por acaso, há quem afirme que o perdão é o gesto mais generoso do qual um ser humano é capaz.

CHE
CK
LIST

PARA PERDOAR

- O perdão é a única possibilidade de superar o ódio rancoroso e sua tendência autodestrutiva.
- Não existe fórmula rápida para perdoar, pois o processo do perdão não ocorre nem se manifesta de forma linear. Portanto, os passos propostos podem ser praticados em diversas ordens e combinações.

1º Prepare uma lista para examinar sua vida

- As mágoas escondidas que se enraízam em nossas vidas, cedo ou tarde, podem nos surpreender negativamente.
- Uma lista simples com três colunas pode auxiliar:

OFENSORES	OFENSAS	COMO VOCÊ REAGIU

2º Identifique seus ofensores e as ofensas sofridas

- Quem ofendeu você e como o fez?
- Escreva respostas específicas nas primeiras duas colunas.

3º *Examine sua consciência*

- Reflita: sua consciência está tranquila em relação a cada uma das pessoas da lista?
- Há alguma pessoa ou circunstância que você culpe por aquilo que aconteceu em sua vida?
- De que maneira você pode se libertar assumindo responsabilidade por sua atitude em relação a essa pessoa ou situação?
- Você procura castigar alguém que o tratou de modo injusto? Como você faz isso? O que o impede de perdoar essa pessoa e cancelar tal dívida?
- Há algum acerto que você precisa fazer com a outra parte?
- É crucial questionar-se: essas feridas precisam definir minha identidade, meus objetivos e meus planos de vida?

ENQUANTO CREMOS QUE AS CIRCUNSTÂNCIAS SÃO ONIPOTENTES E QUE NÃO TEMOS LIBERDADE ALGUMA, ASSUMIMOS A CONDIÇÃO PASSIVA DE VÍTIMAS DA VIDA.

4º Decida perdoar a dívida e renuncie ao direito de revide

- O perdão não é um sentimento, é uma decisão.
- A decisão é pessoal, porque ninguém pode perdoar em seu lugar.
- A decisão é voluntária, porque não faz sentido perdoar alguém de modo obrigado.

- A decisão é consciente: a ofensa sofrida, a dor, a possibilidade de retaliação, a renúncia à possibilidade de retaliação e o cancelamento da dívida.

- A decisão é misericordiosa, pois não espera nada em troca, não há expectativa de retorno.

O PERDÃO É A PROMESSA DE NUNCA MAIS COBRAR DA PESSOA A OFENSA QUE ELA COMETEU.

Exercício do papel rasgado: (1) anote em um papel seus sentimentos e como você poderia se vingar da pessoa ofensora; (2) rasgue o papel e declare perdão: "eu te perdoo".

5º *Manifeste seu perdão aos ofensores*

- É importante manifestar o perdão sem humilhar a pessoa que o ofendeu.

- Algumas expressões que podem auxiliar:

  » "Não posso esquecer, mas posso te perdoar."

  » "Obrigado pelo pedido de desculpas."

  » "Eu escolho deixar o passado para trás."

  » "Estou escolhendo a cura e a paz em vez do conflito."

  » "Eu entendo. Todos nós cometemos erros."

  » "Não entendo, mas escolho perdoar você."

PARA PEDIR PERDÃO

Confesse seu erro sem desculpas

- Diga que errou e especifique o mal que cometeu.

Expresse sua tristeza e seu arrependimento

- Ofereça um pedido de perdão genuíno, no qual você assume a responsabilidade e ex-

pressa arrependimento, vergonha, culpa e desapontamento.

Demonstre compreensão da tristeza da pessoa ofendida

- Expresse que você compreende a dor da outra pessoa. Você pode descrever o que percebe que ela está vivenciando e sofrendo.

Valorize o relacionamento

- Demonstre que resolver a dificuldade no relacionamento é importante para você, indicando que está disposto a realizar sacrifícios se for necessário.

Acerte sua parte

- É importante, em seguida, acertar a nossa parte em relacionamentos em que causamos alguma ofensa. Por mais desconfortável que seja, precisamos perguntar se há algo que se possa

fazer para compensar o erro. Não tente impor sua própria sugestão de restituição.

Comprometa-se a não cometer o mesmo erro

- Um pedido de perdão parte do arrependimento genuíno e do compromisso de não mais ferir a pessoa da mesma maneira.

Seja explícito no pedido

- Busque o perdão de modo direto. Diga: "Você pode me perdoar por tê-lo machucado?".

O PERDÃO É UMA JORNADA PARA A LIBERDADE.

NOTAS

Para começo de conversa... O trabalho de Owen Flanagan é referência acadêmica sobre a moralidade dos sentimentos de raiva e vergonha: *How to Do Things with Emotions: The Morality of Anger and Shame across Cultures*. (Princeton: Princeton University Press, 2021, p. 67-68). Confira também sua obra editada com Myisha Cherry: *The Moral Psychology of Anger* (London: Rowman & Littlefield International, 2018). O trabalho de Pankaj Mishra mencionado é *Age of Anger: A History of the Present* (New York: Farrar,

Straus & Giroux, 2017). Paolo Ruffini refletiu sobre a expressão "odeio, logo existo" e o fenômeno dos *haters* em sua obra *Odio ergo sum: studio semiserio del fenomeno degli hater* (Segrate, MI: Mondadori, 2015).

Capítulo 1: O ranço da vida. As informações sobre as alterações biopsíquicas ocasionadas pela raiva e as consequências danosas do ódio prolongado para a saúde estão na obra de Donald Gibson e Bruce Tulgan: *Managing Anger in the Workplace* (Amherst, Massachusetts: HRD Press, 2002. p. 32). O conceito de ira de Sêneca aparece em seu tratado intitulado *Da Ira* (*Sobre a ira – Sobre a tranquilidade da alma.* São Paulo: Penguin Companhia das Letras, 2014. p. 89-89). A teoria de René Descartes sobre o rubor e a palidez diante da cólera está no artigo 200 de *As paixões da alma,* intitulado "Por que os que ela [a cólera] faz enrubescer são menos de recear do que os que ela faz empalidecer" (com várias traduções em português, aqui consultadas na edição da coleção Os Pensadores. São Paulo: Abril Cultural, 1973. p. 300). O exame conceitual sobre raiva e

ódio de Raymond DiGiuseppe e Raymond Chip Tafrate está na obra-referência *Understanding Anger Disorders* (Oxford: Oxford University Press, 2007. p. 42). Para um estudo sobre os três componentes do ódio, confira a obra *The Psychology of Hate,* editada por Robert J. Sternberg (Washington, DC: American Psychological Association, 2005), especialmente o capítulo "Understanding and Combating Hate" (p. 37-40) – escrito pelo próprio professor Sternberg. A definição de rancor de André Comte-Sponville está em seu *Dicionário filosófico* (2. ed. São Paulo: Martins Fontes, 2011. p. 501). Toda vez que uma palavra ou expressão aparecer entre [colchetes], isso significa que ela não consta da citação original e foi acrescentada por nós para tornar mais clara a ideia. A associação entre o latim *rancore* e a palavra *ranço* é atestada tanto por José Pedro Machado (*Dicionário etimológico da língua portuguesa.* 4. ed. Lisboa: Livros Horizonte, 1987. volume V, p. 37) quanto por Antenor Nascentes (*Dicionário etimológico resumido.* Rio de Janeiro: Instituto Nacional do Livro, 1966. p. 634). A associação entre veneno e rancor é de Luís Henrique Eloy e

Silva (O perdão como separação do ato. Hermenêutica e ressignificação do construto em Mt 18, 21-22 e no discurso psicanalítico. *Revista Pistis & Praxis. Teologia pastoral,* Curitiba, v. 9, n. 1, p. 351-370, jan./abr. 2017). A frase "olho por olho e todo o mundo acabará cego" é comumente atribuída ao líder do movimento de independência indiano Mahatma Gandhi e parece sintetizar suas visões pacifistas. A própria família Gandhi afirmou ao editor da compilação de citações *The Yale Book of Quotations* que a frase deve ser atribuída a Gandhi, contudo reconhece que ninguém jamais foi capaz de fornecer evidências de que ele a disse (disponível em: https://qz.com/934226/gandhi-probably-never-said-that-profound-quote-you-love-to-share Acesso em: 2 jul. 2024). A narrativa da história do filho pródigo está no capítulo 15 do Evangelho de Lucas. Utilizamos sempre a *Tradução ecumênica da Bíblia* quando a citamos (São Paulo: Loyola, 1994. p. 2011-2012). Consultamos o comentário organizado por Frank E. Gaebelin (*The Expositor's Bible Commentary.* Grand Rapids: Zondervan, 2006. v. 8, p. 982-985) para interpretar a parábola do filho pródigo.

Capítulo 2: O que é o perdão. A definição de perdão foi citada conforme o *Dicionário Houaiss da língua portuguesa* (Rio de Janeiro: Objetiva, 2009. p. 1471). A nota etimológica e histórica sobre o uso do termo latino *perdão* no período carolíngio é de Enzo Bianchi em seu opúsculo *Dom e perdão: por uma ética da compaixão* (São Paulo: Paulinas, 2023. p. 42). Para os verbos bíblicos em hebraico e em grego que significam perdoar, consultamos o *Theological Lexicon of the Old Testament* (em três volumes e organizado por Ernst Jenni e Claus Westermann, e publicado em inglês em Peabody pela Hendrickson em 1997 – aqui o volume 2, p. 767) e o *Theological Dictionary of the New Testament* (editado por Gerhard Kittel em 10 volumes, e publicado em inglês em 2006 pela Eerdmans, de Grand Rapids – aqui o volume 1, p. 509 e ss.). As ideias sobre o que o perdão não é são, na verdade, uma adaptação da análise que Andrew Cohen faz sobre o que a tolerância não é (What toleration is. *Ethics,* v. 115, n. 1, out. 2015. Disponível em: https://www.jstor.org/stable/10.1086/421982. Acesso em: 18 abr. 2024). As ideias de Sêneca sobre a Clemência es-

tão em *Tratado sobre a clemência* (Petrópolis: Vozes, 2018). Para a distinção entre remição e remissão, consultamos o *Dicionário Houaiss da língua portuguesa* (Rio de Janeiro: Objetiva, 2009). O nascimento das Erínias é contado por Hesíodo na *Teogonia* (Tradução: Christian Werner. São Paulo: Hedra, 2013), e a história de Orestes na *Oréstia*, de Ésquilo (Tradução: Mário da Gama Kury. 5. ed. Rio de Janeiro: Zahar, 2000). A não ser quando indicarmos o contrário, o texto básico do filósofo francês Paul Ricoeur sobre o perdão citado neste livro é "O perdão difícil", que se encontra em *A memória, a história, o esquecimento* (Campinas: Editora Unicamp, 2007. p. 463-512). A etimologia da palavra *anistia* é indicada por Antenor Nascentes (*Dicionário etimológico resumido*. Rio de Janeiro: Ministério da Educação e Cultura, 1966, p. 48). A ideia de que, no perdão, ocorre a separação entre o agente ofensor e a ofensa propriamente dita é de Paul Ricoeur, na obra já citada (p. 498). *A religião nos limites da simples razão,* de Immanuel Kant, conta com uma ótima tradução em português, realizada por Artur Morão (Lisboa: Edições 70, 1992). Para a

Bíblia, como já dissemos, usamos sempre a *Tradução ecumênica da Bíblia.* Sobre o significado filosófico de pecado, veja GALUPPO, Marcelo. *Os sete pecados capitais e a busca da felicidade* (Porto Alegre: Citadel, 2024). A longa citação de Paul Ricoeur está na página 501 de seu livro, já citado. A ideia de que a vida carrega cicatrizes, e que elas são melhores do que as feridas abertas, é da professora Carla Volpini, da Faculdade de Direito da Universidade Federal de Minas Gerais (UFMG) (em conversa particular). A longa citação da filósofa Hannah Arendt sobre o perdão está no capítulo 33 de *A condição humana* (5. ed. Rio de Janeiro: Forense Universitária, 1991. p. 248-249). A história de Dâmocles é contada pelo pensador romano Marco Túlio Cícero nas *Discussões tusculanas* (Tradução: Bruno Fregni Bassetto. Belo Horizonte: Editora da Universidade Federal de Uberlândia, 2014, em formato Kindle, página 329 – que equivale ao capítulo XXI, 61 e 62, do livro V do texto latino). A passagem que nos interessa de *Fantasia*, de Walt Disney, pode ser encontrada em vários canais do YouTube, por exemplo em: https://www.youtube.com/watch?v=-

SEsOPUx0Bio (Acesso em: 20 abr. 2024). A citação sobre o poder destrutivo da vingança é de Hannah Arendt em *A condição humana* (p. 252). René Dentz tem um excelente livro sobre a experiência do perdão, no qual lança mão da psicanálise, da religião e da filosofia para compreendê-la, chamado *Razões do perdão* (São Paulo: Ideias e Letras, 2023. p. 23). André Comte-Sponville fala sobre o perdão em seu já citado *Dicionário filosófico* (p. 449). A ideia de que o perdão instaura uma memória feliz é de Paul Ricoeur, em *A memória, a história, o esquecimento* (p. 502 e ss.).

Capítulo 3: Como o perdão transforma nossa vida. A história de Tessier/Techow é narrada por Gerald W. Herald no artigo "My Favorite Assassin", publicado na *Harper's Magazine* (abril, 1943). Os originais do texto de Herald estão em posse da Universidade da Califórnia e podem ser consultados em www.monlegionnaire.files.wordpress.com/2013/05/my-favorite-assassin.pdf (Acesso em: 21 abr. 2024). A história do homicídio de Carlos Eduardo está no verbete Carlinhos de Jesus da Wikipedia (Disponível em: https://pt.wikipedia.org/

wiki/Carlinhos_de_Jesus. Acesso em: 21 abr. 2024). A entrevista com Carlinhos de Jesus está em uma matéria do jornal *O Estado de São Paulo,* de 20 de abril de 2024, intitulada "Carlinhos de Jesus relembra encontro com a mãe do assassino de seu filho" (Disponível em: https://www.estadao.com.br/emais/gente/carlinhos-de-jesus-relembra-encontro-com-mae-de-assassino-de-seu-filho-veja-nprec/. Acesso em: 21 abr. 2024). Como de costume, citamos a Bíblia através da *Tradução ecumênica da Bíblia,* já referenciada (aqui, citamos o Livro de Ezequiel, 18, 32). Sigmund Freud trata do recalque em *A repressão,* obra de 1915 (*Obras completas de Freud.* São Paulo: Companhia das Letras, 2010. v. 12. p. 82-98). Sobre a ligação da repressão (ou recalque) com o esquecimento, o texto de Luís Henrique Eloy e Silva ("O perdão como separação do ato. Hermenêutica e ressignificação do construto em Mt 18,21-22 e no discurso psicanalítico", de 2017, já citado no primeiro capítulo) é muito esclarecedor. Dados científicos sobre os benefícios biopsíquicos do perdão podem ser encontrados nos portais da Universidade Havard (Disponível em: https://www.health.harvard.edu/

mind-and-mood/the-power-of-forgiveness. Acesso em: 4 jun. 2024) e da Universidade Johns Hopkins (Disponível em: https://www.hopkinsmedicine.org/health/wellness-and-prevention/forgiveness-your-health-depends-on-it. Acesso em: 4 jun. 2024). A pesquisa mencionada, que correlaciona pressão arterial e ritmo cardíaco a agressões, ainda que imaginadas, e o perdão é de Everett L. Worthington Jr. e está publicada no artigo "The New Science of Forgiveness" (*Greater Good Magazine,* set. 2004. Disponível em: https://greatergood.berkeley.edu/article/item/the_new_science_of_forgiveness. Acesso em: 6 jun. 2024). A pesquisa neurológica sobre a relação entre nojo e perdão está em vários artigos, por exemplo no de Li Haijang e outros autores ("Brain Structural Bases and the Tendency to Forgive", publicado na revista *Nature* em 2017 e disponível em https://www.nature.com/articles/s41598-017-16868-3. Acesso em: 22 abr. 2024).

Capítulo 4: Perdoar poderia ser fácil, se... Paul Ricoeur inicia seu texto (já citado) dizendo exatamen-

te que o perdão é possível, mas não é fácil (p. 465). A citação de *Guerra e paz,* de Liev Tolstói, está na primeira parte do Tomo I, capítulo XXV (São Paulo: Cosac Naify, 2013. p. 227). Friedrich Nietzsche está sendo citado a partir do parágrafo 81 da obra *A vontade de poder* (São Paulo: Contraponto, 2008. p. 65). A ideia de Aristóteles sobre o remorso está na *Ética a Nicômaco,* 1104b4 (Tradução: J. Tricot. Paris: J.Vrin, 1994. p. 94). A profecia de Jeremias, no Antigo Testamento (32:34), diz que Deus nunca mais se lembrará dos pecados perdoados. O tratado *Yoma* é citado em seu fragmento 86b e pode ser consultado em https://www.sefaria.org/Yoma.86b?lang=bi (Acesso em: 22 abr. 2024). O livro de Provérbios (aqui, 26:11), como o de Jeremias, é consultado e citado a partir da *Tradução ecumênica da Bíblia.* É nela também que se encontra a Parábola dos Dois Filhos (Mateus, 21:28-32). Para o significado de *metanoein,* consultamos o *Theological Dictionary of the New Testament,* organizado por Gerhard Kittel, e já citado nos capítulos 1 e 2 (v. 4, p. 626-629). A crônica "Das vantagens de ser bobo", de Clarice Lispector, está em seu livro

A descoberta do mundo (Rio de Janeiro: Rocco, 1999. p. 310-311). A proibição de deixar de conceder perdão depois de o ofensor pedi-lo por três vezes está no tratado *Teshuvah* de Moshe Maimônides, já citado no capítulo 2 (Disponível em: https://www.chabad.org/library/article_cdo/aid/911891/jewish/Teshuvah-Chapter-Two.htm. Acesso em: 16 abr. 2024). A obra do rabino Joseph Telushkin citada é *O livro dos valores judaicos* (São Paulo: Alta Life, 2019. p. 491). As ideias de Sêneca referidas nesse capítulo estão em seu tratado *Sobre a ira* (já citado no primeiro capítulo) mas, sobretudo, em *Sobre a firmeza do sábio* (que pode ser achado em várias versões, por exemplo em *Sobre a brevidade da vida. Sobre a firmeza do sábio*. São Paulo: Companhia das Letras, 2017). No texto, o trecho entre parênteses não é uma citação literal de Sêneca.

Capítulo 5: Como desenvolver um espírito de perdão: sete exercícios. A citação de Enzo Bianchi está em seu opúsculo *Dom e perdão: por uma ética da compaixão* (São Paulo: Paulinas, 2023. p. 38). As perguntas propostas por Nancy Leigh DeMoss estão em sua obra

Escolhendo o perdão: sua jornada para a liberdade (São Paulo: Vida Nova, 2019. p. 40). O cântico de Lameque foi citado conforme Gênesis 4:23-24 (*Tradução ecumênica da Bíblia*). A citação de Andréa Caminha está em seu trabalho *Espiritualidade, saúde e perdão* (São Paulo: Dialética, 2023. p. 25). O comentário do rabino David Wolpe foi extraído de seu breve artigo na revista *Time*: "3 Obstacles to Forgiveness and How to Overcome Them" (10 out. 2016. Disponível em: https://time.com/4525579/forgiveness-lessons/. Acesso em: 25 maio 2024). Javier Sábada apresenta suas considerações sobre a diferença entre perdão e clemência em seu inspirado ensaio *El perdón: La soberanía del yo* (Barcelona: Ediciones Paidós, 1995. p. 89). A afirmação do Papa Francisco sobre vencer o mal com o bem foi realizada na Praça de São Pedro, no Vaticano, em 19 de fevereiro de 2017 (Disponível em: https://press.vatican.va/content/salastampa/en/bollettino/pubblico/2017/02/19/170219a.html. Acesso em: 25 maio 2024). A estratégia da cadeira vazia, indicada por Armando Bispo, é mencionada em sua obra *Perdão: o absurdo de Deus* (Fortaleza: BK,

2020. p. 82). O livro de Marshal Rosenberg é seu conhecido *Comunicação não violenta* (São Paulo: Ágora, 2006). A frase de Suzy Kassem viralizou na internet em diversas redes sociais e está em seu livro *Rise Up and Salute the Sun: The Writings of Suzy Kassem* (Sedona, AZ: Awakened Press, 2011). A frase de Paul Auster está em sua obra *Mr. Vertigo* (Turim: Einaudi, 2015. p. 29). A reflexão de Sábada, baseada nos textos de Shakespeare e Cervantes, está em sua obra já citada (p. 26). A história da família Abdallah está disponível no portal *Hope 1032* (Disponível em: https://hope1032.com.au/stories/faith/2023/i4give-week-a-call-to-exercise-the-muscle-of-forgiveness/. Acesso em: 25 maio 2024). A famosa citação de Lois Wyse está em seu livro *Women Make the Best Friends: A Celebration* (New York: Simon and Schuster, 1996. p. 17). A informação sobre o sentimento de amizade através de dez ou quinze conversas fornecida pela psicóloga Amber O'Brien está disponível em texto de Kara Mayer Robinson no portal WebMD (Disponível em: https://www.webmd.com/balance/features/how-to-make-new-friends. Acesso em: 1º jun. 2024).

O dito de Jesus sobre não lançar pérolas aos porcos está no Evangelho de Mateus 7:6. O conjunto de estudos relacionando ódio e criatividade foi desenvolvido por pesquisadores holandeses (BAAS, Matthijs et al. Creative Production by Angry People Peaks Early On, Decreases Over Time, and Is Relatively Unstructured. *Journal of Experimental Social Psychology*, v. 47, n. 6, 2011, p. 1107–1115). A história de Bing Crosby e sua influência sobre o desenvolvimento do gravador de fita de rolo está na interessante obra de Eric Chaline, *50 máquinas que mudaram o rumo da história* (Rio de Janeiro: Sextante, 2014. p. 150-153). As sugestões para o pedido de perdão foram inspiradas na obra de Everett Worthington, *Forgiving and Reconciling: Bridges to Wholeness and Hope* (Downers Grove, IL: InterVarsity Press, 2003). As condições para o pedido de perdão propostas por Charles Griswold foram citadas por Martha C. Nussbaum em sua obra *Anger and Forgiveness: Resentment, Generosity, Justice* (Oxford: Oxford University Press, 2016. p. 57).

Palavra final. A frase de Martin Luther King Jr. foi citada a partir da compilação *Quotations of Martin Luther King Jr.* (Carlisle, MA: Applewood Books, 2004. p. 15). As perguntas reflexivas foram inspiradas na obra de Alberto Linero, *Mi venganza es perdonarte: no alimentes el rencor* (Bogotá: Planeta, 2021. p. 45-46).